Objectif *lean*

Éditions d'Organisation
1, rue Thénard
75240 Paris Cedex 05

Consultez notre site :
www.editions-organisation.com

L'édition originale de cet ouvrage a été publiée au Royaume-Uni sous le titre *Journey to lean*.
© 2004, McKinsey & Company

© Éditions d'Organisation, 2004

ISBN : 2-7081-3144-3

JOHN DREW
BLAIR MCCALLUM
STEFAN ROGGENHOFER

Objectif *lean*

Réussir l'entreprise au plus juste :
enjeux techniques et culturels

Traduit de l'anglais par Gérard de Angéli

Éditions
d'Organisation

Ce livre est dédié à nos clients et collègues
qui ont fait le voyage du lean *avec nous*

À propos du mot lean

Pourquoi adopter le terme anglais *lean* tout au long de ce livre, alors qu'il existe en principe une traduction française agréée ? C'est délibéré de notre part, car le caractère restrictif de l'expression « au plus juste » ne nous paraît pas faire justice à la philosophie *lean*. Si cette dernière consiste en effet à chercher pour l'entreprise la minceur en chassant le gras inutile, son but est avant tout d'obtenir des organisations agiles, capables de s'adapter sans cesse à la demande et de viser une qualité toujours plus élevée. Au-delà de son clin d'œil aux « tintinophiles » que nous sommes tous, le titre de cet ouvrage, *Objectif lean*, abonde dans le sens d'un idéal que l'on se fixe, pour des ambitions toujours renouvelées vers un but jamais totalement atteint. Ne dit-on pas couramment que l'on « demande la lune »…

JOHN DREW, BLAIR MCCALLUM ET STEFAN ROGGENHOFER

Sommaire

Avant-propos 13

Introduction 17
    Le mystère autour de l'application du *lean* 18
    La promesse du *lean* 19
    Toyota, le pionnier du *lean* 22
    Les leçons toujours actuelles de Toyota 25
    Un parcours difficile 27
    Un voyage, cela se prépare 29

Première partie
LE PAYSAGE *LEAN*

Chapitre 1
L'essence du *lean* 35
    Capter les sources de valeur 37
    Le système opérationnel 39
    Le système de management 40
    L'état d'esprit et les comportements du personnel 42
    Pas de « raccourci » possible 43
    Le lean, une démarche intégrée 46

Chapitre 2
Le système opérationnel *lean* 49
    Concevoir *lean* 51
    Les sept grands principes d'un système opérationnel *lean* 63
    Adopter une perspective globale 73

Chapitre 3
Le système de management 77
    La structure organisationnelle 80
    Le système de gestion de la performance 84

L'infrastructure d'amélioration continue 89
Les processus de développement des compétences 94
Gestion des fonctions/processus de support aux opérations 95

Chapitre 4
La culture, ou l'état d'esprit et les comportements du personnel 101
L'état d'esprit *lean* 104
Les comportements *lean* 107
Adapter la culture au nouveau système opérationnel 110
Rompre le cercle vicieux des problèmes opérationnels 114

Deuxième partie
L'AVENTURE *LEAN*

Chapitre 5
Décider d'entreprendre le voyage 121
Un leader du marché sous pression 122
Évaluer les options 125
Tirer des leçons de l'expérience des autres 127
Planifier le démarrage 133

Chapitre 6
Explorer les perspectives 137
S'assurer la collaboration des leaders d'opinion 138
« Localiser les problèmes » sur les trois dimensions des opérations 143
Planifier le diagnostic 145
Garantir que la direction s'approprie le projet 152
Évaluer le système opérationnel 157
Interpréter les résultats 163
La demande client 163
L'utilisation des équipements 164
La productivité du travail 166
Le délai de production 166
Des lacunes dans le diagnostic 168
Communiquer les résultats 173

Chapitre 7

Mobiliser l'équipe dirigeante 175

   Admettre que les points de vue puissent être différents 178

   Du diagnostic à la conception de l'« état final » 182

   Développer un consensus au sein de l'équipe dirigeante 186

   Concilier les besoins de l'entreprise, son potentiel d'amélioration
   et sa capacité de changement 192

   Restaurer le contact entre les dirigeants et le terrain 197

   Élargir la communication à l'ensemble de l'entreprise 202

Chapitre 8

Faire la démonstration du changement 205

   Construire des fondations claires et solides 206

   Créer une « plate-forme » stable 210

   Instaurer une culture de la performance 214

   S'attaquer aux problèmes les plus profondément ancrés 218

   Assurer l'implication de l'équipe de direction 222

   Surmonter les inévitables revers 227

   Mettre en œuvre un fonctionnement en flux tiré 231

Chapitre 9

Enraciner la transformation 235

   Tirer toutes les leçons du projet pilote 236

   Tuer le mythe du pilote « qu'il n'y a qu'à généraliser » 241

   Créer les conditions d'un changement durable 252

   Développer une culture de l'amélioration continue 258

Liste des personnages 261

Postface 263

Notes 269

Remerciements 271

Les auteurs 273

Index 275

Liste des figures

1.1   Trois piliers pour une amélioration opérationnelle pérenne 38

2.1   Effet régulateur du lissage de la production 53
2.2   Impact sur les stocks 54
2.3   Productivité améliorée grâce à l'équilibrage par le Takt 56
2.4   Adapter les effectifs en fonction de la demande 61
2.5   Ajuster le personnel entre deux lignes de production
      pour correspondre à la demande 62

3.1   Les cinq composantes du système de management 80
3.2   Facteurs permettant de déterminer la taille des équipes opérationnelles 81
3.3   Modèle d'organisation des fonctions de support 97

4.1   Comment l'état d'esprit oriente les comportements 107
4.2   Exemple du rôle joué par la culture, c'est-à-dire l'état d'esprit
      et les comportements 112

5.1   Comité exécutif, Arboria Europe 123
5.2   Six enseignements à retenir 132

6.1   L'organisation d'Arboria UK 139
6.2   Exemple d'arbre de valeur 148
6.3   Le plan de travail ébauché par Philip 151
6.4   L'équipe de diagnostic de Bolton 154
6.5   Diagramme MIFA esquissé par Philip 155
6.6   Les 7 étapes de l'analyse MIFA 156

7.1   Objectifs de la réunion 189
7.2   Objectifs du projet lean, 2005 190
7.3   Variations possibles de l'impact 191
7.4   Évaluer la capacité de changement (sondage interne) 194

9.1   Facteurs clés pour le succès d'un projet pilote 239
9.2   Évaluation de l'ouverture au changement des équipes terrain 247
9.3   Conditions d'un changement durable des comportements 253

Avant-propos

Peu d'entreprises parviennent à tirer de l'application des principes *lean* autant d'avantages que Toyota. Dans le secteur industriel et, à un moindre degré dans le secteur tertiaire, elles sont pourtant nombreuses à estimer appliquer ces principes à leur fonctionnement et, au minimum, à utiliser certains outils du *lean*. Cette faible réussite peut paraître surprenante si l'on songe aux milliers de cadres qui ont visité les installations du groupe nippon pour s'informer sur le célèbre système de production Toyota et essayer de percer les secrets de son avantage concurrentiel. En vérité, de telles visites permettent rarement de percevoir et de comprendre les fondations du système ; et seul un petit nombre des personnes ayant arpenté l'une ou l'autre des usines du constructeur japonais ont commencé à mettre réellement en œuvre l'approche Toyota dans leur propre entreprise.

Si Toyota ouvre si généreusement ses portes, c'est que le groupe a la certitude que la mise en œuvre du *lean* va bien au-delà de la simple application d'outils spécifiques. Cela fait cinquante ans que le constructeur peaufine son système, originellement conçu pour répondre à des circonstances historiques. Après la Seconde Guerre mondiale, une législation du travail très stricte fut en effet imposée aux employeurs japonais pour restreindre les licenciements. Cette contrainte, Toyota a su la transformer en opportunité et en avantage concurrentiel. Promettant à son personnel l'emploi quasiment à vie, le groupe a pu, en contrepartie, instaurer des processus rigoureux de gestion de la performance sur lesquels s'est épanouie une « mystique » de l'amélioration continue. La culture d'entreprise qui prévaut aujourd'hui chez Toyota est le produit de cette longue évolution.

Pour récolter toutes les promesses du *lean,* il faut beaucoup plus que la conjugaison de principes, de méthodes et d'outils. L'état d'esprit et les comportements du personnel sont essentiels. La capacité de Toyota à faire de ces derniers des leviers au service de son système opérationnel est probablement la composante la moins connue de son succès. C'est pourtant, selon nous, la raison fondamentale de l'avantage dont peut se prévaloir ce groupe qui a accédé en 2003 à la deuxième place sur le podium mondial des constructeurs automobiles. L'articulation entre, d'une part les aspects structuraux et organisationnels, et de l'autre les aspects humains, reste trop ignorée ; or si cette articulation fait du *lean* l'une des techniques de management les plus difficiles à appliquer, c'est elle également qui en fait l'une des plus efficaces.

Le but de ce livre est d'aider les managers à réussir leur voyage vers le véritable système *lean*. Témoins de l'énorme impact que ce système peut avoir sur les résultats de l'entreprise et des changements profonds qu'il permet en matière de motivation et d'efficacité de l'encadrement et du personnel de terrain, nous voulons vous convaincre que ce périple peut être passionnant.

STEFAN ROGGENHOFER

Avant de commencer, en 1991, à travailler dans l'usine Toyota de Burnaston, au Royaume-Uni, je connaissais déjà la réputation d'excellence opérationnelle de la firme japonaise. Quelques semaines après mon arrivée dans la société, je fus envoyé en formation au Japon auprès de la prestigieuse division du conseil en gestion opérationnelle, connue dans le monde entier pour avoir créé le système de production Toyota qu'elle continue à développer. Je savais déjà que la théorie présidant à la création des outils et méthodes du *lean* était d'une imparable logique ; ce fut surtout l'impact du *lean* qui m'impressionna : une productivité très élevée, des délais très courts et une qualité des produits exceptionnelle.

De retour au Royaume-Uni, comme spécialiste technique, je participai à l'introduction du système de production Toyota en Europe. Démarrant des projets pilotes avec un certain nombre de fournisseurs désireux de développer une relation spécifique et durable avec Toyota, nous commençâmes par effectuer, dans leurs activités, un diagnostic des sources de gaspillage et d'inefficacité. Puis des mesures correctives furent mises en place. Les dirigeants furent impressionnés des résultats obtenus en quelques jours. Les progrès – productivité de la main-d'œuvre, niveau de stocks et qualité – étaient beaucoup plus importants qu'avec leurs précédents programmes d'amélioration et étaient obtenus à coût presque nul. Une sorte de miracle.

L'enthousiasme fut de courte durée. Quelques semaines plus tard, les postes considérés comme superflus étaient à nouveau pourvus, les niveaux de stocks avaient remonté et les problèmes de qualité étaient de retour. Lorsque nous demandâmes au management pourquoi il avait laissé la performance se dégrader, il se montra surpris : il n'avait pas pris conscience de la disparition des gains initiaux. Il fallut aider à reconstruire les systèmes… pour voir la performance retomber à nouveau rapidement.

Pourquoi cette succession d'échecs ? Manque d'engagement de la part des entreprises ? Désir de simplement faire plaisir à un gros client en lui faisant croire que l'on veut changer ? Responsabilité des équipes de direction ? Au prix d'efforts importants tout au long d'un parcours difficile, nous allions finalement parvenir à rétablir et, surtout, à maintenir ce qui avait été initialement acquis.

Cette expérience est loin d'être unique. Au regard de l'énergie investie par les entreprises dans la mise en œuvre du *lean* au cours des vingt dernières années, les résultats ressemblent à des feux de paille. Quelle est la formule qui aurait permis à toutes ces actions d'obtenir des résultats probants et de les pérenniser ? Tel est le problème que je m'acharne à résoudre depuis. Les pages qui suivent contiennent l'essentiel des réponses que j'ai trouvées.

BLAIR MCCALLUM

Mon expérience dans la production industrielle m'a convaincu que les actions d'amélioration opérationnelle doivent être conduites *par* et *avec* les personnes concernées, plutôt que *pour* elles. J'ai également appris que, pour persuader ces personnes de changer fondamentalement leur façon de travailler, leur remettre un manuel, leur faire une présentation formelle ou leur organiser une réunion d'information est rarement efficace, quelle que soit la qualité des moyens mis en œuvre. Des explications logiques et des instructions claires sont naturellement utiles, mais seulement dans la mesure où elles sont illustrées par des démonstrations pratiques. La plupart d'entre nous ont besoin de « voir pour croire », besoin que l'on nous démontre concrètement que la nouvelle approche proposée « marche ».

Aujourd'hui, comme consultant travaillant à l'interface des changements opérationnels et comportementaux, je constate combien il est difficile de partager avec l'encadrement nos idées sur la nécessité de changer la culture de l'entreprise, c'est-à-dire l'état d'esprit et les comportements du personnel. Trop souvent, tablant sur des documents écrits et des présentations traditionnelles, les managers se contentent d'expliquer la théorie à la base du *lean*. Ils n'essayent pas de communiquer l'expérience directe de ce qu'est le *lean,* ni de faire comprendre aux salariés combien cette approche peut transformer leur travail au quotidien.

Pourquoi, alors, écrire un ouvrage sur le *lean* ? Nous avons voulu faire le lien entre la théorie et la pratique. Vous trouverez donc, dans la première partie, une présentation structurée des différents aspects sur lesquels doit travailler toute entreprise envisageant une démarche de transformation *lean*, ainsi que de nombreux exemples concrets. Quant à la seconde partie, récit d'un itinéraire vers le *lean,* elle vous fera vivre la réalité au jour le jour d'une entreprise qui s'est fixé pour objectif d'être *lean.* Vous suivrez les événements qu'affronte Arboria. À travers cette présentation vivante, renforcée de commentaires et d'analyses, vous accompagnerez l'équipe de management et les opérateurs, aux prises avec les problèmes et frustrations du changement. Vous toucherez également du doigt les bénéfices de la démarche… car ce périple plein de défis porte la promesse de généreux avantages.

JOHN DREW

Introduction

- Le *lean* transforme les opérations de l'intérieur et crée de nouvelles opportunités stratégiques dans tous les secteurs économiques.
- Bien plus qu'une collection d'outils, le *lean* constitue une façon radicalement différente de travailler.
- Pour devenir *lean*, il n'existe pas de processus préétabli. Chaque entreprise doit définir son propre itinéraire.

L'excellence des autres joue comme un aiguillon. Voir à la télévision les exploits de Sébastien Grosjean ou de Hermann Maier peut nous inciter à ressortir notre équipement du placard pour aller nous entraîner. Pleins de bonnes intentions, nous essayons de perfectionner notre jeu de jambes et d'améliorer nos gestes et notre résistance. Nous nous promettons de passer davantage de temps sur le terrain… qu'au bar du club ou du bas des pistes ! Nous allons éventuellement jusqu'à nous inscrire à une série de leçons ou à nous acheter tel équipement dernier cri dans l'espoir d'améliorer rapidement nos performances.

Nous savons tous que les bonnes intentions, malheureusement, ne suffisent pas. Et qu'une fois passé l'enthousiasme initial, seuls un travail acharné et une détermination sans faille feront la différence. Très souvent, nous réalisons que la tâche est beaucoup plus ardue que nous ne l'avions imaginé au départ.

Le mystère autour de l'application du *lean*

Avec leurs programmes d'amélioration opérationnelle, les entreprises se heurtent à des difficultés analogues à celles décrites ci-dessus. Dans le monde entier, inspirées par les constructeurs automobiles japonais, nombre d'entre elles, que ce soit dans l'industrie ou les services, ont tenté d'améliorer leur performance en adoptant la philosophie *lean*. Elles ont changé leurs pratiques de travail pour éliminer tout gaspillage. Force est de constater que, dans la majorité des cas, les améliorations n'ont pas fait long feu. Après avoir nécessité des efforts considérables et mobilisé de nombreuses ressources, leur effet s'est évanoui dès que l'encadrement a relâché un tant soit peu son attention et sa pression.

De tels échecs s'expliquent, en bonne partie, par le caractère imprévisible des organisations. De façon naturelle, tout système a tendance à préférer le chaos. Aucune amélioration ne perdure sans un effort spécifique pour la maintenir. Dans un environnement (les lieux de production, usines ou back offices…) où règne l'imprévisibilité, se maintenir à niveau requiert déjà de tels efforts que toute amélioration apparaît hors de question. Mener des changements, c'est un peu, selon les mots d'un dirigeant, comme « essayer de planter une tente en plein ouragan ». Et le défi devient incommensurable lorsqu'il s'agit en outre, comme dans le *lean*, de déléguer au premier échelon de la hiérarchie des responsabilités en matière de qualité, de coûts et de délais.

Ayant travaillé dans l'industrie et conseillé de nombreux dirigeants lors de programmes d'amélioration, nous savons combien il peut être difficile de changer durablement une entreprise. Il existe une règle qui prévaut presque partout : on joue les pompiers pour parer aux urgences. Cette règle est symptomatique d'organisations fondamentalement instables. Malheureusement, l'instabilité semble intrinsèque à la production de masse. Même en utilisant des systèmes sophistiqués de gestion de la production, comme un MRP[1], il est difficile d'empêcher une désynchronisation permanente entre la demande et l'offre, car celles-ci enregistrent chacune de leur côté de très fortes fluctuations. La notion même de planification pose problème : personne ne peut ou ne veut se conformer longtemps à un planning. Les clients changent leurs commandes à la dernière minute, les livraisons n'arrivent pas à l'heure,

© Éditions d'Organisation

certaines pièces sont en rupture et les machines tombent en panne. Dès qu'une difficulté survient, le planning n'est plus respecté et les opérateurs doivent se débrouiller, faire preuve d'imagination, pour que la production continue.

Or les interventions non planifiées des opérateurs ne font souvent qu'aggraver les problèmes. Des écarts relativement faibles à une étape donnée du processus peuvent rapidement s'amplifier et créer des fluctuations considérables de l'offre et de la demande tout au long de la chaîne de valeur. C'est ce qui explique, par exemple, la faillite retentissante de la planification centralisée de l'économie soviétique. Toute planification a besoin de conformité et de prévisibilité, or aucun système de production n'a jamais fonctionné sur un tel modèle.

Ceci nous laisse face à une énigme à résoudre : si la variabilité est inhérente à la production de masse et mène inévitablement à l'instabilité et à l'obligation d'improviser des corrections dans l'urgence, un programme de changement a-t-il la moindre chance d'avoir un impact durable ? L'instabilité ne va-t-elle pas, aussi facilement que l'ouragan emporte une tente, systématiquement détruire tout nouveau système dès que le personnel n'a plus d'autre solution que de retomber dans ses anciennes habitudes ? Certaines entreprises, telles Œdipe, semblent pourtant avoir trouvé la solution…

La promesse du *lean*

Ces dernières années, les principes *lean* se sont imposés dans l'esprit des dirigeants d'entreprise. Ils ne sont plus considérés comme un ensemble obscur de méthodes et d'outils japonais, mais plutôt comme une approche qui tient ses promesses de manière remarquable. Cette approche permet, en effet, non seulement de réduire les coûts et d'améliorer la qualité, mais aussi de stabiliser les opérations et de faire coïncider offre et demande. Elle est également porteuse d'une assurance, celle de pouvoir éradiquer les improvisations dans l'urgence et de préparer le terrain pour une amélioration continue de la performance.

Lorsqu'une entreprise adopte le *lean* comme une philosophie, une façon d'être, plutôt que comme un simple projet, elle peut obtenir des retombées extrêmement positives qui lui procureront un véritable avantage concurrentiel et dépasseront toutes les espérances des dirigeants. Quelques exemples récents le montrent. En appliquant les principes *lean*, Dell a pu obtenir un taux de rotation de ses stocks de 64 en 2001, soit 50 fois plus que son concurrent le plus proche, tout en affichant des coûts d'exploitation moitié moindres. Son fondateur, Michael Dell, a une explication très simple : « Quel est l'intérêt de charger un écran d'ordinateur sur un camion pour l'emporter à Austin (Texas), de le décharger, de lui faire faire un tour dans l'entrepôt, pour ensuite le recharger sur un camion pour une autre destination ? C'est tout simplement un gaspillage énorme de temps et d'argent. »

Un certain nombre d'autres entreprises ont réussi la transition. La filiale d'Airbus qui fabrique au Royaume-Uni des ailes pour les avions assemblés en France et en Allemagne a adopté les principes *lean*. Résultat : elle a pu libérer des capacités substantielles, qui étaient latentes, et éviter de gros investissements. En 1999 cette société, après une longue période de progression de la demande, connaît des problèmes de capacité importants et des difficultés croissantes pour tenir ses objectifs de performance. Respecter les délais de livraison s'avère particulièrement crucial lorsque de fortes pénalités financières sont prévues en cas de retard.

Airbus Royaume-Uni entreprend donc sa transformation dans deux secteurs pilotes : l'usinage et l'assemblage des ailes d'avions moyen-courrier. L'application des méthodes *lean* dans l'atelier d'usinage fait passer le taux de respect du programme de production de 30 % à plus de 75 % en trois mois. À l'assemblage, de nouvelles méthodes de production et de nouveaux systèmes logistiques permettent de dégager une réserve de productivité de plus de 25 %, de réduire le temps de cycle d'environ 20 % et d'améliorer la qualité de plus de 40 % en six mois. En 2003, l'entreprise obtient des résultats impressionnants : la totalité de ses livraisons sont effectuées dans les délais, tandis que la sous-traitance a été réduite ; la productivité est en hausse de 25 % ; les problèmes de qualité ont diminué de moitié. Jadis lanterne rouge du groupe, l'usine du Royaume-Uni s'est hissée au niveau des sites les plus efficaces d'Airbus.

Mais la liste ne se limite pas aux entreprises manufacturières : l'assureur américain Jefferson Pilot Financial (JPF) a pu obtenir une amélioration radicale de sa performance en appliquant les principes *lean.* Vers la fin de l'année 2000, JPF commence à chercher des solutions pour se sortir de la situation de faible croissance caractéristique du secteur de l'assurance vie. Les défis sont de taille : pour répondre aux exigences de la clientèle qui demande toujours plus de personnalisation de l'offre, les produits ont proliféré, accroissant la complexité et les coûts de traitement pour les assureurs généralistes. Parallèlement, les assureurs spécialisés, avec une politique de prix agressive et un traitement plus rapide des dossiers, exercent une pression qui oblige le secteur à améliorer ses niveaux de service et à réduire ses coûts de manière drastique.

Jefferson Pilot est ainsi l'un des premiers à prendre conscience du potentiel offert par les principes et outils *lean* au secteur des services financiers et à les adopter[2]. Les résultats du groupe parlent d'eux-mêmes : il a réduit le temps de traitement d'une demande de souscription de 70 %, la part des coûts de main-d'œuvre dans le coût de revient d'un contrat de presque 30 % et le nombre de contrats à retraiter à la suite d'erreurs de 40 %.

Un leader des services de télécommunications en Europe a également appliqué avec succès les principes *lean*, alors qu'il était confronté au grignotage de ses marges sur un marché réglementé et en perte de croissance. Domaine initialement choisi : le dépannage des lignes téléphoniques fixes, qui représente l'une des causes les plus fréquentes de perte de clientèle.

L'équipe chargée du projet a analysé les trois phases du processus d'intervention : réception de l'appel du client, diagnostic, intervention sur site. Elle a constaté, d'une part, que les équipes chargées de ces trois opérations fonctionnaient pratiquement comme des concurrentes, d'autre part que leurs horaires de travail ne concordaient pas ! Le délai de dépannage moyen frôlait les 19 heures… dont une heure seulement était réellement utile au client. En particulier, 40 % du temps des équipes intervenant sur le terrain était perdu, pour moitié à attendre – par exemple, que le travail soit attribué – et pour moitié à se déplacer entre les différents lieux d'intervention.

En appliquant les principes *lean*, d'abord pour identifier les gaspillages tout au long de la chaîne de valeur, puis pour réaligner l'organisation et créer des leaders d'équipe, cet opérateur a obtenu des résultats impressionnants. Dès les premiers mois, le projet pilote a permis de faire progresser la productivité de 40 % et de faire baisser de moitié le taux de pannes récurrentes. Ce succès a ensuite pu être généralisé dans tout le réseau national de l'entreprise. Finalement, ce qui avait commencé comme un simple programme d'amélioration de la productivité a abouti à une véritable transformation culturelle de l'entreprise. « Nous avons dépassé les objectifs du programme, a confié le PDG, tout en ajoutant : plus important encore à mes yeux, notre entreprise a beaucoup appris et progressé, ce qui lui a permis ensuite de mettre en œuvre la démarche de façon autonome. »

Dans les chapitres qui suivent, nous reviendrons sur les exemples ci-dessus pour montrer comment l'approche *lean* peut transformer les opérations dans tous les secteurs. Si nous avons pu constater des résultats impressionnants dans la chimie, les industries papetière, minière, sidérurgique, des biens de consommation, pharmaceutique, dans la distribution et le secteur financier, il convient néanmoins de nous rappeler que tous procèdent initialement des efforts de Toyota.

Toyota, le pionnier du *lean*

C'est Toyota qui a inventé la philosophie *lean*. Le système de production adopté par le constructeur japonais lui a permis d'afficher depuis trente ans une meilleure rentabilité et une croissance plus rapide que n'importe lequel de ses concurrents, avec une progression moyenne de la rentabilité pour les actionnaires de 14 % par an. En 2003, Toyota s'est hissé à la deuxième place sur le podium mondial des constructeurs automobiles, avec une part de près de 10 % du marché global (en 1970, le groupe n'en détenait que 5 %). Et le constructeur japonais a annoncé son intention de monter à 15 % d'ici 2010. Ce qui en fera, *de facto*, le premier constructeur de la planète. Sa capitalisation boursière dépasse déjà celles de Ford, GM et DaimlerChrysler réunies.

Même dans la conjoncture difficile de l'année 2003, Toyota a atteint une marge brute de 8 %. L'entreprise n'est pourtant pas particulièrement renommée pour ses produits innovants, ni pour sa stratégie commerciale révolutionnaire. La clé de son succès, c'est un système opérationnel particulièrement efficace, connu sous le nom de *Toyota Production System* ou TPS.

Le voyage au long cours de Toyota vers le *lean* commence dans les années 1950. L'entreprise doit faire face à la situation économique critique du Japon dans l'après-guerre : des capitaux trop rares pour financer le développement des entreprises et des consommateurs dont les faibles revenus limitent la taille du marché automobile national. Il n'existe pas alors, au Japon, une demande suffisante pour justifier l'application des méthodes de production de masse en usage dans l'industrie automobile des pays occidentaux. Toyota, en outre, ne dispose pas d'une expérience suffisante sur ses modèles, trop récents ou encore à l'essai, pour pouvoir investir lourdement dans l'outillage. Contrainte de serrer les coûts, l'entreprise est également handicapée au plan national par la législation sociale japonaise, très contraignante en matière de licenciements. Ses tentatives pour améliorer son efficacité se heurtent à des grèves dures et provoquent de fortes tensions sociales.

Ces facteurs peu favorables auraient découragé plus d'une entreprise industrielle. Ils vont au contraire servir de tremplin à Toyota pour développer un processus de production à la fois très flexible et ne nécessitant pas de longues séries de production.

Disposant de peu de moyens, Toyota va acheter des machines d'occasion aux États-Unis. Ce qui lui permet de diminuer la charge des investissements. Le groupe nippon peut ainsi se lancer, en théorie, dans la production des petites séries nécessaires pour satisfaire son marché intérieur. Reste à éliminer un problème pratique de taille : la complexité et les coûts énormes pour adapter les machines lors de chaque changement de lot. Dans la production en grande série, les modifications d'outillage constituent souvent une opération très lourde ; elles peuvent impliquer l'arrêt complet d'une ligne de fabrication pendant plusieurs jours, mais également nécessiter de former les opérateurs, voire d'installer de nouvelles machines sur la ligne.

Toyota décide donc de développer un système qui va lui permettre de changer de série rapidement et souvent. Plutôt que d'utiliser des machines spécialisées dans une seule opération, l'entreprise préfère des équipements polyvalents, pouvant accepter différents outils. Elle travaille également à simplifier les changements sur les machines et à réduire les distances parcourues par les outils. Enfin, et surtout, Toyota investit dans ses salariés. Le système, tel qu'il est conçu, exige des opérateurs qu'ils sachent changer les outillages lorsque cela est nécessaire, tenir plusieurs postes et passer d'une ligne à l'autre. Il est donc impératif que leur formation leur permette d'atteindre un niveau de qualification bien supérieur à celui qu'exige habituellement ce genre d'industrie. Cela représente un gros investissement pour le groupe, mais Toyota estime qu'il se rentabilisera de lui-même, car ses salariés auront envie de rester dans l'entreprise sur une longue période, voire toute leur carrière.

Disposer de collaborateurs hautement qualifiés devait s'avérer bénéfique pour une seconde raison : l'entreprise allait obtenir que tout le personnel participe à l'amélioration continue des opérations. En changeant la répartition traditionnelle des investissements, moins d'argent pour les équipements et plus pour le personnel, Toyota a découvert un nouveau levier pour devenir plus flexible. Au lieu d'être un handicap, les petites séries deviennent alors un atout car, en passant très vite d'un modèle à l'autre, elles permettent de coller beaucoup mieux aux évolutions de la demande.

Avec le temps, tous ces éléments se sont agrégés pour constituer une nouvelle approche de l'excellence opérationnelle formant le socle de ce qui est aujourd'hui connu comme la philosophie *lean*[3]. Ce bref historique de Toyota montre que le *lean* n'est en aucun cas un complément à la production de masse ; c'est plutôt une alternative. Il suppose, en effet, une approche radicalement différente des activités opérationnelles et une manière totalement nouvelle de les concevoir. Le *lean*, en réalité, est incompatible avec la production en grandes séries, puisque c'est la demande même des clients qui sert à déterminer à quelle vitesse, selon quel « mix » et en quelles quantités il faut produire. Les entreprises qui font de la production en grande série se fixent des ambitions limitées : un taux « acceptable » de défauts, un niveau de stocks « tolérable » et une gamme étroite de produits, tous standardisés. À l'inverse, les entreprises *lean* visent en quelque sorte la perfection : réduire les coûts, constamment tendre vers le zéro défaut et le zéro stock, fabriquer une grande variété de produits répondant parfaitement à la demande.

Toyota s'est attaché à développer un système opérationnel qui n'a pas besoin des économies d'échelle offertes par un énorme marché comme celui de l'Amérique du Nord. Le groupe japonais a développé une culture, une organisation et un système de travail qui s'efforcent inlassablement d'éliminer les gaspillages de toute nature, de combattre la variabilité et la non-flexibilité. Pour y arriver, il concentre tout son système opérationnel sur un seul objectif : répondre à la demande. Ce système doit donc être très flexible pour pouvoir, dès que la demande évolue, s'adapter à celle-ci immédiatement. Et son pivot, c'est une main-d'œuvre beaucoup plus qualifiée et plus souple que dans la plupart des systèmes de production de masse.

Le système de production de Toyota a su faire de nécessité vertu. Ses principales composantes découlent directement des conditions du marché qui régnaient au Japon dans les années 1950. Mais qu'en est-il aujourd'hui ? Développé dans un contexte spécifique et à une époque donnée pour répondre à des problèmes particuliers, ce système peut-il encore constituer une réponse valable pour les entreprises qui, en ce début du 21e siècle, opèrent dans des conditions très différentes ?

Les leçons toujours actuelles de Toyota

L'environnement présent paraît relativement opposé à celui du Japon des années 1950. Les capitaux sont abondants et franchissent facilement les frontières. Ils ne représentent donc plus un obstacle à l'entrée sur un marché – les fabricants de puces électroniques en ont fait l'amère expérience lorsqu'ils ont vu de nouveaux concurrents apparaître du jour au lendemain, en dépit du haut niveau d'investissement nécessaire. Ils ne constituent pas non plus une source d'avantage concurrentiel, en termes d'accès au financement de gros équipements permettant des économies d'échelle. Nous verrons d'ailleurs qu'un système de production de masse classique, basé sur de gros équipements coûteux, représente plutôt un handicap potentiel qu'un atout pour une entreprise.

Aujourd'hui, l'incertitude fondamentale de l'économie mondialisée exige surtout de l'agilité pour répondre aux variations rapides de la demande et aux changements de goûts des consommateurs. Aussi manœuvrable qu'un superpétrolier en haute mer, un système de production peu évolutif et protégé des fluctuations de la demande et des évolutions du marché par une accumulation de stocks est la dernière des choses dont a besoin une entreprise.

© Éditions d'Organisation

À l'opposé, la flexibilité du *Toyota Production System* le rend parfaitement adapté à l'environnement économique de ce début de siècle. Ce système est d'ailleurs devenu un atout irremplaçable pour le groupe nippon : les séries très courtes qu'il produit lui permettent de marier une excellente qualité avec une grande variété de produits. Et cette combinaison, particulièrement difficile à obtenir dans d'autres conditions de production, ravit la clientèle tout en jetant le trouble chez les concurrents.

Pourtant, il existe un double défi pour les entreprises qui veulent suivre les principes *lean* : chez Toyota, ces derniers représentent l'accumulation d'années d'apprentissage collectif ; quant aux systèmes *lean* ils reposent, par essence, sur l'expérience. Certes, une part importante du savoir de Toyota est codifiée dans des systèmes ou processus éprouvés ; mais le succès du groupe réside davantage encore dans les compétences des collaborateurs qui pilotent ces systèmes et processus. Il existe un « état d'esprit Toyota », indispensable pour travailler dans le groupe, qui permet à chacun de savoir exactement comment et quand répondre aux changements de production.

La façon dont Toyota gère ses activités en dehors du Japon permet de mieux percevoir la logique de mise en œuvre de son système de production. Lorsque le groupe nippon s'installe dans un nouveau pays, il ne s'attend pas à trouver localement un réseau de fournisseurs qui soient *lean*. Il sait qu'il va devoir mettre à niveau chacun de ses nouveaux fournisseurs. Même en adoptant dès le démarrage un système de production qui réponde lui-même aux principes *lean,* tout nouveau site étranger sera moins efficient, au début du moins, que les usines japonaises. Il n'atteindra la parité avec ces dernières qu'une fois constitué un réseau local de fournisseurs travaillant, eux aussi, selon les principes *lean*.

Au démarrage d'une nouvelle usine, Toyota accepte de gérer des lots de composants provenant à la fois du Japon et de quelques fournisseurs locaux. L'efficacité moindre qui en résulte ne le décourage pas de réaliser des investissements à l'étranger, car il sait qu'en disséminant peu à peu les principes *lean* chez l'ensemble de ses fournisseurs locaux, il va permettre à la productivité de progresser et aux approvisionnements de se faire de plus en plus dans le pays.

En dépit de ses nombreuses années d'expérience, Toyota aborde toute création de site à l'étranger comme un nouveau « voyage au long cours vers le *lean* ». Le groupe ne s'attend pas à ce que la destination soit atteinte en quelques jours.

Un parcours difficile

Si le *lean* est aussi puissant qu'on le dit et si Toyota en est une illustration aussi exemplaire, comment expliquer que peu d'entreprises arrivent à le mettre en œuvre avec succès ? Nous pourrions, en reprenant l'exemple du sport, nous demander de même pourquoi nous avons tant de mal à améliorer nos performances, même lorsque nous en avons très envie. Sans doute le désir s'émousse-t-il petit à petit au contact des dures réalités de l'entraînement. Toutes sortes de facteurs s'interposent : manque de temps, mauvaises conditions météorologiques, engagements familiaux ou opportunités plus attrayantes. Il en va de même pour les entreprises qui décident de devenir *lean* : de nombreuses tentatives tournent court avant même d'avoir généré un quelconque changement. Les bonnes intentions sont vite oubliées face aux difficultés du quotidien. Et, contrainte de répondre à toutes sortes de pressions externes, l'entreprise change ses priorités. C'est pourquoi il faut considérer l'accès au *lean* comme un voyage au long cours. Comme tel, il requiert des leaders capables, un moyen de transport fiable, un équipage compétent et enthousiaste, des vivres en quantité suffisante, une bonne carte et des points fréquents pour vérifier si le cap est bien tenu.

Un tel périple n'est pas fait pour les craintifs et il faut savoir que l'on ne peut pas s'arrêter en cours de route. Si l'on ne consent que la moitié des efforts nécessaires, on ne peut même pas espérer récolter la moitié des fruits promis. La transition vers le *lean* représente un grand défi que beaucoup ne poursuivent pas jusqu'au bout. Il faut s'engager totalement avant de s'embarquer dans cette aventure.

L'une des erreurs courantes consiste à considérer cette transformation comme un processus de nature technique, qu'il vaut mieux confier aux techniciens de l'entreprise. Nous avons constaté que beaucoup d'entreprises qui veulent adopter les modèles *lean* échouent parce qu'elles n'ont qu'une vision limitée de cette approche. Lorsque l'on visite une usine Toyota, il est possible de n'y voir qu'un ensemble d'outils et de techniques destinés à optimiser les opérations : imaginer l'infrastructure et les comportements qui sous-tendent ces outils et techniques est loin d'être facile.

C'est un peu comme au théâtre : nous voyons les acteurs se déplacer sur la scène et nous entendons leurs paroles, mais nous ne savons pas tout ce qui s'est passé au cours des répétitions. Quelles indications le metteur en scène a-t-il données ? Comment les acteurs se sont-ils préparés à leur rôle ? Quelles modifications ont-elles été apportées au texte ? Nous ne savons pas non plus si la qualité de l'interprétation est meilleure ou moins bonne qu'elle ne l'était hier ou ne le sera demain.

À l'instar d'une pièce de théâtre, un système opérationnel *lean* n'est pas statique. Il évolue au fil du temps. Pour tenir le cap, il faut un leadership fort. Tout programme de changement exige l'engagement de la direction de l'entreprise ; c'est encore plus le cas pour une transformation *lean*.

Comme le *lean* implique de fonctionner de manière radicalement différente, peu de personnes peuvent le comprendre de prime abord. Avant de constater, par elles-mêmes, les avantages de l'approche, les personnes impliquées risquent de s'y opposer. Le *lean* remet en effet en cause leurs pratiques habituelles – par exemple, la constitution de stocks de sécurité pour se protéger contre les aléas. Les responsables opérationnels, en particulier, peuvent se sentir menacés par l'obligation d'abandonner un certain nombre de leurs habitudes.

L'équipe de direction doit donc faire partager sa vision, non seulement de l'objectif à atteindre (le *quoi*) mais aussi de l'itinéraire à suivre (le *comment*). Les salariés impliqués dans le changement ont besoin de se sentir rassurés et soutenus. C'est particulièrement le cas lorsque le *lean* est introduit dans le cadre d'une réduction radicale des coûts : les entreprises qui se transforment dans un tel contexte accordent en général, sous une forme ou une autre, une certaine garantie d'emploi au personnel qui demeure dans l'organisation après la réduction initiale d'effectifs. Sans une telle garantie, les salariés risquent de percevoir la nouvelle façon de travailler non pas comme un encouragement à participer activement au processus d'amélioration, mais comme une façon déguisée de les pousser vers la porte.

© Éditions d'Organisation

Cheminer vers le *lean* demande du temps. Cette approche exige de l'entreprise de maintenir ses efforts sur la durée. Même si certains résultats sont immédiats, le *lean* ne portera tous ses fruits qu'une fois devenu la base d'un processus d'amélioration continue. De nos jours, intégrer une perspective à si long terme s'avère souvent difficile pour les entreprises. Pilotées à court terme, le nez sur les résultats trimestriels, par des équipes dirigeantes souvent renouvelées, il faut aux entreprises beaucoup plus que la seule volonté de quelques membres de la direction pour assurer le succès d'un tel voyage. Et ce n'est qu'après l'institutionnalisation des pratiques et de la perspective *lean* au sein de l'organisation, que le *lean* deviendra partie intégrante du développement des compétences internes et que chacun se mettra à « penser *lean* ».

Un voyage, cela se prépare

Pourtant, les principes *lean* ne sont pas innés. Ils contredisent même souvent les habitudes des opérationnels. C'est pourquoi une entreprise qui se lance dans l'aventure *lean* a besoin de l'aide de personnes ayant déjà mis en œuvre ce type de démarche. Certaines entreprises sont allées chercher des recrues directement chez Toyota ou dans d'autres entreprises *lean* pour en faire les agents du changement. Quelle que soit la (ou les) personne(s), il est impératif qu'elle ait déjà conçu et mis en place un système opérationnel *lean*. Beaucoup prétendent l'avoir fait, mais un petit nombre seulement peut affirmer avoir réussi à mettre en place un système durable.

Par sa nature même, le périple vers le *lean* implique une collaboration poussée au sein de l'organisation, tandis que tous les salariés peuvent être amenés à y jouer un rôle. Des « agents du changement » et des « guides du *lean* » sont là pour faciliter la mutation, aider les participants à effectuer le voyage et à développer leurs propres compétences dans le domaine du *lean*.

Le voyage vers le *lean* peut être très déconcertant pour les managers. Il en est de même pour le reste des salariés, mais de façon différente. Souvent, seuls les opérateurs dans les ateliers et les personnels en contact avec les clients connaissent concrètement les problèmes quotidiens et savent comment faire fonctionner la production. Les managers doivent se mettre à leur écoute, tout en leur apportant les explications nécessaires. Ainsi la mise en œuvre des principes *lean* aboutit-elle en général à une remise en cause des relations et de la perception mutuelle de la direction et des autres membres du personnel. Des deux côtés, les différents acteurs doivent apprendre, notamment, à se faire beaucoup plus confiance. Si la traversée se passe bien, chacun va se découvrir capable de réaliser des choses qu'il aurait cru impossibles auparavant.

Quel va être l'itinéraire ? Même s'il dépend de la nature de chaque entreprise, on dénombre généralement cinq grandes étapes.

L'entreprise doit commencer par se préparer, c'est-à-dire évaluer si le *lean* répond aux objectifs de la stratégie opérationnelle de l'équipe dirigeante. Cette dernière est seule à pouvoir sonner de manière formelle le départ.

Ensuite, l'entreprise doit explorer les possibilités d'amélioration, en réalisant un examen complet de l'état actuel des activités opérationnelles, sans oublier le système de management ainsi que les motivations et les perspectives de l'ensemble du personnel.

Il est alors temps pour les dirigeants de se réunir, afin qu'ils définissent quel est l'état final visé, se mettent d'accord sur une vision et prennent l'engagement collectif de tout faire pour l'atteindre.

La quatrième étape est l'une des plus difficiles du voyage. Elle consiste à réaliser un projet pilote qui va prouver la faisabilité du changement pour les dirigeants et le reste des collaborateurs. Cette étape vise également à tester l'état final tel qu'il a été défini et à l'affiner. La dernière étape du voyage doit, pour sa part, permettre au changement de s'inscrire en profondeur et de se diffuser dans toute l'entreprise, afin de devenir la plate-forme à partir de laquelle l'organisation va être capable d'améliorer sans relâche l'ensemble de ses activités opérationnelles.

Dans la réalité, les étapes de cette transformation sont rarement aussi claires et séquencées qu'indiqué ci-dessus. Il n'existe pas d'approche standard. Certains dirigeants peuvent mettre plusieurs années avant de se décider à sonner le départ ; pour d'autres, il suffira de quelques semaines. Et, dans certains cas, ce n'est qu'une fois le projet pilote réalisé que l'état final peut, enfin, être clairement défini.

Le but de ce livre est de faire découvrir ce que recouvre le terme « opérations *lean* » et de quelle façon ces dernières fonctionnent. Il montre comment une démarche de transformation d'ensemble, correctement menée, peut créer de la valeur pour l'entreprise, ses actionnaires et ses clients. Il décrit également la façon dont cette transformation est vécue de l'intérieur et brosse le tableau d'une transition qui peut être ressentie comme agitée et inconfortable, mais aussi comme stimulante et enrichissante.

La première partie, intitulée « Le paysage *lean* », présente les grandes lignes des trois aspects clés de l'excellence opérationnelle et montre comment ceux-ci s'intègrent les uns avec les autres (chapitre 1), avant d'examiner chacun d'entre eux en détail (chapitres 2, 3 et 4). La seconde partie, intitulée « L'aventure du *lean* », présente l'itinéraire d'Arboria, une entreprise qui embrasse la philosophie *lean* et chemine vers cet idéal. Issue de notre imagination, enrichie par toutes les entreprises que nous avons rencontrées, Arboria voit son parcours relaté en cinq chapitres correspondant aux étapes énoncées plus haut (chapitres 6 à 10).

Les deux parties de l'ouvrage sont distinctes. Elles peuvent être lues séparément ou à la suite, et dans l'ordre préféré du lecteur. Certains voudront avoir d'abord une vision claire de la théorie et des principes d'une transformation *lean,* avant de se plonger dans les affres de la traversée. D'autres préféreront commencer par vivre l'aventure, avant de l'analyser.

Quel que soit votre choix, nous vous souhaitons une bonne traversée !

1re partie

LE PAYSAGE *LEAN*

Chapitre 1

L'essence du *lean*

- Le *lean* n'est pas un projet, mais une recherche permanente de la perfection par l'élimination de toutes les sources d'inefficacité.

- Dans son expression la plus complète, le *lean* est davantage une philosophie qu'une approche d'amélioration des opérations.

- Être *lean* suppose d'intégrer trois éléments clés : le système opérationnel, le système de management, la culture de l'entreprise.

Le terme *lean* fait désormais partie du vocabulaire courant des entreprises – à telle enseigne que de nombreux processus d'amélioration sont aujourd'hui couramment désignés par cette expression. Celle-ci recouvre, de ce fait, des significations diverses selon les interlocuteurs. Certains l'associent au système de production inventé par Toyota, mais la limitent à la chasse aux gaspillages et à la réduction des coûts. En réalité, le *lean* est beaucoup plus que cela.

Ensemble intégré de principes, de pratiques, d'outils et de techniques conçus pour éradiquer les causes de mauvaise performance opérationnelle, le *lean* est une démarche systématique qui tend à éliminer toutes les sources d'inefficacité des chaînes de valeur et à combler l'écart entre la performance réelle et les exigences des clients et des actionnaires. L'objectif du *lean* est d'optimiser la qualité, les coûts et les délais de livraison, tout en améliorant la sécurité du personnel. Pour atteindre un tel objectif, il convient d'agir sur les trois sources d'inefficacité de tout système opérationnel : les gaspillages, la variabilité et le manque de flexibilité.

Les gaspillages recouvrent tout ce qui ajoute des coûts, et n'apporte pas de valeur pour le client. Traditionnellement, on distingue sept types de gaspillages : la surproduction, les temps d'attente, les transports, les opérations superflues, les stocks, les déplacements inutiles et les reprises. (Voir en annexe la liste des sources de gaspillage avec leurs symptômes, leurs causes possibles et les outils et techniques clés pour les traiter.) Une huitième catégorie est souvent ajoutée : la non-utilisation des aptitudes et des contributions du personnel pour renforcer la performance de l'entreprise. Toyota estime que la surproduction est le pire des types de gaspillage, dans la mesure où elle engendre et camoufle les autres. Toute découverte de gaspillage dans une activité opérationnelle signale l'existence de coûts inutiles.

La variabilité correspond à tout écart dans la qualité d'un service ou d'un produit par rapport au niveau standard[4]. La variabilité des matières premières, par exemple, peut entraîner la production de pièces défectueuses ou des défaillances dans les équipements. Dans le domaine des compétences du personnel, la variabilité peut générer des pertes de productivité ou des goulots d'étranglement qui accroissent les délais de production.

Le manque de flexibilité désigne tout obstacle qui empêche de répondre aux évolutions de la demande des clients[1]. Imaginez que vous voulez acheter un canapé pour votre salon et que le vendeur du magasin de meubles vous annonce un délai de livraison de 12 semaines ! Le temps réel de fabrication du canapé se situe probablement dans une fourchette de 10 à 20 heures. Le reste du délai s'explique par les rigidités au sein du système de production : par exemple, les délais d'approvisionnement ou le temps nécessaire pour couper et teindre le tissu du revêtement. Nul doute que si vous commandez votre canapé en novembre et voulez être livré à Noël, vous choisirez un autre magasin, capable de répondre à votre demande.

Il existe des liens évidents entre, d'une part, les trois objectifs d'amélioration – qualité, coûts et délais – et, d'autre part, les trois sources d'inefficacité. Éliminer les gaspillages permet en effet de réduire les coûts ; supprimer la variabilité améliore la qualité et permet de diminuer les gaspillages ; réduire la rigidité permet d'optimiser les délais. Méfions-nous pourtant de trop simplifier : dans la pratique, les relations entre les objectifs du *lean* et les sources d'inefficacité sont plus complexes.

Un programme de transformation *lean* réussi est, par nature, global et aborde simultanément chacune des trois sources d'inefficacité, où qu'elles se situent dans l'organisation. Au lieu de se contenter d'optimiser certaines parties ou certains processus de manière individuelle, une démarche *lean* cherche à améliorer le système dans sa totalité.

Ce chapitre décrit comment fonctionne une transformation *lean* et ce qu'une telle démarche exige de l'entreprise. Il évoque également les pièges auxquels s'exposerait une entreprise qui, éliminant certaines étapes, voudrait prendre des raccourcis dans son parcours vers le *lean*.

Capter les sources de valeur

Extraire la valeur qui dort au sein des activités opérationnelles d'une entreprise peut se comparer à un forage pétrolier. Toute entreprise recèle un potentiel, facile à identifier en principe, mais souvent difficile à exploiter dans la pratique. La première étape consiste à estimer les réserves potentielles et à comprendre les particularités géologiques du champ de forage. Si les réserves estimées et la rentabilité économique paraissent suffisantes, il faut constituer une plate-forme stable pour exploiter le gisement. C'est la capacité à concevoir et à faire fonctionner cette plate-forme qui fait la différence entre la tête et le reste du peloton dans la course vers le *lean*.

Notre expérience dans de nombreux secteurs d'activité nous a convaincus que, pour obtenir une plate-forme exploitable, il fallait s'attaquer simultanément à trois grands éléments de l'entreprise : le système opérationnel, le système de management, et la culture, c'est-à-dire l'état d'esprit et les comportements internes. Ces éléments jouent le rôle de piliers de la plate-forme : chacun doit être, à la fois, solidement en place et relié aux deux autres pour assurer la stabilité de l'ensemble (voir la figure 1.1).

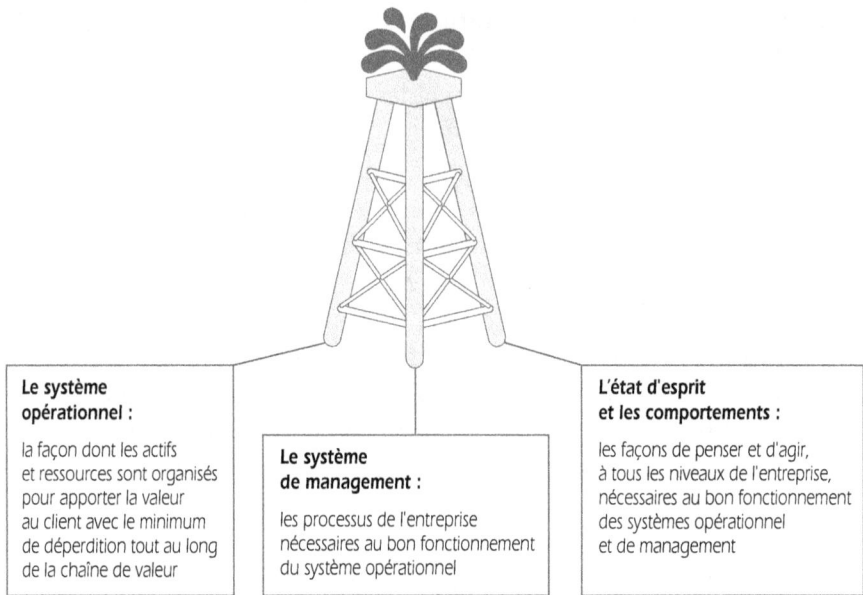

Le système opérationnel :

la façon dont les actifs et ressources sont organisés pour apporter la valeur au client avec le minimum de déperdition tout au long de la chaîne de valeur

Le système de management :

les processus de l'entreprise nécessaires au bon fonctionnement du système opérationnel

L'état d'esprit et les comportements :

les façons de penser et d'agir, à tous les niveaux de l'entreprise, nécessaires au bon fonctionnement des systèmes opérationnel et de management

**Figure 1.1 Trois piliers
pour une amélioration opérationnelle pérenne**

Voici, avant d'aller plus en détail, la définition que nous faisons de chacun de ces trois éléments.

Le système opérationnel : il permet, par la gestion des actifs, des ressources et du personnel, de créer de la valeur et de la transférer au client. Dans une configuration idéale, les flux sont optimisés et les gaspillages sont limités au strict minimum. Dans l'industrie, le système opérationnel comprend les implantations physiques, l'utilisation des équipements, les modes opératoires standard, les méthodes de contrôle de la qualité et des niveaux de stocks, ainsi que l'affectation des effectifs. Dans le secteur des services, les banques par exemple, il recouvre les flux d'information, les systèmes informatiques, les procédures et l'aménagement des bureaux/agences.

Le système de management : les processus de management, les mécanismes de développement des compétences et la structure de l'organisation doivent être alignés avec le système opérationnel pour que le mode de travail *lean* devienne la norme, au lieu de demander d'énormes efforts ou le travail exceptionnel d'une équipe. L'ensemble du système de management doit être conçu de manière à soutenir le système opérationnel, afin de favoriser un niveau de performance élevé et de développer une culture d'amélioration continue.

L'état d'esprit et les comportements du personnel : l'opinion des salariés sur ce qu'ils font, leur attitude vis-à-vis de leur travail, leurs aspirations et leurs objectifs, ainsi que l'effet de ces différents facteurs sur leurs actions, doivent être en cohérence avec le système opérationnel et le système de management. Pour que les efforts d'amélioration puissent se maintenir dans la durée, il est impératif de gagner les cœurs et les esprits à la cause du changement, et de faire en sorte que chacun, à tous les niveaux de l'organisation, comprenne le nouveau mode de fonctionnement, ait une idée claire de la cible visée et s'engage à fond pour que celle-ci soit atteinte.

Si l'on arrive à intégrer ces trois éléments dans un ensemble cohérent, la plate-forme de changement sera solide et durable.

Le système opérationnel

Le système opérationnel se trouve au cœur de l'entreprise *lean*. C'est le moteur qui crée de la valeur ajoutée pour le client ; et tout le reste de l'organisation doit concourir à le soutenir. Un bon système opérationnel prend en compte la chaîne de valeur de bout en bout pour créer un flux ininterrompu jusqu'au client ; ce faisant, il réduit au strict minimum les sources d'inefficacité pouvant apparaître en son sein.

Imaginons un ruisseau dévalant une pente vers des populations assoiffées vivant dans la vallée. Comme pour le flux de valeur se dirigeant vers les clients, il arrive que des obstacles se présentent, qu'une partie de l'eau se trouve détournée, qu'une difficulté intervienne. Si quelques travaux sont réalisés ici et là, en amont, pour supprimer un obstacle ou colmater une brèche, l'effet à l'arrivée sera quasiment négligeable. À moins d'agir simultanément sur tout ce qui entrave le flot, toute action ponctuelle risque même d'aggraver les choses.

Le flux opérationnel doit être traité comme un système, de bout en bout. Lorsque l'eau arrive chichement dans la vallée, les habitants se soucient peu de savoir si l'obstacle se situe à la source ou à proximité du captage : pour eux, le résultat est identique.

Globalement, il en va de même pour la chaîne de valeur d'une entreprise : pour que la valeur utile pour le client soit maximale, le flux doit être le plus linéaire et pur possible sur tout son parcours. Éliminer toutes les sources de gaspillage revient à supprimer les blocages pour faciliter l'écoulement du flux, mieux le canaliser et le rendre plus prévisible.

Dans certaines activités industrielles, comme le montage, c'est la création même d'un flux qui est le principal objectif et peut entraîner des améliorations substantielles. Dans d'autres secteurs, en particulier la fabrication de produits chimiques en vrac, de biens de consommation et d'autres produits à gros volumes ou réclamant de lourds investissements, le flux est déjà inhérent au processus et, s'il existe des possibilités d'amélioration, elles concernent l'élimination des gaspillages.

Le flux opérationnel ne doit jamais être considéré comme définitif. Toute entreprise peut avoir à l'adapter pour répondre aux changements de la demande des clients. Un exemple simple : une agence bancaire doit faire face chaque jour aux pics et creux de la demande de ses clients, tout en maintenant ses niveaux de service et de productivité.

Le système de management

Un système de management efficace vient renforcer, le mieux possible, le système opérationnel *lean* et garantit que les objectifs de performance seront atteints et maintenus dans la durée. Il n'existe pas un bon système de management dans l'absolu : celui-ci doit être conçu spécifiquement pour le système opérationnel qu'il doit accompagner. Aucune solution universelle n'est disponible.

Chaque élément du système de management doit être adapté aux exigences du programme de transformation *lean*. Par exemple, l'organisation : ses diverses caractéristiques – taille des équipes, niveaux hiérarchiques, fonctions d'encadrement, répartition des fonctions de support, notamment – doivent être décidées en fonction de la nature particulière du système opérationnel. Dans le cas de processus complexes et instables (ou si le personnel a une formation insuffisante), il conviendra en général de mettre en première ligne des petites équipes étroitement contrôlées. La maintenance devra être intégrée aux équipes de production si les arrêts imprévus sont fréquents. On aura intérêt, par ailleurs, à centraliser la maintenance préventive si elle implique l'intervention de spécialistes dont le nombre est restreint.

De leur côté, les processus de suivi de la performance seront conçus pour que les collaborateurs se voient assigner des objectifs clairs et mesurables, cohérents avec les objectifs globaux de l'entreprise. Il faudra en outre que les résultats fassent l'objet d'une totale transparence.

Airbus, au Royaume-Uni, a soutenu sa démarche de transformation *lean* en renforçant son système de management sur l'ensemble de son usine de Broughton, dans le Cheshire. Le constructeur a concentré ses efforts sur deux actions : établir un nouveau système de management de la performance et redéfinir les rôles et responsabilités de ses équipes. Il a fixé des objectifs de performance par équipe, afin d'encourager les membres du personnel de production à coopérer entre eux, à la fois sur un même poste et entre postes différents. Il a également défini des contrats de service pour améliorer la performance des fonctions de support (logistique, qualité, services méthodes et maintenance).

Pour qu'un système opérationnel *lean* porte ses fruits, le personnel de terrain a besoin de posséder les compétences et les outils qui lui permettent de suivre et de gérer la performance dont il a la charge. Cet impératif doit être intégré à l'organisation au quotidien, afin que les activités de première ligne soient en phase avec les objectifs globaux de l'entreprise et que le cycle d'apprentissage qui engendre l'amélioration de la performance puisse s'enclencher. Des méthodes très simples – organiser, par exemple, une réunion très courte au début de chaque poste, autour de tableaux de suivi de performance – peuvent se révéler beaucoup plus efficaces que nombre d'analyses et de rapports écrits.

Une fois la performance améliorée de manière significative grâce au *lean*, l'entreprise entre de plain-pied dans l'amélioration continue, ce qui nécessite un système de management spécifique. La nature de ce système va donc évoluer avec le temps. Au départ, il soutient de façon importante les différentes unités de production. Par la suite, les premières lignes peuvent se voir transférer les compétences nécessaires pour poursuivre elles-mêmes le programme d'amélioration, tandis qu'une équipe centrale allégée sera chargée de maintenir le cap et de développer les outils et ressources essentiels.

L'état d'esprit et les comportements du personnel

Dans toute entreprise, l'efficacité d'un programme de changement est lié à la perception qu'en ont les acteurs impliqués. Quelle confiance le personnel a-t-il dans la hiérarchie ? Quel est le niveau de motivation ? Des craintes existent-elles pour l'emploi ? Peu de managers sont habitués à prendre en compte l'état d'esprit de leurs troupes de manière explicite. Ils pensent qu'il est difficile à appréhender et à comprendre, mais aussi qu'ils ont peu de moyens pour le faire évoluer. Effectivement, les managers possèdent rarement les compétences nécessaires dans ce domaine.

L'état d'esprit et les comportements du personnel font partie de ce que l'on appelle la « culture de l'entreprise ». En les évaluant, on peut apprécier si les changements ont des chances de se maintenir dans la durée. Tout comme il est nécessaire de développer un nouveau système opérationnel et un système de management, de même il importe de définir et de mettre en place les comportements capables de faire vivre ces deux systèmes.

Le système opérationnel *lean,* par exemple, définit généralement des modes opératoires standard pour effectuer certaines tâches. Ces standards permettent de s'assurer que les tâches seront toujours réalisées de la même manière ; ils servent également de base pour planifier les besoins en effectifs. Pour qu'ils soient mis en œuvre avec succès, le personnel de terrain doit les comprendre, les accepter et s'y conformer avec la plus grande discipline. Et, pour qu'ils soient pleinement efficaces à long terme, les salariés doivent être capables, en se basant sur leur expérience, de les faire évoluer et de les adapter en fonction des évolutions.

Dans ce nouvel environnement, il y a un risque que l'encadrement intermédiaire ne soit pas à la hauteur. Faire passer des instructions ne suffit plus ; il faut des animateurs, des *coachs,* capables d'aider leur équipe à adopter les nouvelles méthodes de travail. Peu de chefs d'équipe savent ce que c'est que « coacher » ; et ils doivent apprendre, entre autres, à encourager systématiquement la remontée des problèmes au lieu de blâmer ou punir ceux qui les signalent.

De telles évolutions ne se font pas en un jour. Elles peuvent même ne jamais se produire si l'équipe de direction ne donne pas l'impulsion, en explicitant clairement ses attentes en termes de culture d'entreprise, c'est-à-dire de comportements du personnel. Dans toute organisation, chaque échelon calque ses comportements sur l'échelon supérieur. Aussi est-il particulièrement important que la direction commence par donner le bon exemple et qu'elle le fasse de manière visible par tous. Ce qui signifie que les managers doivent se rapprocher des opérationnels de première ligne, leur apporter les explications nécessaires, s'efforcer de comprendre leurs problèmes, les encourager... La réussite de la transformation *lean* découle en bonne partie de la capacité de l'équipe dirigeante à relever ce défi.

Chez Jefferson Pilot, la participation et l'engagement fortement visibles de la direction ont joué un rôle déterminant dans le succès de la transformation *lean*. Le directeur général a participé personnellement, et de façon régulière, à des visites de terrain pour suivre les évolutions ; les vice-présidents ont joué un rôle actif dans la mise au point des nouveaux processus. En se comportant de la sorte, ils ont réussi à souligner combien le projet était important à leurs yeux et à préparer le terrain pour que celui-ci soit largement accepté au sein de l'entreprise.

S'attacher à façonner le regard que portent les collaborateurs sur leur travail représente une tâche de première importance pour tout dirigeant envisageant de se lancer dans l'aventure du *lean*. Si le personnel n'est pas persuadé que ses efforts sont reconnus à leur juste valeur, il y a peu de chances qu'il soit performant. Pour obtenir son adhésion au projet de changement, la direction doit établir le dialogue et donner à chacun la possibilité d'exprimer ce qu'il en pense, y compris ses frustrations et son scepticisme éventuels. Tous les problèmes remontant ainsi à la surface devront être considérés non comme des critiques ou des points à ignorer, mais comme des questions à traiter, si tant est que chacun sache adopter une démarche positive.

Pas de « raccourci » possible

La plupart des transformations *lean* comportent trois éléments spécifiques : les ateliers « *kaizen* » (ce mot signifie « amélioration continue » en japonais), les visites de *benchmarking* (comparaison avec les performances de leaders de leur secteur, de concurrents, voire internes) et le recrutement de collaborateurs ayant travaillé dans des entreprises pratiquant avec succès le *lean*. Si chacun de ces trois éléments peut apporter une contribution positive, pour connaître une réussite totale, ils doivent être intégrés dans une démarche de transformation. Mal utilisés, en revanche, ils peuvent créer des dégâts et engendrer déception et cynisme car l'amélioration ne sera pas pérenne.

S'il reste isolé, chacun de ces éléments présente des inconvénients. Les ateliers de travail transmettent aux individus des outils et des techniques ; ils ne participent pas, en revanche, à la création pour l'entreprise d'un système d'ensemble qui soit apte à gérer l'activité. Lors des visites de *benchmarking*, les visiteurs ont tendance à ne voir que les aspects physiques des opérations *lean* ; souvent les principes sous-jacents leur échappent et ne leur sont pas expliqués. Quant aux personnes qui ont travaillé dans un environnement *lean,* elles ne savent pas forcément comment en créer un.

Examinons tour à tour chacun de ces éléments.

Les ateliers « kaizen »

Supposons une entreprise présentant un système de production simple, comportant six étapes. Un atelier « *kaizen* » typique va se concentrer sur une seule de ces étapes, afin de la transformer radicalement et rapidement (en une semaine ou deux). Une équipe pluridisciplinaire est constituée spécifiquement pour réaliser cet atelier. Elle recherche les sources d'inefficacité (sureffectifs, stocks pléthoriques, problèmes de qualité) et propose des améliorations rapides et faciles à mettre en œuvre.

Rassemblant des représentants de diverses fonctions pendant une courte période d'intense activité, l'équipe constitue une organisation provisoire, totalement focalisée sur un processus unique et limité. Les membres de l'équipe retournent ensuite à leur environnement de travail normal. Quant aux opérateurs qui travaillent sur le processus concerné et sont chargés de mettre effectivement en œuvre les améliorations proposées, ils sont livrés à eux-mêmes. Aucun des systèmes de l'entreprise n'a véritablement évolué. Le processus, après une période d'amélioration, retrouve rapidement son état initial.

Les visites de benchmarking

L'expérience montre qu'il est difficile pour un visiteur de comprendre ce qu'il voit au cours d'une visite de *benchmarking*. Considérons un outil comme le *kanban*, qui est conçu pour que ce soient les postes aval qui déclenchent la production des postes amont (pour en savoir plus sur cet outil, voir le chapitre 3). Au cours d'une visite, on ne voit qu'une simple petite carte fixée à une caisse de pièces : impossible de savoir de quelle façon le flux est régulé au sein du système opérationnel.

Les visites de *benchmarking*, pour être utiles, doivent être menées comme des ateliers de travail afin de permettre de comprendre les aspects techniques du système dans leur ensemble, et de découvrir comment sont définis les rôles et responsabilités des différents acteurs, la façon dont chacun aborde ses tâches et l'état d'esprit nécessaire pour que le mode opératoire soit appliqué de façon uniforme. Souvent, ces visites n'offrent qu'une vision statique (photographique) et non une vision dynamique montrant les évolutions intervenues.

On ne peut pas prendre les pratiques *lean* et simplement les « copier-coller » d'une entreprise dans une autre. Un système *lean* ressemble plus à un corps vivant qu'à un objet inanimé. Il relie les différentes parties du système opérationnel pour en faire un ensemble cohérent. C'est pourquoi les initiatives isolées qui se veulent *lean* échouent la plupart du temps. Et les managers désireux de transposer à tout prix, dans leur propre organisation, les pratiques qu'ils ont observées au cours de visites de *benchmarking*, ne peuvent qu'être déçus en constatant que leur effort n'a pas d'effets durables.

L'embauche de collaborateurs issus d'entreprises lean

Les personnes qui possèdent une expérience concrète d'un environnement *lean* sont en général des opérateurs ou des chefs d'équipe de production et viennent de grandes entreprises réputées. Ils ont des connaissances et une expertise certaine dans le domaine du *lean*, mais il arrive souvent qu'ils ne sachent appliquer la démarche que pour un processus spécifique. Peu de personnes sont qualifiées pour lancer une modification qui instaurera un nouveau mode de travail ; très peu, d'ailleurs, ont participé à la mise en place d'une infrastructure destinée à supporter et à faire durer un système *lean* entier. Néanmoins, si l'on ne peut attendre de maçons qu'ils se comportent en architectes, introduire des personnes compétentes en matière de transformation *lean* s'avère souvent essentiel pour réaliser la mise en œuvre dans des délais raisonnables.

Recruter dans des entreprises réputées *lean* est une tendance répandue aujourd'hui. Elle illustre souvent l'idée qu'il est bon d'engager une amélioration opérationnelle par une démarche *bottom up* (du bas vers le haut de la hiérarchie), plutôt que *top down* (imposée par la direction) comme c'était généralement le cas il y a dix ou quinze ans – démarches TQM, *Total Quality Management*, en particulier. Lancés par le PDG, ces programmes étaient sensés se propager, d'un échelon à l'autre, dans toute l'organisation jusqu'en bas de la hiérarchie. Commencer dans les ateliers peut, aujourd'hui, sembler plus judicieux à des dirigeants lassés d'attendre de tels programmes un impact concret sur le compte de résultat.

Pourtant, il manque quelque chose aux nouvelles approches qui partent de l'atelier : une perspective d'ensemble, ainsi que le niveau de soutien et d'infrastructure suffisant pour assurer la pérennité des changements. Imaginez-vous un instant en train de reconfigurer une chaîne de production pour réduire au minimum l'espace occupé. Vous allez sans doute ne plus pouvoir fonctionner qu'avec des stocks de bord de lignes très limités. Que se passera-t-il lorsque le service logistique, toujours organisé pour approvisionner les composants une fois par semaine, continuera de livrer des palettes entières de pièces ? La nouvelle chaîne sera vite submergée. Ce genre d'échec n'est pas rare. Il est lié à l'absence de compréhension de ce que signifie la transformation d'un système de production traditionnel en un système opérationnel *lean*.

Le *lean*, une démarche intégrée

Il serait illusoire de chercher à réduire l'écart entre la performance réelle de l'entreprise et celle qu'attendent ses clients et actionnaires, simplement en améliorant les aspects physiques des opérations. Une véritable transformation *lean* remet en cause les structures de l'organisation et les processus formels de management qui servent de cadre aux opérations. Elle vise à identifier les freins culturels et comportementaux afin de changer les pratiques, aussi bien dans les ateliers que dans les bureaux de la direction.

Supposez qu'une grande surface crée une équipe chargée d'améliorer la mise en rayon des marchandises, afin de permettre au personnel de passer davantage de temps auprès des clients. Comment assurer que le changement soit durable ?

Pour rationaliser l'opération de mise en rayon elle-même, il convient de définir un processus clair, assorti de standards simples et renforcé par une formation pratique des vendeurs. En ce qui concerne le système de management, l'équipe pourra préconiser l'utilisation d'aides visuelles, comme un tableau magnétique où les comptoirs apparaîtront de différentes couleurs pour permettre de suivre visuellement les tâches de chacun et faciliter la répartition des effectifs. Quelques indicateurs clés, comme le nombre de cartons traités à l'heure et le temps moyen pour décharger une livraison, pourront permettre un suivi de l'activité au quotidien. Chaque matin, au cours d'une brève réunion d'équipe, ces indicateurs serviront à faire le point sur la performance et à s'entendre sur les priorités de la journée.

Enfin, les salariés devraient être associés, dès le début, à l'effort d'amélioration, afin d'en comprendre les motifs et le déroulement envisagé, et de savoir quel rôle on attend de chacun d'eux. Au fur et à mesure de la mise en place du système, il serait essentiel que les nouvelles méthodes de travail apportent des avantages au personnel, comme la possibilité de passer davantage de temps auprès des clients et moins à remplir des tâches fastidieuses ou à se débrouiller pour faire face à des événements imprévus. Si le personnel n'y trouvait pas son compte, il est évident que le management ne pourrait espérer obtenir de sa part le supplément d'engagement et de participation indispensables pour assurer que la transformation *lean* soit durable.

Il ne suffit pourtant pas de changer les systèmes ; il faut, simultanément, que les personnes qui évoluent dans ces systèmes modifient leur état d'esprit et leurs comportements. Si les nouveaux systèmes ne permettent pas de traiter les causes profondes des dysfonctionnements, les salariés seront vite déçus par le fossé entre ce que l'on attend d'eux et la réalité de leur expérience quotidienne. Et si le système opérationnel et le système de management sont remodelés sans que le personnel y ait pleinement participé, les améliorations risqueront de disparaître à terme.

Comme ce chapitre vient de le montrer, notre approche du *lean* consiste à créer une plate-forme de changement stable en agissant sur trois leviers simultanément : le système opérationnel, le système de management, l'état d'esprit et les comportements. Ne pas actionner l'un de ces leviers est non seulement déconseillé, mais risquerait de stopper la transformation en neutralisant les deux autres.

Les trois prochains chapitres vont nous permettre d'explorer en détail ces aspects essentiels du paysage *lean*.

Chapitre 2

Le système opérationnel
lean

- Afin d'apporter au client la valeur attendue, tout en réduisant au minimum toutes formes d'inefficacité, un système opérationnel *lean* repose sur un certain nombre de principes.

- Les différentes chaînes de valeur du système opérationnel doivent être prises en compte de bout en bout séparément.

- Les outils et techniques *lean* doivent être choisis en fonction du contexte, afin d'éliminer les trois sources d'inefficacité : gaspillages, variabilité et manque de flexibilité.

Lors d'une visite récente dans une usine, le directeur des opérations nous confiait que l'entreprise avait « fait du *lean* », quelques années auparavant. Les résultats avaient été positifs au départ, mais les salariés avaient repris peu à peu leurs anciennes habitudes de travail et les améliorations s'étaient évanouies. Ce genre de scénario se retrouve fréquemment.

Un système opérationnel *lean* est efficace parce que ses pratiques et ses méthodes sont intégrées. Pourtant, nombre d'entreprises restent persuadées de pouvoir mener à bien une transformation *lean* simplement en appliquant quelques-uns des outils *lean*. De telles tentatives sont vouées à l'échec, car elles ne prennent pas la peine d'installer un véritable *système* opérationnel *lean* pour coordonner et piloter les améliorations.

Une entreprise a concentré ses efforts sur des actions de réduction des temps de changement d'outillage (SMED – *Single Minute Exchange of Die*)[5] dans toutes ses installations ; une autre a voulu appliquer les principes d'organisation du poste de travail (5S) comme base de son projet d'amélioration. Ce type d'approches présente un double problème : les outils *lean* sont appliqués sans référence aux besoins d'ensemble de l'entreprise ; ils sont utilisés hors du contexte d'un système opérationnel cohérent, seul à même de répondre aux besoins en question.

Dans beaucoup d'entreprises, le système opérationnel évolue sans plan préconçu, au fur et à mesure du développement des activités. Prenons une boulangerie qui vient de s'installer : elle a peu d'immobilisations (une boutique, un pétrin et un four) et peu de moyens matériels et humains à organiser. Sans le savoir, le boulanger est probablement à la tête d'un système opérationnel « assez *lean* », présentant une bonne flexibilité et peu de gaspillages.

Peu à peu, ses produits étant très appréciés, l'activité de la boulangerie se développe. Pour répondre à la demande, notre artisan décide d'investir dans des équipements automatisés. Les affaires prospèrent. Il achète une deuxième boulangerie, qui était en perte de vitesse, grâce à un prêt de sa banque. En quelques années, l'affaire devient une PME comptant plusieurs implantations locales et régionales, une gamme étendue de produits, des milliers de clients et quelques centaines de salariés.

Au départ, gérer les moyens matériels et humains d'une boulangerie artisanale ne demandait qu'une configuration relativement simple (l'éventail des schémas possibles pour faire fonctionner un four et un pétrin est limité !). Désormais, l'organisation de la production s'est compliquée. Au lieu de recevoir quelques commandes par téléphone chaque après-midi, ce qui lui permettait de planifier aisément sa production du lendemain matin, notre boulanger s'appuie sur plusieurs salariés et sur un système informatique pour définir ce qu'il doit produire. Alors qu'il assurait lui-même les livraisons avec une seule camionnette, une flotte de camions livrent à présent du pain frais et autres produits à tout un ensemble de points de vente.

Toute activité qui se développe doit se demander : « comment continuons-nous à répondre à une demande croissante en maintenant les coûts le plus bas possible ? ». Il est rare que, dans ce genre de situation, l'équipe dirigeante ait le temps et les compétences requis pour faire évoluer les capacités de production de façon cohérente. Dans la plupart des cas, les nouveaux moyens matériels et humains sont ajoutés peu à peu, sans plan d'ensemble préétabli.

Concevoir *lean*

Notre boulangerie, à son stade artisanal, bénéficiait d'une activité opérationnelle simple, qui en quelque sorte était *lean* par hasard. Voyons à présent comment une activité complexe a pu devenir un modèle *lean* à la suite d'un effort spécifique de conception. Nous avons déjà évoqué le Système de Production Toyota (TPS, ou *Toyota Production System*), qui reste à la fois le premier et l'exemple suprême de système *lean*. De nombreux livres ont été écrits sur son histoire, ses particularités et son influence ; nous n'avons aucune intention de les réécrire. Ce système mérite pourtant que l'on s'y attarde pour deux raisons. Tout d'abord, il a survécu à l'épreuve du temps, en assurant une performance exceptionnelle pendant près d'un demi-siècle. Ensuite, il procure des leçons utiles pour les entreprises évoluant dans divers secteurs.

Le TPS se caractérise par trois éléments : la production en « juste-à-temps », l'« autonomation » (*Jidoka*, le terme japonais, veut dire automatisation avec une touche d'intelligence humaine) et les systèmes d'affectation dynamique des ressources.

Le juste-à-temps

L'objectif du juste-à-temps est de produire seulement ce qui est nécessaire et de le livrer à la date exigée dans les quantités exactes demandées, et tout cela dans des délais les plus courts possible.

Beaucoup d'entreprises estiment travailler avec leurs clients en juste-à-temps, alors que, pour gagner des parts de marché, elles ont simplement constitué des stocks qui leur permettent de répondre aux commandes plus rapidement que leurs concurrentes. C'est une stratégie risquée. Elle implique en effet des stocks importants, lesquels induisent un coût de possession plus élevé et présentent un danger d'obsolescence. Elle ne représente pas, en fait, une réponse vraiment réactive à la demande des clients. À l'opposé d'un fonctionnement *lean*, les entreprises qui adoptent cette tactique augmentent considérablement les gaspillages au lieu de les réduire.

Dans une véritable production en juste-à-temps, les produits livrés ont été *fabriqués* en réponse directe à une *commande* client, et n'ont pas été simplement prélevés sur les stocks. Ce type de processus maintient uniquement les stocks nécessaires pour satisfaire les commandes dans les délais demandés par les clients : les gaspillages que constituent les stocks sont réduits, les risques d'obsolescence amoindris, le système beaucoup plus réactif. Dans la pratique, il faut considérer les stocks seulement comme le lubrifiant permettant d'assurer la fluidité du système.

Pour produire en juste-à-temps, une entreprise doit produire en flux continus, adapter le débit de production à celui de la demande des clients au moyen du Takt et gérer la production par un système « tiré » (*pull system*). De plus, ces trois éléments doivent être associés à une production lissée permettant d'écrêter la charge de travail. Examinons ces quatre points l'un après l'autre.

La production lissée

Dans un monde idéal, Toyota fabriquerait ses véhicules à la commande, dans l'ordre exact des enregistrements. Dans la réalité, des différences dans le travail à accomplir – ou les écarts sur le temps total de fabrication des différents produits – empêchent d'appliquer ce principe. Il faut donc trouver un compromis. Le lissage de la production permet, par une intervention artificielle sur la demande réelle sur une période donnée, de réguler le débit et le mix produits.

La figure 2.1 présente les cycles de production pour trois véhicules, B, M et H, chacun demandant un ensemble d'activités différent. Le produit B est un modèle de base, simple à assembler ; le produit H est un véhicule haut de gamme, avec des options comme le toit ouvrant et la climatisation ; le produit M est un milieu de gamme. Beaucoup de fabricants regroupent les produits similaires en lots de production pour bénéficier d'économies d'échelle. Ce n'est pas le cas de Toyota. Pourquoi ? Le graphique de gauche de la figure le montre clairement. Si l'on crée un lot de produits B, la ligne de production sera en souscharge ; inversement, si l'on crée un lot pour le produit C, le personnel sera en sous-effectif pour absorber la charge supplémentaire et devra courir pour assurer la production.

De la production par lots...   **...à la production lissée**

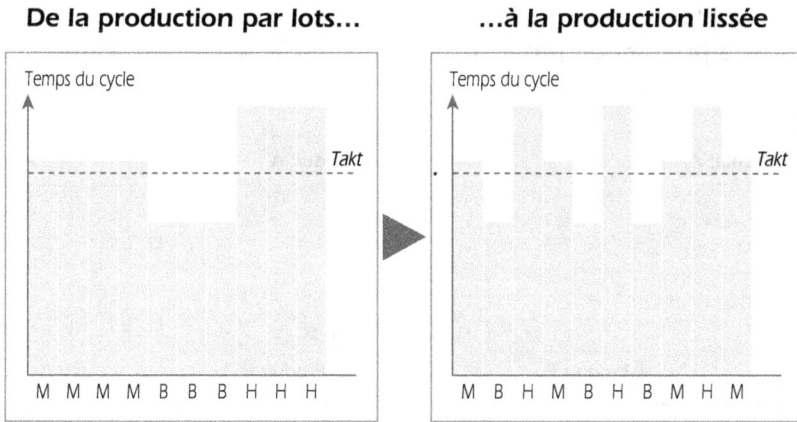

Figure 2.1 Effet régulateur du lissage de la production

Lisser la fabrication des produits dans le temps, le graphique de droite l'indique, atténue les écarts de charge de travail, comme une moyenne glissante égalise crêtes et creux dans une série de données. Une telle méthode implique un personnel hautement polyvalent et qualifié. Des conditions qui ne sont pas faciles à réunir. D'où le rôle crucial joué par le système de management dans le Système de Production Toyota.

La figure 2.1 montre qu'en lissant la production on augmente normalement la fréquence de production pour un produit donné et on diminue les stocks dans leur ensemble. Cet effet est explicité par la figure 2.2. Supposons deux produits A et B, qui partagent la même ligne de production. Si le produit A est fabriqué pendant une semaine avant de laisser la place au produit B, l'atelier doit disposer d'un stock de sécurité d'une semaine pour répondre à la demande en produit B et éviter toute rupture de livraison au client. Cela entraîne un niveau *moyen* minimum de stock d'environ une demi-semaine.

Supposons maintenant que les séries de fabrication passent à une journée seulement (partie droite de la figure 2.2). Chaque produit étant fabriqué un jour sur deux, il devient possible de satisfaire la demande client en maintenant un stock maximum d'une journée, ce qui revient à ne garder qu'un tiers environ des stocks *moyens* précédents. Mais il y a une condition, la demande doit être régulière. Si des pics sont à prévoir, une certaine forme de stock de sécurité reste nécessaire.

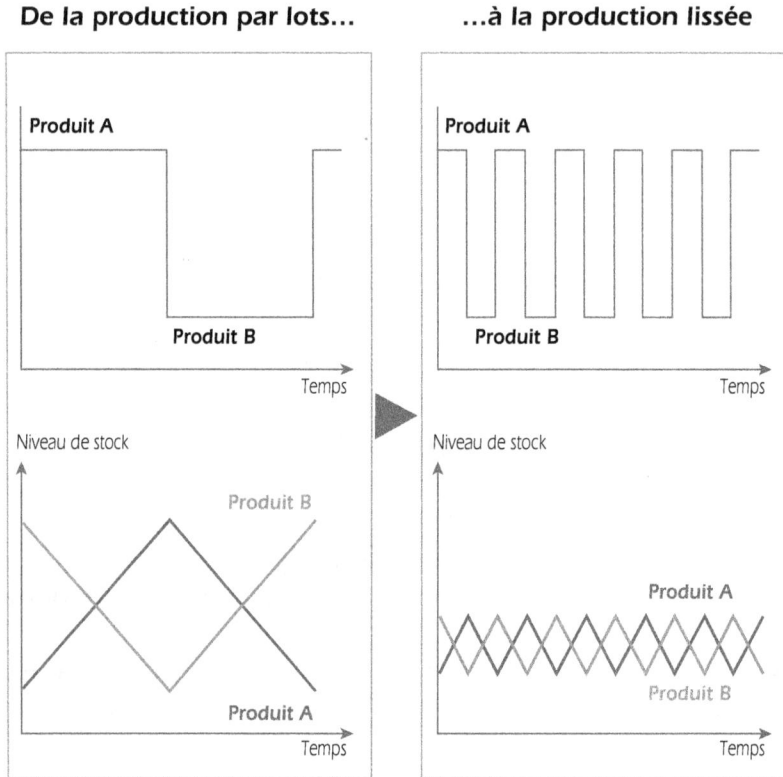

Figure 2.2 Impact sur les stocks

Les flux continus

Pour produire en grande série, les entreprises ont traditionnellement organisé leur production en regroupant les opérations similaires, afin de créer des « îlots » de process adaptés aux besoins de la fabrication par lots. Dans un atelier d'usinage, par exemple, tours et fraiseuses sont séparés en deux groupes. Cette organisation permet à un même opérateur de servir plusieurs machines analogues à la fois. Elle présente, en revanche, des inconvénients, car les produits ont tendance à s'accumuler et à subir des temps d'attente entre deux processus. Le flux matériel étant entravé, des en-cours de fabrication non maîtrisés s'accumulent et allongent les temps de cycle. La communication entre les processus est également perturbée, ce qui accroît le risque de voir des problèmes de qualité affecter des lots entiers, car les défauts ne peuvent pas être découverts avant que la totalité d'un lot n'entre dans le processus suivant.

Pour résoudre ce problème, Toyota a choisi de dédier les équipements et les postes de travail par produit ou par famille de produits (c'est-à-dire par « chaîne de valeur »). Partout où cela est réalisable en respectant la sécurité du personnel, les processus sont placés côte à côte, dans l'ordre précis des opérations. Un opérateur travaille donc sur une seule pièce à la fois et la suit jusqu'à la fin de la séquence opérationnelle, au lieu de traiter tout un lot de pièces en parallèle. Cette organisation permet d'alléger les stocks et de diminuer les temps de cycle ; elle facilite également la réaffectation du personnel d'un produit à un autre.

La production en flux continu, souvent organisée dans des cellules parallèles ou en forme de « U », est par nature plus flexible, plus visuelle et plus efficace, puisqu'elle supprime les déplacements inutiles et améliore la communication. Ces éléments facilitent également la gestion de l'équipe de production. Et, une fois constituées des lignes de flux à partir des groupes de produits, il devient possible d'adapter le débit de la production à la demande des clients.

Le « Takt »

En allemand, *Takt* désigne le tempo ou la mesure dans un morceau de musique. Le Takt représente le temps de travail total disponible pour la production, divisé par la demande totale des clients pour la période considérée. Prenez une compagnie d'assurances disposant de 50 semaines ouvrables par an et de 37,5 heures ouvrables par semaine. Chaque année, régulièrement, elle vend 75 000 contrats. Son Takt est donc de 90 secondes (temps de travail disponible total de 112 500 minutes divisé par 75 000 contrats).

Le Takt permet d'optimiser les flux de matières afin d'obtenir la livraison aux clients en juste-à-temps. À cet effet, on règle le rythme de la production sur celui de la demande, ce qui élimine les risques de surproduction – Toyota, on s'en souvient, voit dans la surproduction le type de gaspillage le pire. Lors qu'une opération fonctionne à une allure régulière, il est beaucoup plus facile pour le management de suivre les résultats, de répartir le personnel et de planifier la capacité.

Le Takt est utilisé pour équilibrer les activités sur une ligne de flux continu, ce qui permet souvent de réduire l'effectif nécessaire pour fabriquer un produit. La figure 2.3 illustre l'équilibrage à un Takt de 60 secondes de cinq postes de travail. Une bonne pratique consiste à ajuster la charge de travail à la valeur du Takt pour tous les postes sauf le dernier, auquel on attribue le solde du travail à réaliser (opération n° 4 sur la figure). À court terme, la capacité non utilisée du dernier poste procure un volant de flexibilité qui permet de traiter les problèmes éventuels au cours du cycle de production. À plus long terme, la fraction restante du cycle de travail pourra faire l'objet d'une action d'amélioration continue.

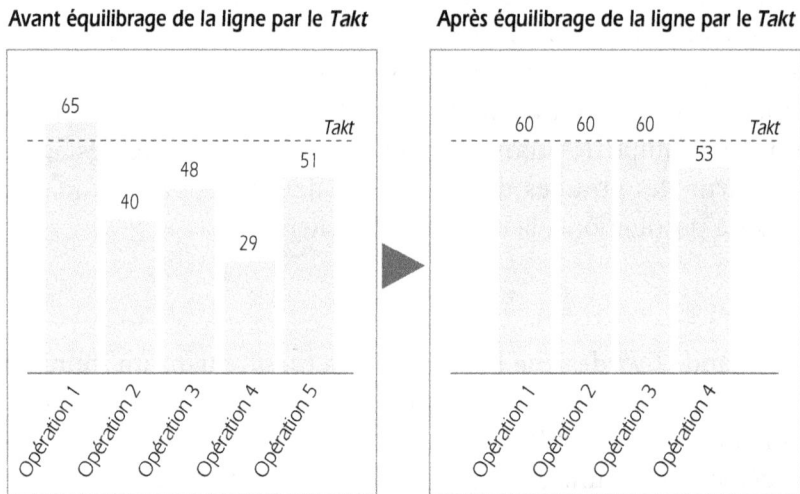

Figure 2.3 Productivité améliorée grâce à l'équilibrage par le Takt

Dans de nombreux secteurs, la demande client varie sensiblement d'une période sur l'autre, obligeant les entreprises à s'adapter aux fluctuations. Bien que l'on puisse calculer un Takt pour chaque période d'activité afin que la demande soit toujours satisfaite, cela impliquerait, notamment pour les activités complexes, un travail considérable pour rééquilibrer les lignes et former le personnel. Même Toyota se contente de revoir le Takt deux fois par an, afin de minimiser les changements à introduire.

Le flux tiré

Le dernier aspect de la production en juste-à-temps concerne la gestion de production en flux tirés. Dans un système en flux poussés (*push*) l'entreprise fabrique des produits ou offre des services sans commande ferme des clients dans l'espoir que l'offre trouvera preneur. Au contraire, un système en flux tiré (*pull*) ne produit que ce dont les clients eux-mêmes (ou les processus aval) ont réellement besoin.

Pour synchroniser telle opération spécifique avec les besoins client, le système de production « tire » les matières premières du flux amont en utilisant le principe du réapprovisionnement. Ceci permet, d'une part, d'alléger considérablement les opérations de planification centrale de la production, d'autre part d'éliminer les problèmes connexes tels que la nécessité de réconcilier en permanence les données de stock et les données de production et de maintenir l'intégrité du système.

Sans nous en rendre toujours compte, nous sommes nombreux à pouvoir apprécier les avantages d'un système en flux tiré dans la vie de tous les jours. La façon dont un *fast-food* gère son petit stock de hamburgers en est un bon exemple. Sur la base de paramètres (tels que le débit de production, l'importance de la demande, le stock de sécurité prévu), le restaurant fixe un niveau de produits en stock qui permette un service rapide tout en limitant au maximum les invendus. Dès qu'un hamburger est servi à un client, un ordre de fabrication est généré pour le remplacer. Les pharmacies gèrent leurs stocks sensiblement de la même façon.

On raconte que c'est une visite dans un supermarché américain qui a entraîné le développement des systèmes en flux tiré chez Toyota. Un collaborateur du groupe nippon avait observé lors d'une visite que seuls les rayons où des produits avaient été emportés par les clients étaient regarnis par le distributeur, selon une méthode que celui-ci avait mise au point pour réduire les gaspillages sur les produits périssables. De retour chez Toyota, le collaborateur avait imaginé que cette méthode pourrait très bien être employée pour diminuer les gaspillages dans un environnement industriel.

Il existe différentes façons d'opérer en flux tiré, mais on applique toujours un principe essentiel : les pièces sont produites seulement lorsqu'un signal – un *kanban* – est arrivé du processus aval. Habituellement, ce signal indique au processus amont, soit de remplacer un produit prélevé sur le stock comme dans l'exemple du supermarché (on dit alors que l'on fabrique en fonction du stock), soit de le produire en réponse à une demande précise (on dit alors que l'on fabrique à la commande). La configuration exacte du système dépend d'un certain nombre de caractéristiques spécifiques, notamment : la quantité et la valeur des composants, le nombre de variantes du produit et le niveau de demande pour chacune, les délais de transmission des informations, la durée de commercialisation du produit.

Adopter un tel système a généralement pour effet d'accroître la fréquence et le nombre des changements d'outillage nécessaires. Ce besoin de modifier plus souvent les processus incite donc à réduire la durée des changements, afin que le temps consacré à ces derniers n'augmente pas. C'est pourquoi les techniques de réduction des temps de changement (SMED) font partie intégrante du *lean*. Dans de nombreux cas, on obtient même une diminution. En général, on applique un critère simple : le temps consacré aux changements ne devrait pas dépasser 10 % du temps total.

Toyota utilise des systèmes en flux tiré pour supprimer la forme la plus grave de gaspillage, la surproduction. Dans ce cas, la fiabilité des équipements est primordiale. C'est pour cette raison que l'on utilise de façon systématique les méthodes permettant de fiabiliser et de maximiser l'utilisation des équipements, telles que la maintenance productive totale (TPM : *Total Productive Maintenance*) et la maintenance pour la fiabilité (RCM : *Reliability-Centred Maintenance*), qui font partie intégrante des systèmes opérationnels *lean*.

Les systèmes en flux tiré ont été appliqués avec succès dans de nombreux secteurs, autres que la grande distribution et la construction automobile dont nous venons de parler. Il existe des exemples, notamment dans les industries aéronautique, biomédicale, électronique et de process.

L'« *autonomation* »

L'autonomation est un processus conçu pour permettre aux équipes de production de détecter rapidement les problèmes et de les résoudre efficacement. Il a pour objectifs de rendre plus fiables les équipements, d'améliorer la qualité des produits et de faire progresser la productivité. Ceci par la conjugaison de trois actions : 1) détecter le problème et arrêter la production, 2) donner l'alerte et 3) résoudre le problème en remédiant à ses causes profondes.

Détecter le problème et arrêter la production. Toyota a constaté que la méthode la plus efficace pour faire apparaître un défaut ou une anomalie consistait à en déléguer la responsabilité aux opérateurs. Ceux-ci, pour pouvoir décider quand les caractéristiques d'un produit ou d'une pièce ont dépassé les limites acceptables, doivent avoir une idée précise et une bonne compréhension des exigences des clients. Pour aider ses opérateurs à détecter les problèmes, le constructeur nippon utilise l'affichage visuel des standards ainsi que des techniques de détrompage (ou *Poka-yoke*).

Les techniques *Poka-yoke* servent à prévenir les anomalies, mais aussi à arrêter automatiquement tout processus dans lequel une anomalie a été détectée. On trouve une application de ce principe sur beaucoup de véhicules : si les ceintures de sécurité ne sont pas attachées, un double signal, lumineux et sonore, se déclenche. Autre moyen de détection mis en œuvre par Toyota : les quantités produites sont surveillées et comparées à l'objectif, établi par rapport au Takt.

Lorsqu'un problème est détecté dans un processus, ce dernier doit être stoppé. Cet arrêt peut être effectué manuellement, ou bien automatiquement si le mécanisme d'arrêt est intégré au processus de détection. Dans les industries de process, il n'est pas toujours possible d'arrêter une opération en cours, mais il reste très important de détecter les problèmes aussi rapidement que possible afin de lancer des actions correctives. Les industries de ce type utilisent souvent la maîtrise statistique du procédé (MSP, en anglais SPC, *Statistical Process Control*) pour surveiller les processus et détecter les problèmes.

Donner l'alerte. Le problème, détecté soit automatiquement, soit par l'opérateur, est signalé au chef d'équipe soit de manière verbale, soit au moyen d'une alarme sonore ou d'un tableau *Andon* (tableau d'affichage indiquant l'état de la production).

© Éditions d'Organisation

Résoudre les problèmes en remédiant à leurs causes profondes.
Même s'il n'est pas toujours possible de remédier aux causes profondes
immédiatement, il est important d'agir pour neutraliser le problème
avant de redémarrer la production. Il peut arriver en outre qu'une
vérification de chaque composant soit nécessaire, jusqu'à ce que l'on
arrive à identifier et à traiter la cause profonde d'un défaut intermittent
intervenant en amont.

Les systèmes d'affectation dynamique des ressources humaines

Dans ses efforts pour adapter sa production à la demande réelle des
clients, Toyota doit faire face aux inévitables disparités entre les charges
des différentes lignes de production, certaines présentant une surcharge
lorsque d'autres sont sous-utilisées. Pour répondre aux variations de la
demande, les responsables sont contraints de réaffecter rapidement les
ressources humaines entre les différentes lignes. Toyota utilise ce que
l'on appelle l'affectation dynamique des ressources. Son objectif ? Optimiser en permanence la productivité de la main-d'œuvre, et cela quel
que soit le niveau de la demande.

Dans le cas d'une activité d'assemblage où la demande pour les différentes lignes de produits est relativement prévisible d'une semaine sur
l'autre, l'affectation se fait en modifiant le Takt pour les lignes concernées, puis en divisant le total du temps de travail nécessaire par ce Takt,
afin de déterminer l'effectif nécessaire pour répondre à la demande
réelle. Dans la pratique, les tâches que chaque opérateur doit assurer
peuvent varier lorsque le *Takt* change. C'est pourquoi des standards
précis (comme les diagrammes de séquencement des activités) doivent
être utilisés pour définir le rôle exact de chaque personne en fonction
d'un niveau de demande.

Supposons une zone de fabrication comportant deux cellules de
production, A et B, qui fabriquent deux groupes de produits différents.
Les processus sont bien documentés, les modes opératoires pour
chaque tâche sont utilisés pour la formation. Les opérateurs ont été
formés pour les deux ensembles de processus, afin de pouvoir travailler
indifféremment sur l'une ou l'autre ligne. La demande pour les deux

produits est variable, mais lorsque la demande pour le produit de la ligne A est forte, la demande pour le produit de la ligne B a tendance à être faible.

Les chefs d'équipe ont établi un équilibrage des lignes selon trois niveaux de demande : faible, normal et maximal (figure 2.4). Ils travaillent avec l'ordonnancement pour comprendre les variations de la demande et définir des Takt sur une base hebdomadaire. Comme l'indique la figure 2.5, cette flexibilité permet de produire sur les deux lignes à un rythme optimal : les onze opérateurs sont pleinement occupés, sans être jamais surchargés, et la demande client est toujours satisfaite. Aucun stock de réserve n'a besoin d'être fabriqué pour maintenir l'activité du personnel pendant les périodes creuses et aucune heure supplémentaire n'est nécessaire lorsque la demande enregistre des pointes.

	Ligne A	Ligne B
Durée des tâches	600	540
Takt pour une demande normale	120	90
Effectif nécessaire pour une demande normale	5	6
Takt en période de demande maximale (pic)	100	75
Effectif nécessaire en période de demande maximale (pic)	6	7,2*
Takt pour une demande faible	150	110
Effectif nécessaire pour une demande faible	4	4,9

* Le responsable d'équipe peut assurer 20 % du volume des tâches

**Figure 2.4 Adapter les effectifs
en fonction de la demande**

Ligne A

Ligne B

Lignes A et B combinées

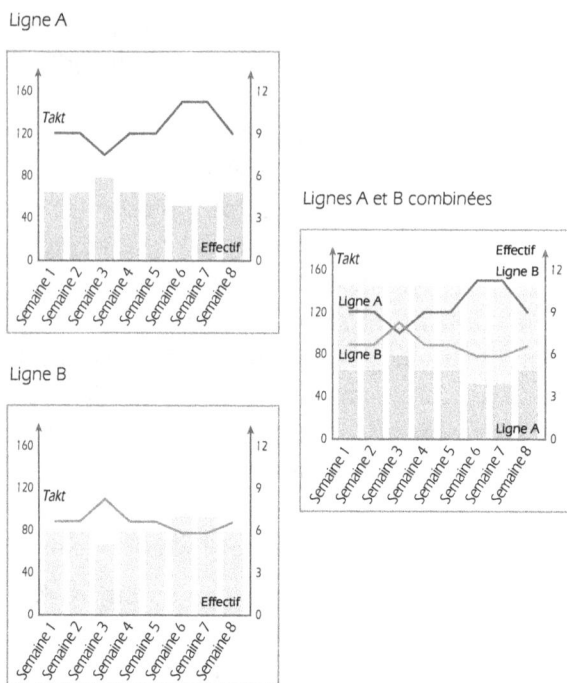

**Figure 2.5 Ajuster le personnel entre deux lignes
de production pour correspondre à la demande**

Cet exemple simple prouve que les standards représentent l'une des bases essentielles d'un système opérationnel efficace et le pilier central d'un système d'affectation dynamique des ressources. Il est capital, pour affecter les opérateurs entre cellules et rééquilibrer les lignes sans créer de confusion, de disposer de normes d'exécution clairement définies et de bien comprendre le contenu des opérations de chaque poste. C'est l'une des raisons pour lesquelles Toyota et d'autres groupes industriels japonais insistent sur la nécessité de standardiser les opérations pour établir les bases de la flexibilité.

Le management visuel représente l'une des manifestations importantes de la standardisation. Il permet à tous, encadrement comme opérateurs, de connaître à tout moment l'état de la production. Les moyens visuels concernent aussi bien l'implantation d'un processus au sein d'un site, qui doit suivre un flux logique, que les tableaux de rangement pour les outils les plus fréquemment utilisés. Une usine devient parfaitement « visuelle » lorsqu'elle correspond à la formule « chaque chose à sa place et une place pour chaque chose ». On doit pouvoir vérifier d'un simple coup d'œil si les activités fonctionnent correctement et où se situent les éventuelles anomalies. Cette transparence permet de transférer aux opérateurs la responsabilité du bon fonctionnement du système opérationnel.

Comme le management visuel mobilise le côté droit du cerveau – celui qui exploite les images et les formes de façon globale plutôt qu'analytique –, le personnel peut *remarquer* les anomalies beaucoup plus rapidement que s'il devait le faire au moyen d'un processus intellectuel.

Après avoir précisé les éléments clés du système de production Toyota, abordons maintenant les principes d'organisation du système opérationnel *lean*.

Les sept grands principes d'un système opérationnel *lean*

Chaque entreprise est unique. Elle doit donc concevoir un système opérationnel *lean* adapté à son contexte particulier : ses besoins, ses moyens, ses buts, etc. Il n'est pas possible de copier le système opérationnel d'une autre entreprise, ou de tenter d'appliquer une méthode toute faite décrite dans un livre. Il convient néanmoins de se conformer à sept grands principes ou impératifs pour qu'un système opérationnel soit *lean*.

Principe n° 1 : Créer des chaînes de valeur en regroupant des produits, ou des services, similaires

Jusqu'ici, nous avons parlé des chaînes de valeur comme si elles existaient déjà. En réalité, un flux peut être si aléatoire et disjoint que la notion même de chaîne de valeur n'a aucune signification. Le premier impératif d'un système opérationnel *lean* est de prendre pour base des chaînes de valeur, que l'on crée en regroupant entre eux des produits similaires.

Comment opérer ces regroupements ? Cela dépend de l'activité elle-même. Néanmoins, les critères les plus fréquents sont la courbe de la demande, les caractéristiques des produits et les gammes opératoires. Dans de nombreux cas, les caractéristiques du produit et des processus permettront de définir relativement facilement les chaînes de valeur. Ainsi un fabricant d'amortisseurs que nous avons connu avait deux chaînes de valeur, fondées sur deux technologies différentes faisant appel à des équipements différents pour la seconde moitié du processus.

Parfois, les regroupements sont moins évidents. Dans une usine de produits de beauté, le système opérationnel a été modifié pour créer deux chaînes de valeur, l'une consacrée aux produits connaissant une demande régulière et l'autre seulement dédiée aux produits promotionnels, dont la demande avait des caractéristiques complètement différentes. Chez Airbus, au Royaume-Uni, les chaînes de valeur ont été définies autour de chacune des catégories d'appareils.

Dans le secteur tertiaire, identifier les chaînes de valeur peut s'avérer plus difficile et demander plus de créativité. Pour un hôtel, les chaînes de valeur peuvent, par exemple, suivre les grandes catégories de besoins des clients : se reposer, se restaurer/boire, se divertir. Cette façon de regrouper les activités peut conduire à changer la manière de concevoir les processus et de répartir le personnel. Les activités de la chaîne logistique répondant au besoin de se reposer (comme la blanchisserie) seront traitées séparément de celles qui concernent le besoin de se restaurer/boire (comme la commande et la réception de produits de boucherie).

Pour répondre à cet enjeu, la compagnie d'assurances Jefferson Pilot a regroupé les tâches liées, telles que « la réception et le tri des demandes » et « l'entrée dans le système et l'acheminement ». Une fois les chaînes de valeur ainsi définies, l'assureur a pu préciser quels volumes chacune était sensée traiter.

Principe n° 2 : Assurer un flux ininterrompu d'un bout à l'autre de la chaîne de valeur

Après avoir décidé quelles sont ses chaînes de valeur, l'entreprise doit concevoir son système opérationnel en s'assurant que la valeur soit acheminée de bout en bout jusqu'au client. Dans de nombreux cas, le terme de valeur désigne simplement un produit, par exemple un véhicule ou un pain. Chaque chaîne de valeur doit être configurée pour permettre de commander le produit, de le fabriquer et de le livrer au client dans le délai le plus court possible.

En pratique cela signifie que, dans la mesure du possible, chaque équipement va être dédié à une chaîne de valeur donnée, plutôt que de partager certains équipements entre les différentes chaînes en obligeant à interrompre le flux. Car toute interruption dans la chaîne de valeur crée des retards de production et induit du stockage. Bien sûr, le partage d'équipement est parfois inévitable (machines particulièrement coûteuses ou complexes, par exemple), mais il provient souvent de tentatives maladroites pour réduire les coûts unitaires alors qu'il vaudrait mieux chercher à optimiser le coût total. Le partage d'équipement entraîne d'ailleurs des coûts spécifiques, car il crée, presque inévitablement, des goulots d'étranglement. Même si le fait de dédier des équipements et des ressources à chacune des chaînes de valeur demande un niveau d'investissement net plus élevé, la rentabilité n'en sera que meilleure à long terme. En effet, un certain nombre d'avantages vont en découler, notamment une forte diminution des stocks, des délais de livraison et des risques de non-qualité.

Implicitement, le principe d'assurer un flux ininterrompu vise à réduire au strict minimum les causes de pertes tout au long de la chaîne de valeur. L'enjeu est de taille. Il consiste à concevoir un processus efficace, créant la valeur attendue et éliminant les gaspillages. Prenons le cas de stocks excessifs. Souvent, ce sont les opérateurs qui les constituent pour parer aux aléas de machines peu fiables. Si l'on arrive à lever cette dernière hypothèque, les stocks n'ont plus de raison d'être.

Trois types de flux se conjuguent pour fournir des produits, ou services, aux clients :

- **Le flux de matières** est l'itinéraire que suivent les matières premières au cours de leur transformation, à travers les divers processus aboutissant au client final.

- **Le flux d'informations** permet de transmettre les commandes des clients le long de la chaîne de valeur clients-fournisseurs. Apportant à chaque processus les instructions, ce flux sert de pilote au système et assure que le bon produit, ou le bon service, arrive au bon endroit et au bon moment.

- **Le flux de personnes** désigne les déplacements de personnel à l'intérieur et entre les processus. Il concerne l'affectation des opérateurs aux différentes chaînes de valeur et l'utilisation des équipements à l'intérieur d'une chaîne de valeur.

Bien que cela s'avère souvent difficile, il est indispensable d'optimiser chacun de ces flux simultanément. Prenons l'exemple d'un opérateur de télécommunications désireux d'améliorer le processus de dépannage des lignes téléphoniques. Les demandes reçues par le centre d'appel doivent être transmises aux différentes équipes, qui vont effectuer le diagnostic, planifier les interventions et réaliser les dépannages. Pour assurer de bout en bout l'efficacité du processus, il est essentiel que les informations soient transmises en temps et en heure et que les données soient complètes et à jour.

La charge de travail des techniciens de dépannage et leur itinéraire (le flux de personnes) conditionnent à la fois les délais de réparation et la productivité de la main-d'œuvre. Les matières doivent être acheminées de manière à permettre aux équipes de disposer constamment des outils et pièces/fournitures nécessaires pour effectuer leur travail, sans avoir à constituer des stocks inutiles et coûteux.

Principe n° 3 : « Tirer » le flux lorsque la chaîne de valeur doit être interrompue

Dans certains secteurs, comme la distribution et l'assemblage, des ruptures du flux sont inévitables en certains points de la chaîne de valeur. Ici, un processus utilise un équipement très coûteux pour réaliser des opérations de peinture, et doit le partager avec d'autres chaînes de valeur. Là, la chaîne de valeur ne peut pas être structurée autour de processus déterminés à l'avance car elle repose sur une grande variabilité des interactions entre les personnes, comme dans la location de voitures. De telles situations induisent des chaînes de valeur plus floues, dont le flux peut subir des interruptions en n'importe quel point. Pour limiter l'impact de ces interruptions, le meilleur moyen est de réguler le flux par un système « en flux tiré ».

Si, dans un atelier de peinture, des pièces destinées à plusieurs lignes d'assemblage en aval sont traitées par lots de différentes couleurs, il est évidemment difficile d'assurer en permanence un flux continu sur chacune des lignes. On peut néanmoins limiter les ruptures en instaurant un système « tiré » qui n'a rien de sophistiqué. Pour cela, on crée, à la sortie de l'atelier de peinture, un stock contenant une quantité définie de pièces, dans lequel les lignes d'assemblage peuvent puiser selon leurs besoins. Chaque fois qu'un bac de pièces est prélevé, sa carte *kanban* (un simple carton fixé au bac) est renvoyée vers l'atelier de peinture. Lorsqu'un nombre prédéterminé de cartes *kanban* est arrivé, l'atelier se remet à peindre les pièces correspondantes pour réapprovisionner le stock. Ce mécanisme de régulation constitue une méthode simple et efficace pour décider quand déclencher les changements de produit, quel type de travail réaliser et en quelles quantités. Il permet au processus d'assurer l'approvisionnement en pièces, tout en limitant le nombre et la taille des stocks.

Principe n° 4 : Flexibiliser les opérations pour mieux répondre aux demandes des clients

Les trois principes ci-dessus concernent, de façon générale, la configuration des moyens et des ressources humaines pour créer des flux de matières. Mais une question centrale demeure : à quelle étape de la chaîne de valeur faut-il introduire les demandes spécifiques du client ? La façon de répondre à cette question va marquer la différence entre les entreprises vraiment *lean* et les autres. Créer des flux ne suffit pas, en effet, pour faire un système opérationnel *lean* ; il faut le rendre capable de s'adapter aux évolutions des besoins de la clientèle.

Il ne s'agit pas tellement d'être capable d'optimiser les flux pour répondre à une demande spécifique d'un client ; il faut surtout créer un système opérationnel qui sache vraiment s'autocorriger et s'adapter aux exigences des clients, tout en utilisant le minimum de ressources humaines et en fonctionnant à moindre coût. Une entreprise *lean* sait donner toute satisfaction à son client, sans recourir à des activités ni introduire des caractéristiques produit qui renchériraient les coûts mais n'ajouteraient pas de valeur pour lui. Cela exige de comprendre ce dont le client a *réellement* besoin et de bénéficier de beaucoup de flexibilité pour dimensionner les opérations et leur vitesse de production en fonction de ses exigences.

De même que le principe du flux tiré se traduit souvent par l'utilisation de cartes *kanban*, de même le principe de flexibilité opérationnelle trouve sa transposition dans l'application du Takt. Examinons le cas d'une clinique privée : spécialisée dans un certain type d'opérations, elle réalise 16 interventions quotidiennes dans une salle d'opérations fonctionnant 8 heures par jour. Soit un Takt de trente minutes. Cela veut dire que les moyens chirurgicaux (salle d'opération, lits, équipements médicaux, instruments) et les ressources en personnel (médecins, infirmières, employés administratifs) doivent être organisés et optimisés pour pouvoir mener à bien une opération toutes les trente minutes. Mais si, au cours des mois d'hiver, le nombre de demandes d'intervention passe à 24 par jour, le Takt sera réduit à 20 minutes, et les équipements et ressources devront être reconfigurés (et probablement étoffés) pour faire face à la demande.

Pour les chaînes de valeur qui traitent des processus continus ou produisent en très grandes quantités, comme les installations chimiques ou pétrochimiques, le concept de Takt doit être adapté. Dans une usine de produits chimiques, par exemple, la gamme de produits doit être gérée de façon à suivre au plus près la demande, même lorsque le débit de production physique est déterminé par des considérations liées aux processus chimiques ou aux équipements.

Les marchés très saisonniers présentent un autre type d'enjeu. Un fabricant de crèmes glacées, par exemple, doit trouver des moyens pour flexibiliser sa production et l'adapter aux flux et reflux de la demande. Il pourra faire appel à des intérimaires pendant les pics de demande, ou proposer à son personnel que les heures supplémentaires réalisées pendant l'été soient transformées en congés pendant l'hiver.

Dans une agence bancaire, le système opérationnel doit permettre d'absorber le surcroît de fréquentation de l'agence à certaines heures. Cela implique souvent que les employés soient polyvalents et puissent tenir un guichet à certains moments, pour retourner à leur poste en *back office* en périodes plus calmes.

Principe n° 5 : Introduire les informations sur les besoins client en un point unique et le plus tard possible dans le processus

Gérer une activité de production à partir d'une fonction centrale responsable de la planification ou de l'ordonnancement n'est finalement pas bien différent de gérer un pays au moyen d'une planification centralisée. Dans la théorie, cela doit fonctionner. Dans la pratique, c'est rarement le cas. Le système centralisé ne parvient pas à prendre en compte les variations de façon suffisamment rapide. Il repose sur un petit nombre d'hypothèses de base, dont toute remise en cause (par des événements aussi communs qu'un retard de livraison, une série de pièces défectueuses ou une panne de machine) peut le faire rapidement déraper. Il se crée alors un cercle vicieux, où l'ordonnancement doit reposer de plus en plus sur des interventions individuelles, forcément aléatoires et rarement efficaces.

Examinons un processus simple de fabrication de composants métalliques pour des tondeuses à gazon comportant trois étapes – pressage, soudage et peinture. La demande journalière est de 300 pièces identiques. Normalement, le système d'ordonnancement émettra un programme de pièces à produire pour chaque opération. Si les taux de défaut moyens constatés dans le passé ont été de 5 % pour le pressage, 10 % pour le soudage et 20 % en peinture, l'ordonnancement établira un programme de production de 440 pièces pour pouvoir garantir une livraison finale au client de 300 pièces bonnes (soit 300 divisés par le taux de défauts cumulé, $0,95 \times 0,90 \times 0,80$).

Cependant, s'il existe une seule chose sur laquelle on peut compter dans le domaine de la production, c'est la variabilité. Certains jours, les taux de défauts seront de 5, 10 et 20 %, mais d'autres jours, ils s'établiront respectivement à 10, 10 et 25 %. Dans ce second cas, la production finale avec seulement 267 pièces bonnes, sera insuffisante. L'augmentation de la quantité de lancement n'est pas une solution ; d'autant qu'en lançant 440 pièces en fabrication, on peut très bien aboutir à un surplus important les jours où la qualité est supérieure à la moyenne.

Comme le montre cet exemple, les systèmes traditionnels de gestion de la production, qui pour résoudre les problèmes augmentent la taille des lots et ajoutent des stocks de sécurité, ne font que déplacer le risque

que la quantité finale de produits soit insuffisante pour répondre à la demande. Ils ajoutent également des coûts et rallongent les délais de fabrication. Et la complexité des conditions dans lesquelles évoluent les processus de production ne peut qu'aggraver les choses. Pour être efficace, un système opérationnel doit tenir compte, non seulement des taux de défaut, mais également de diverses hypothèses – par exemple, les taux de panne machines et les temps de changement. Au fur et à mesure où produits et processus se complexifient, gérer les flux d'information devient un défi de plus en plus difficile à relever.

Quelle solution un système opérationnel *lean* propose-t-il ? Il va chercher à introduire les données spécifiques du client de manière à éviter la surproduction et les ruptures qui sont la plaie des économies à planification centralisée et des systèmes de production de masse. Comment ? En transmettant les informations en un point unique, interne à la chaîne de valeur, plutôt qu'en différents points de cette chaîne de valeur ou, comme on le voit parfois, en un point extérieur à celle-ci. Il va connecter ensuite tous les autres processus à ces données, au point unique d'introduction, afin de créer un lien physique entre la production et la demande. Ce qui est rendu possible puisque le Takt pour la période considérée, qui fixe la cadence de production, est lui-même déterminé par la demande réelle.

Une fois les données client introduites dans le système, celui-ci va « tirer » le produit ou le service le long de la chaîne de valeur en fonction de ces informations. Le mécanisme, lui, différera selon que le délai de fabrication est plus long ou plus court que le délai de livraison demandé par le client. Si ce délai est plus court, les produits seront fabriqués à la commande ; s'il est plus long, ils seront fabriqués pour le stock.

Reprenons l'exemple des pièces pour tondeuses et supposons que les délais de fabrication dépassent les délais exigés par le client. Dans un système *lean*, nous aurons besoin de maintenir un stock précis de produits finis après l'opération de peinture – ce stock intermédiaire, utilisé pour réguler la production, s'appelle « supermarché » ou « stock magasin », et se définit par sa localisation, la quantité de produits qu'il contient et la méthode de réapprovisionnement. Pour répondre à une demande de 300 composants d'un modèle et d'une couleur donnés, l'information est envoyée au stock magasin où les pièces sont prélevées pour être chargées sur un camion et livrées au client. Le prélèvement de ces pièces déclenche un *kanban* qui va indiquer à l'atelier de peinture de démarrer 300 nouvelles pièces destinées à remplacer dans le stock magasin celles qui ont été envoyées au client. Et le même processus va se reproduire en amont tout au long de la chaîne de valeur.

Cette méthode de gestion de la production évite de jouer aux devinettes à propos des incertitudes de toute nature que rencontre toute activité. Si 20 pièces doivent être mises au rebut sur le lot de 300 pièces en peinture, 20 remplaçantes vont être prélevées dans le stock magasin en amont de l'atelier de peinture et un *kanban* demandera que 20 pièces supplémentaires soient pressées pour regarnir le stock. En d'autres termes, c'est la quantité **réellement demandée** (et non la quantité prévue) qui est communiquée le long de la chaîne de valeur.

Principe n° 6 : Standardiser les activités pour créer les bases de la flexibilité

S'il existe une idée reçue, c'est bien celle selon laquelle le *lean* serait une méthode de travail hautement standardisée, qui traiterait les salariés comme de simples rouages dans une machine et conviendrait mal aux activités particulièrement complexes ou variables. Au contraire, lorsque la standardisation est correctement comprise et appliquée, elle s'avère indispensable pour créer les conditions d'une véritable flexibilité et, simultanément, donner aux salariés la possibilité de développer de nouvelles compétences et de réaliser un travail plus varié.

Observons la manière dont les ramasseurs et ramasseuses de balles traitent la variabilité sur les cours de tennis de Roland Garros. La « demande client » qu'ils ont à servir, à savoir s'occuper des balles à terre, est hautement imprévisible. Ils arrivent pourtant à s'y adapter en appliquant à toutes leurs actions des règles standardisées, depuis leur position sur le court jusqu'à leurs gestes pour récupérer les balles et les renvoyer. Ayant reçu une formation, ils ont la responsabilité de prendre des décisions par eux-mêmes, sans en référer à un supérieur. Ils sont capables d'assurer leur rôle, à proximité de vedettes internationales touchant des cachets astronomiques, sans les déconcentrer ni gêner leurs mouvements.

Il en va de même dans un environnement *lean* : les standards produisent de la flexibilité à condition que les personnes qui doivent les appliquer dans leur travail aient été correctement formées et soient responsables de leur mise à jour en fonction des améliorations qu'elles suggèrent. Sans cette liberté de décider et cette possibilité de proposer des améliorations, la standardisation serait vite ressentie, en effet, comme une contrainte insupportable.

Les standards permettent de garantir que seuls les modes opératoires les plus sûrs et les plus efficaces seront définis et répétés. Ils garantissent aux clients une qualité constamment meilleure, aux actionnaires une productivité accrue et aux collaborateurs des méthodes de travail mieux définies et leur assurant plus de sécurité. Avec des standards, en outre, les risques liés au lancement de nouveaux produits ou aux modifications de processus s'amenuisent fortement.

À la base, les standards sont faits pour garantir que les tâches seront accomplies selon la même méthode, quelle que soit la personne impliquée. Ils servent également de support pour les formations et de référence pour mener les activités d'amélioration. Ils doivent être considérés comme des documents vivants et mis à jour, au fur et à mesure des progrès, par les équipes qui les appliquent. Ainsi adaptés, ils constituent la base de référence pour pousser encore plus loin les améliorations.

Qu'il s'agisse de la manière d'accueillir un client dans un hôtel ou au téléphone (dans un centre d'appel) ou de construire un véhicule, les standards garantissent la qualité de l'activité et servent ainsi à protéger la marque et la notoriété de l'entreprise sur le marché. Ils jouent également un rôle de premier plan dans la création de systèmes d'affectation dynamique des ressources, en facilitant la polyvalence du personnel et les changements de poste. Ainsi l'entreprise peut-elle s'adapter rapidement aux fluctuations de la demande et optimiser sa productivité.

Dans la pièce qui se joue sous nos yeux pour développer la flexibilité au sein du système opérationnel, le management visuel tient un rôle essentiel. Capable de signaler clairement la localisation des matières et des outils, il représente également un moyen puissant pour homogénéiser différentes zones de travail et différents sites, facilitant, une fois encore, les déplacements de personnel.

Principe n° 7 : Détecter et résoudre les dysfonctionnements dès leur apparition

Le dernier impératif d'un système *lean* touche au management de la qualité. Dans les usines Toyota, les ouvriers sont autorisés à arrêter une ligne de montage s'ils détectent un défaut qu'ils ne peuvent corriger au cours du cycle de travail normal. Bien que tout arrêt de production représente un coût élevé dans ce secteur hautement capitalistique qu'est l'automobile, le groupe nippon juge que des produits défectueux lui coûteraient encore plus cher.

Chez Toyota, les opérateurs de premier niveau ont en outre le pouvoir d'apprécier ce qu'est la non-qualité. C'est une situation assez inusuelle dans une entreprise. La plupart du temps, la non-qualité est gérée de l'une des deux manières suivantes : soit un groupe de personnes spécifiquement responsables des problèmes de qualité intervient pour examiner les anomalies et prendre les décisions qui s'imposent ; soit les problèmes remontent les échelons hiérarchiques jusqu'à ce qu'un responsable ayant l'autorité (ou le courage) nécessaire intervienne. Dans les deux cas, le délai entre la détection du problème et sa résolution peut être considérable et laisser la production de pièces défectueuses continuer un bon moment.

Dans un système opérationnel *lean*, les anomalies sont détectées dès leur apparition. Si c'est possible, le processus est immédiatement arrêté afin d'identifier les causes profondes du problème et, avant tout redémarrage, d'apporter les corrections nécessaires. Cette manière d'agir suppose que l'organisation ait érigé les capacités du personnel à résoudre les problèmes au rang d'institution ; et elle lui ouvre la voie vers l'amélioration continue. Comme il n'y a plus de produits ou services défectueux, que les délais sont plus courts et les coûts réduits, la clientèle est la première bénéficiaire de la rigueur du processus.

Adopter une perspective *globale*

C'est en adoptant une perspective globale pour concevoir le système productif que la démarche *lean* garantit que les causes profondes de non-performance, et pas seulement les symptômes, seront identifiées et traitées. Pour déterminer l'origine des inefficacités, il convient d'examiner le système opérationnel dans sa totalité en remontant tout le flux, des clients jusqu'aux fournisseurs en passant par les processus de fabrication.

Voici deux exemples pour éclairer cette démarche. Le premier concerne une PME du secteur de la chaudronnerie. Elle fabrique des tôles sur mesure pour des unités de climatisation. Son directeur des opérations a remplacé deux machines à poinçonner, déjà anciennes, par une nouvelle machine à commande numérique de grande capacité et plus flexible afin d'éliminer un goulot d'étranglement dans le processus et d'améliorer la performance de l'atelier. Le processus concerné assure la découpe d'ensembles de pièces, selon un programme précis. Mais il connaît de fréquents aléas, en raison de ruptures d'approvisionnement dans les nuances de métal nécessaires.

Une fois découpés, les ensembles sont stockés puis acheminés vers un autre atelier. L'atelier suivant utilise trois machines pour effectuer les opérations de pliage. Malgré une liste précise des séquences à suivre, pour éviter d'avoir à changer constamment les outils, cet atelier a tendance à travailler par séries d'opérations. Cela occasionne en permanence des retards de livraison aux clients.

Pensant avoir affaire à un goulot au niveau du pliage, le directeur des opérations a organisé des ateliers de travail pour apprendre aux opérateurs de ce secteur à accélérer les changements d'outils et les aider à mieux respecter les séquences prévues. Malgré ces efforts, l'amélioration des délais de livraison s'est fait attendre et les machines restent inutilisées sur de longues périodes.

L'entreprise décide finalement d'examiner ses processus dans une perspective plus globale, en partant de l'approvisionnement en acier jusqu'à la livraison au client. Elle découvre ainsi que les sources d'inefficacité dans sa chaîne de valeur se situent en réalité dans les flux d'information et le réapprovisionnement en tôles. La machine à commande numérique – 750 000 euros investis – était donc loin d'être indispensable et les retards de livraison auraient pu être traités beaucoup plus rapidement.

Le deuxième exemple concerne un groupe industriel qui a construit à grands frais un nouvel atelier pour remédier à des espaces de travail devenus insuffisants. Une analyse système devait ensuite révéler, d'un côté qu'une grande partie des surfaces disponibles était utilisée pour le stockage, de l'autre que les points faibles du système opérationnel concernaient tout autant les flux d'information que des goulots d'étranglement dans les flux de matières. En agissant à ces différents niveaux, l'entreprise a vu ses stocks fondre en quelques mois, libérant des surfaces importantes. Menée en préalable, l'analyse aurait évité un lourd investissement.

Lancer un programme de transformation opérationnelle implique, en préliminaire, de concevoir et de mettre sur pied un système opérationnel efficace, qui constitue l'indispensable moteur de l'amélioration. Mais quelle que soit sa perfection technique, ce système a besoin, pour fonctionner durablement, d'être intégré de façon harmonieuse avec un système de management approprié, tandis que les modes de pensée et les comportements du personnel vont concourir efficacement à son fonctionnement. Le prochain chapitre décrit comment mettre au point et réaliser le système de management capable de soutenir durablement le nouveau système opérationnel.

Chapitre 3

Le système
de management

> ■ Pour assurer une transformation durable, il est essentiel de mettre en place un système de management adéquat.
>
> ■ Dans une démarche de transformation *lean*, cinq aspects du système de management sont à considérer.
>
> ■ Il n'existe aucun modèle universel : la nature du système de management doit être adaptée au système opérationnel de l'entreprise.

Les programmes d'amélioration opérationnelle n'ont pas très bonne réputation. Beaucoup n'ont permis que des progrès provisoires, certains ont réussi à pérenniser l'acquis et un nombre restreint ont su créer dans l'entreprise une véritable culture de l'amélioration continue. Dans une majorité de cas, on voit la performance opérationnelle revenir peu à peu à son niveau de départ ou connaître une stagnation dès la fin de la première année. Le programme est alors remisé aux oubliettes, avec ses nombreux prédécesseurs.

Pourquoi ces résultats mitigés ? Généralement, ce ne sont ni les efforts, ni l'expertise technique qui font défaut. Mais les responsables n'anticipent pas la facilité avec laquelle les améliorations techniques peuvent se déliter. Certaines modifications sont effectivement irréversibles, comme l'automatisation de processus ou l'agencement physique des équipements, mais la plupart ne le sont pas. En outre, lorsque des améliorations techniques et des gains de performance perdurent, il est rare que les bases permettant à l'entreprise de continuer à s'améliorer dans le temps soient construites.

Dans un groupe du secteur de la défense, un projet d'amélioration de l'atelier d'usinage de grandes pièces complexes destinées à l'assemblage fut lancé. Les dirigeants estimaient qu'avec sa capacité insuffisante, cet atelier constituait un goulot d'étranglement dans le processus de fabrication. Le premier objectif du projet fut donc d'améliorer le taux d'utilisation (ou taux de rendement synthétique, TRS) d'un certain nombre de machines, dont chacune représentait plusieurs dizaines de millions d'euros d'immobilisation.

Le responsable de l'atelier pensait qu'augmenter le TRS permettrait de dégager une capacité substantielle et, donc, d'absorber les futures augmentations d'activité sans investir dans des équipements supplémentaires. Une équipe de projet fut réunie pour éliminer les problèmes. Les idées d'amélioration technique, telles que déplacer les stocks de matières premières et améliorer les opérations de chargement pour supprimer des opérations inutiles – de machines et de grues –, permirent d'augmenter rapidement le TRS de plus de moitié.

Au bout de quelques semaines, pourtant, les améliorations commencèrent à s'atténuer et, six mois après le lancement du programme, le TRS n'affichait plus qu'un gain d'environ 20 %. Le problème ne résidait pas tant dans les améliorations techniques, qui avaient clairement porté leurs fruits au démarrage, que dans la difficulté du responsable de l'atelier à maintenir les progrès.

Un examen plus approfondi permit de découvrir que l'étendue des responsabilités de ce manager était trop grande. Pour superviser un effectif de 160 personnes, il n'avait aucun chef de poste ; quant aux chefs d'équipes, ils étaient répartis dans les quatre équipes travaillant en horaire posté 24 h/24 et ne disposaient pas des capacités d'encadrement nécessaires. Le responsable avait le sentiment que cette structure très plate le laissait seul face à la responsabilité de pérenniser les progrès. Une telle structure aurait pu fonctionner dans le cadre d'un processus de fabrication stable, avec des opérateurs réalisant des tâches répétitives et non qualifiées. Mais, en l'occurrence, le processus était relativement instable et complexe, et il exigeait des opérateurs hautement qualifiés. Il fut décidé, pour retrouver et consolider les améliorations obtenues au cours du projet pilote, d'ajouter un échelon d'encadrement, avec quatre chefs de poste, dont chacun superviserait quatre ou cinq chefs d'équipe.

Toute entreprise qui s'engage dans un programme *lean* doit s'assurer que ses processus formels de management, sa structure organisationnelle ainsi que son système de développement des compétences se conjuguent efficacement pour renforcer le nouveau système opérationnel. Si le système de management n'est pas aligné avec la nouvelle approche, il y a fort à parier que les objectifs de performance escomptés ne seront pas atteints.

Pour comprendre comment tout cela fonctionne, considérons une entreprise qui met en place un nouveau dispositif de *kanban* pour gérer les en-cours ou les stocks de pièces. Bien réalisé, un tel système va réduire les ruptures de stock, lisser les flux, simplifier la planification de la production et permettre de livrer en juste-à-temps. Mais les opérateurs et les responsables de production ne peuvent le mettre en œuvre de façon efficace sans l'apport de processus et structures complémentaires. Par exemple, il faudra non seulement revoir la planification et l'ordonnancement pour empêcher la transmission aux processus amont d'ordres de production contradictoires, mais aussi introduire localement de nouveaux objectifs de performance et de nouveaux processus d'évaluation, pour inciter les opérateurs à réagir positivement au système *kanban*. Une formation va également être nécessaire, entraînant éventuellement une modification des matrices de compétences et des systèmes d'évaluation.

Comment une entreprise doit-elle procéder pour adapter son système de management à son système opérationnel ? La suite de ce chapitre décrit les éléments clés pour développer l'environnement nécessaire au système opérationnel *lean*.

Dans un système de management conçu pour soutenir une approche *lean* (voir la figure 3.1), cinq éléments sont fondamentaux, dont l'importance relative dépend du contexte opérationnel particulier à l'entreprise : la structure organisationnelle, le système de gestion de la performance, l'infrastructure d'amélioration continue, les processus de développement des compétences, la gestion des processus de support aux opérations.

Figure 3.1 Les cinq composantes
du système de management

La structure organisationnelle

Comme le suggère l'exemple de l'entreprise de défense citée plus haut, un système opérationnel doit être soutenu par une structure d'organisation adaptée. À nos yeux, trois caractéristiques sont déterminantes : le dimensionnement des équipes de terrain, le rôle du chef d'équipe, les périmètres de responsabilité et niveaux hiérarchiques au sein de l'organisation.

Comment dimensionner les équipes ?

Chez Toyota, sur une ligne de production, une équipe typique comprend entre quatre et huit personnes, encadrées par un chef d'équipe. Chez Mars / Masterfoods, un chef de poste dans une usine de produits de confiserie peut superviser jusqu'à 40 ou 50 personnes, alors que dans une usine de chocolats une équipe type ne dépassera pas 10 à 20 collaborateurs. Pourquoi l'effectif des équipes est-il aussi variable ? La taille de celles-ci est-elle un facteur essentiel ?

Selon les processus techniques, les exigences vis-à-vis des équipes et de leurs responsables sont différentes. Le nombre de personnes impliquées est critique. Mal calibré, il peut avoir des conséquences désastreuses : processus technique devenant ingérable et coûts d'encadrement ou de supervision explosant. Il arrive qu'un grand soin soit apporté à structurer, calibrer et composer les équipes de terrain. Mais, souvent, les caractéristiques des équipes ayant évolué en fonction des habitudes et de la pratique, personne ne sait plus quelles raisons ont présidé au choix de leur structure et de leur dimension. Il arrive donc qu'elles ne soient plus adaptées aux besoins des processus techniques.

Comment une entreprise adoptant une approche *lean* doit-elle déterminer la taille de ses équipes terrain ? Plusieurs critères devraient, à notre avis, entrer en ligne de compte pour décider de l'effectif optimum (voir la figure 3.2), et ils s'appliquent aussi bien au secteur des services (activités de *back* et *front office*) qu'à celui de l'industrie.

Critère	Indicateur témoin	Taille des équipes	
		Petite (<4)	Grande (~50)
Stabilité du processus	TRS	Faible	Élevée
Importance du processus	Coût/dysfonctionnement	Élevée	Faible
Implantation physique	Nombre de secteurs	Complexe	Simple
Complexité des tâches	Heures de formation /semaine	Élevée	Faible
Contenu du travail	Takt	Élevé	Faible
Rapidité d'amélioration requise	% d'amélioration/mois	Élevée	Faible

Figure 3.2 Facteurs permettant de déterminer la taille des équipes opérationnelles

Plus le contenu ou l'éventail des tâches à effectuer est complexe, plus l'encadrement doit intervenir dans le fonctionnement de l'activité. À l'inverse, plus le processus est stable, moins l'encadrement a besoin d'être présent. Le niveau de complexité et de stabilité du processus doit donc dicter la taille des périmètres de responsabilité, tout comme celle des équipes terrain.

D'autre part, il doit exister un rapport direct entre ce que coûtent les dysfonctionnements du processus et la disponibilité des responsables ou chefs d'équipes : plus ce coût est élevé, plus les responsables prêts à intervenir doivent être nombreux pour traiter les problèmes dès leur apparition. Réduire le périmètre de responsabilités permet, dans ce cas, de diminuer le risque de défaillances onéreuses.

Quel rôle pour le chef d'équipe ?

Si les responsables de haut niveau peuvent en principe embrasser de larges domaines de responsabilité, les chefs d'équipe, travaillant au plus près des réalités du terrain, ne devraient superviser que de petites équipes. Dans le secteur des biens de consommation, telle entreprise connue peut se permettre d'aligner de grandes équipes, car la plupart de ses opérateurs effectuent des tâches simples et répétitives d'emballage et, surtout, ses chefs de poste sont d'un niveau exceptionnel (et ils sont fort bien payés !).

Il existe un nombre infini de modèles pour définir le rôle du chef d'équipe ou du contremaître. Ces modèles varient dans la façon dont ils regroupent les étapes de process, organisent les postes de travail, répartissent les rôles entre les équipes et leurs responsables, etc. À une extrémité du spectre, les équipes sont responsables et fonctionnent de façon autonome, en répartissant les responsabilités entre leurs membres. À l'autre extrémité, l'agent de maîtrise a la responsabilité pleine et entière d'une ligne ou d'une équipe et conjugue les fonctions de supervision habituelles d'un chef d'équipe avec des responsabilités de gestion des ressources humaines, telles que le recrutement, l'évaluation formelle du personnel et le maintien de la discipline.

Entre les deux, on trouve un éventail de situations : par exemple, un chef d'équipe posté ayant à la fois des tâches opérationnelles directes (comme le remplacement des absents) et des tâches de gestion de son

© Éditions d'Organisation

personnel au quotidien (comme la gestion des heures supplémentaires) ; ou bien, un agent de maîtrise passant tout son temps à gérer heure par heure les besoins du process et les opérateurs sous sa responsabilité, sans être impliqué ni sur les postes de travail, ni dans les évaluations annuelles, ni dans le maintien de la discipline.

Quel est le modèle qui fonctionne le mieux ? Tout dépend, là encore, du contexte, de la nature des tâches de supervision imposées par le système opérationnel et, de façon sous-jacente, de la façon dont l'entreprise approche la gestion de ses ressources humaines.

Dans un groupe industriel que nous connaissons bien, les équipes autonomes sont efficaces parce que la nature du process détermine en grande partie l'affectation des opérateurs et les tâches qu'ils accomplissent, et que beaucoup de ces opérateurs ont une longue expérience derrière eux. Mais ce modèle pourrait se révéler inadapté dans une entreprise plus jeune, où le taux de rotation du personnel serait élevé, où l'atmosphère dans les ateliers n'encouragerait pas les opérateurs à prendre des responsabilités et où la culture de l'amélioration continue ne serait pas encore enracinée. Nous avons eu l'occasion de connaître une entreprise industrielle fière de ses équipes autonomes ; et pourtant, lorsque l'on examinait l'évolution des niveaux de productivité, on s'apercevait qu'ils ne s'étaient absolument pas améliorés depuis cinq bonnes années.

Retournons chez Toyota. L'épine dorsale de l'organisation de la production, ce sont les chefs d'équipe. Ils passent près de la moitié de leur temps de travail à remplacer les ouvriers absents, environ 20 % à répondre aux problèmes signalés par les appels *Andon* et le reste à effectuer des tâches de type formation ou contrôle qualité hors ligne. Les rôles et les effectifs des équipes de production sont clairement définis. L'entreprise, avec un niveau moyen de 5,5 salariés à plein temps par équipe, adapte cet effectif aux différentes situations, selon le degré d'automatisation, les besoins de formation et les risques en termes de sécurité. Dans un secteur comme le montage, où les besoins de formation au poste sont considérables, les équipes sont plus restreintes, pour permettre au chef d'équipe d'assurer la formation. Dans un secteur fortement automatisé comme l'emboutissage, l'effectif des équipes est souvent plus important.

Quel périmètre de responsabilités et quels niveaux hiérarchiques ?

Les critères servant à déterminer les effectifs des équipes terrain s'appliquent également lorsqu'il s'agit de concevoir les niveaux hiérarchiques. Les responsables de services complexes, comprenant des processus instables ou des collaborateurs peu formés, doivent se voir assigner un périmètre de responsabilité restreint. Ceux qui supervisent des activités stables et répétitives, bénéficiant d'un personnel compétent et bien formé, peuvent prendre en charge des responsabilités beaucoup plus étendues.

Quant au nombre de niveaux hiérarchiques, il devrait être le plus faible possible en fonction du périmètre de responsabilité défini à chaque niveau de management. Lorsque les niveaux sont peu nombreux, l'encadrement est physiquement plus proche du terrain et les retours d'information sont plus rapides. Ceci améliore les flux d'information et la transparence, et accélère la prise de décision. Même dans une grande unité, trois niveaux semblent suffisants, par exemple, entre les chefs d'équipe et le directeur des opérations. Dans un contexte industriel, ces niveaux correspondent à chef de poste, chef d'atelier ou de fabrication et directeur de production ou d'usine.

Même si un nombre réduit de niveaux hiérarchiques peut limiter les opportunités de promotion et d'évolution de l'encadrement, cette organisation présente le grand mérite d'introduire de la simplicité dans la structure. Ce qui permet à chacun d'avoir une idée précise de son rôle et aux membres de la direction d'avoir un management et une communication efficaces.

Une fois la structure d'organisation alignée sur le système opérationnel *lean*, on peut aborder le deuxième élément du système de management.

Le système de gestion de la performance

Pour que les salariés renforcent leur performance, il est nécessaire de les motiver et de leur permettre de développer leurs capacités en accord avec les objectifs de l'entreprise. Cela nécessite de bien comprendre leur état d'esprit et leurs comportements (nous aborderons ce sujet au chapitre 4) mais également de disposer de processus efficaces de gestion de la performance. Nous savons, par expérience, que le système de gestion de la performance représente souvent le maillon faible du système de management.

Une entreprise s'enorgueillissait de son système informatique de suivi des performances car il lui permettait de produire n'importe quel rapport, simplement en appuyant sur une touche. Pourtant, la performance opérationnelle n'était pas très satisfaisante et les dirigeants avaient réalisé que le système ne leur fournissait pas vraiment les informations dont ils avaient besoin. Les indicateurs pris en compte dans le système n'étaient pas, en fait, liés aux véritables facteurs de coûts et de qualité de l'activité, à savoir la productivité par personne/heure et les défauts par unité produite. Le problème, heureusement, n'était pas difficile à corriger ; mais cet exemple montre à quel point le seul fait qu'un système de suivi existe peut faire croire au management qu'il correspond aux besoins.

Une chaîne de restauration rapide mesurait le taux de perte sur les matières premières pour évaluer la performance de ses directeurs de restaurant. Cette approche était évidemment efficace pour concentrer l'attention des directeurs sur l'un des facteurs de coûts importants de l'activité. Pourtant, les files d'attente aux comptoirs étaient souvent longues. Aucun plat préparé ne devant, selon les règles d'hygiène et de sécurité alimentaire, être stocké plus de 10 minutes, les directeurs exigeaient de tout cuire à la commande pour éviter les gaspillages. Le système de mesure choisi par l'entreprise lui garantissait bien que ses restaurants servent des plats fraîchement préparés, mais il ne correspondait pas à la rapidité de service que les clients attendent d'un *fastfood*.

Un système de gestion de la performance *lean* représente beaucoup plus qu'un ensemble de rapports bien présentés ou le suivi d'indicateurs pertinents. Il prend place au cœur même du management. Il suppose, non seulement de définir précisément le système – des indicateurs appropriés, appuyés par des processus de suivi et de compte rendus efficaces, des outils informatiques et des liaisons avec les différents systèmes de gestion, financière et autres –, mais également d'adopter la bonne approche pour piloter l'évolution des performances, heure par heure, poste par poste, jour par jour et mois par mois. Quant aux opérationnels, ils doivent voir et comprendre les mesures critiques de la performance, afin de pouvoir prendre les décisions appropriées et d'assurer au quotidien une performance de haut niveau.

Comment mettre en place un système *lean* de gestion de la performance ? Il convient de suivre les étapes suivantes : concevoir le système, fixer les objectifs, suivre les activités au quotidien, mettre en place un système de motivation du personnel, définir les objectifs individuels et gérer la performance individuelle.

Concevoir le système

Avant d'être en mesure de gérer la performance, une entreprise doit créer une architecture adaptée à son système opérationnel. Elle commencera par définir les objectifs d'ensemble de l'activité : par exemple, « réduire les coûts de 10 % », « réaliser 100 % de livraisons complètes et dans les délais », « ramener le taux de retour client à 2 par million en trois ans ». Choisir les priorités n'est pas aussi simple qu'il y paraît, et les entreprises ont tendance à les multiplier à l'excès. Nous avons travaillé avec une entreprise qui en avait 21 (!), ce qui rendait très difficile d'arbitrer au quotidien entre elles et produisait des résultats imprévisibles. Il faut au contraire donner aux managers une liste réduite d'indicateurs, qui leur permette de fixer des priorités à leurs troupes.

L'étape suivante consiste à établir pour chaque niveau de l'entreprise une déclinaison des indicateurs qui fasse le lien entre les principaux leviers opérationnels et les objectifs de la direction. Il convient de s'assurer que les indicateurs d'en bas (concernant le quotidien) concourent à la réussite de ceux d'en haut (agrégés au plus haut niveau) et que tous les indicateurs clés sont couverts à chaque niveau. Il faut également que chaque indicateur soit clairement et mathématiquement défini, afin que les données nécessaires à son calcul soient aisément disponibles – que celles-ci soient obtenues manuellement ou par simple modification des mécanismes de recueil existants.

Une fois ces indicateurs clés de performance (KPI : *Key Performance Indicators*) définis à chaque niveau, les managers doivent décider comment les mesurer et qui aura la responsabilité de présenter les résultats à la hiérarchie. Si un outil informatique doit être utilisé, il devra soit être directement adapté à l'objectif recherché, soit avoir une architecture de base de données ou des algorithmes modifiables. Il est souvent nécessaire, lorsque l'on redéfinit les indicateurs de performance, de faire évoluer les méthodes manuelles de recueil des données alimentant le système informatique.

Fixer les objectifs

Cette étape relie la mise en place initiale du système avec le cycle dynamique d'évaluation de la performance. Pour que les plans d'amélioration définis sur le terrain par les équipes soient solides, ils doivent être soigneusement mis en cohérence avec les objectifs d'ensemble de l'activité. Il vaut mieux ne pas fixer systématiquement des objectifs maximalistes. Utiles pour générer un sursaut dans une entreprise menacée dans sa survie ou pour galvaniser le personnel et le préparer à des changements de grande ampleur, ils peuvent très vite se révéler un facteur de démoralisation s'ils sont utilisés de façon systématique. Des objectifs irréalistes épuisent et démotivent le personnel, conscient de ne pas pouvoir les atteindre.

Suivre les activités au quotidien

Il va de soi qu'un suivi quotidien doit s'exercer à tous les niveaux de l'organisation ; même si, selon les niveaux concernés, il prendra des formes variées et s'appliquera selon des rythmes différents. Un chef d'équipe pourra faire le tour de l'atelier toutes les heures ; un cadre dirigeant une fois par trimestre. Le terme de tour se réfère à l'application sur le terrain du célèbre cycle PDCA de W. Edwards Deming – *Plan, Do, Check, Act* (planifier, faire, vérifier, agir).

La première étape du cycle PDCA consiste à développer un plan d'amélioration permettant d'atteindre les objectifs fixés. Pour un chef d'équipe, ce plan peut consister tout simplement en une réaffectation des opérateurs sur les postes de travail, pour rattraper une perte de production au cours de l'heure qui précède ; pour un cadre dirigeant, le plan peut comporter un ensemble de propositions d'amélioration à long terme.

Une fois le plan exécuté (phase « faire »), il faut passer les résultats en revue (phase « vérifier »). Cet examen de la performance est rarement mené avec tout le sérieux nécessaire. Pour qu'il soit efficace, les chefs d'équipe et les cadres doivent prendre l'habitude de surveiller en permanence les écarts entre performance réelle et objectifs, puis rechercher les causes profondes des écarts. C'est ce travail de fond qui fait la différence entre « gérer » la performance ou seulement la « mesurer ».

L'étape finale du cycle consiste à intégrer aux plans d'amélioration existants des actions correctives, chacune de ces actions se voyant attribuer un responsable ainsi que des délais de réalisation clairs. Parmi les aspects de gestion de la performance, il reste alors à vérifier que l'organisation adhère aux plans d'amélioration et les adapte en permanence.

Mettre en place les systèmes de gestion du personnel

Les systèmes nécessaires pour gérer le personnel ont deux composantes majeures : les évaluations de la performance individuelle et les systèmes de motivation.

Bien que beaucoup d'entreprises aient des systèmes pour évaluer la performance individuelle de leurs collaborateurs de façon régulière, certaines ne possèdent aucun processus formel pour le personnel de terrain. Une fois mis en place, ces processus formels doivent être appuyés par des procédures permettant de traiter les problèmes de performance présentant un caractère sérieux.

Quant aux systèmes de motivation, ils sont faits pour récompenser les performances, des individus ainsi que des équipes, selon un ensemble de règles claires. Pour être efficaces, ils doivent être en accord avec la culture de l'entreprise et refléter l'importance relative que l'entreprise accorde au travail individuel et au travail collectif, aux récompenses de type financier et non financier.

Définir les objectifs individuels

Il convient d'aligner les objectifs individuels avec les objectifs de l'entreprise. Ces objectifs sont définis selon l'acronyme « SMART » : **s**pécifique, **m**esurable, **a**tteignable, **a**xé sur les **r**ésultats et limité dans le **t**emps. Il est important qu'ils ne laissent pas de place à l'interprétation. Un plan d'actions personnel doit refléter, à la fois, l'engagement du salarié à donner le meilleur de lui-même pour atteindre ses objectifs et

© Éditions d'Organisation

l'engagement de l'employeur à lui fournir toutes les possibilités de formation, de conseil et de développement qui peuvent lui être nécessaires.

Gérer les performances individuelles

Les managers doivent être attentifs à l'état d'esprit et aux comportements du personnel car ils influent sur la performance. Lorsqu'un problème se présente dans ce domaine, ils doivent se montrer capables de le traiter avec doigté, de discuter avec la (les) personne(s) concernée(s), d'apporter leurs conseils et, si besoin est, ils doivent recourir à des actions disciplinaires. Comme le montre Toyota, des équipes de production efficaces, pour qui la performance est une donnée fondamentale, sont parfaitement capables de gérer elles-mêmes leurs problèmes de discipline. Le système doit également savoir reconnaître les bonnes performances et les récompenser de manière adéquate. Les entreprises *lean* préfèrent souvent encourager la performance collective des équipes de terrain, plutôt que les résultats individuels.

Le troisième élément du système de management consiste à créer les conditions nécessaires pour assurer la pérennité des opérations *lean*.

L'infrastructure d'amélioration continue

Une entreprise qui serait *lean*, mais n'aurait pas développé ses capacités à s'améliorer de façon continue, ne le resterait pas très longtemps. Incapable de s'adapter aux demandes changeantes de la clientèle et à la pression des coûts et du maintien de la qualité, elle verrait peu à peu ses progrès s'évanouir, malgré tous les efforts fournis pour les obtenir.

Comment développer les capacités en question ? Si des formations peuvent sensibiliser le personnel et lui insuffler quelque enthousiasme, c'est loin d'être suffisant. Généralement, l'élan suscité retombe rapidement au contact des réalités et se transforme en frustration lorsque, inévitablement, des obstacles se présentent et qu'aucun soutien n'est disponible pour les surmonter.

Les entreprises dont les opérations répondent à des critères d'excellence possèdent généralement une infrastructure spécifique pour l'amélioration continue, mise en place tout spécialement pour aider l'encadrement opérationnel à franchir les aléas d'un itinéraire vers le *lean*. Chez l'équipementier automobile Valeo, par exemple, l'amélioration continue est un élément fondamental du système de production (SPV : *Système de Production Valeo*). Les nouveaux salariés reçoivent une formation d'une semaine dans un centre où ils apprennent les bases du SPV. Dans les usines, les cadres bénéficient du soutien de « responsables SPV », qui dépendent d'un expert chargé d'assurer que tout le groupe Valeo profite de ce soutien de façon homogène. Une équipe indépendante d'audit visite régulièrement chaque usine pour vérifier les progrès réalisés sur une vingtaine d'indicateurs de performance et s'assurer que les plans d'amélioration sont mis en œuvre de façon rigoureuse. Cela peut sembler un investissement important : en effet, Valeo affecte environ 0,5 % de ses effectifs à son infrastructure SPV.

Lorsque l'on examine les cas tels que Valeo, on discerne trois activités essentielles qui, situées généralement hors du champ de compétences ou des responsabilités de la maîtrise, doivent être confiées à une fonction spécifiquement chargée de l'amélioration continue :

- **Élaborer une vision et une méthodologie cohérentes pour l'ensemble de l'organisation.** Chaque équipe peut, en interne, produire sa propre vision sur la façon dont son secteur devrait fonctionner ainsi que la cartographie des futures chaînes de valeur. Il reste que c'est à une fonction « amélioration continue » d'assurer l'homogénéité des approches dans l'ensemble de l'organisation, notamment s'il s'agit d'une entreprise multisites. Le personnel trouve souvent, de prime abord, que les outils et techniques du *lean* sont étranges, voire inaccessibles. Le rôle de la fonction amélioration continue est donc de créer des moyens de formation standard, en sélectionnant les outils appropriés et en les étayant de documents « traduits » dans le langage propre à l'entreprise.

- **Développer les capacités du personnel.** Cet aspect dépasse largement la seule question de la formation : il s'agit également de faire évoluer l'état d'esprit et les comportements du personnel, ce qui suppose de gagner les cœurs et les esprits. La fonction amélioration continue pourra assurer à la fois un enseignement théorique et une formation sur le tas permettant d'instaurer par l'exemple les comportements requis pour assurer la réussite d'une transformation *lean*.

- **Agir comme une ressource imposée de soutien à la mise en œuvre.** C'est lorsque les équipes s'efforcent d'appliquer leurs nouvelles compétences qu'elles ont le plus besoin d'assistance. La fonction amélioration continue doit être disponible pour résoudre les problèmes techniques et aider à surmonter les obstacles. Elle a également la responsabilité de diffuser le savoir et les meilleures pratiques au sein de l'entreprise et de faire circuler l'information lorsqu'un problème particulier a trouvé, quelque part, une réponse appropriée. La transformation opérationnelle exige également une gestion de projet qui soit très efficace ; aussi la fonction amélioration continue est-elle appelée à apporter son soutien aux responsables de ligne, à la fois en supervisant le programme d'amélioration et en structurant le travail de façon à maintenir le rythme des progrès.

Dans la pratique, à quoi ressemble une infrastructure d'amélioration continue ? Lors de sa conception, trois séries de questions sont à prendre en compte :

- **La structure et la taille.** Combien de personnes sont-elles nécessaires pour assurer le soutien requis ? Comment doivent-elles être réparties entre les unités opérationnelles et le niveau central ? Quels sont les rattachements hiérarchiques entre ces différentes personnes et comment chacune d'elles est-elle reliée à la hiérarchie opérationnelle ?

- **Les rôles et responsabilités pivot.** Les personnes intervenant pour l'amélioration continue doivent-elles jouer un rôle de consultant, de *coach*, de porte-parole, de pilote du changement ou d'ingénieur spécialisé dans l'amélioration ? Les rôles doivent-ils être standardisés et structurés autour de compétences, comme dans la méthodologie « Six Sigma » et ses ceintures vertes et noires ?

- **Les compétences et capacités.** Les compétences nécessaires à la fonction amélioration continue existent-elles déjà dans l'entreprise ? Si ce n'est pas le cas, peut-on faire appel à des consultants externes ou bien faut-il recruter à l'extérieur ou former des gens en interne ? Combien de temps faudra-t-il pour acquérir les compétences et capacités nécessaires, et comment y arriver le mieux et le plus vite possible ?

Pour déterminer de quel type de fonction amélioration continue une entreprise a besoin, il convient également de savoir quelles étapes elle a déjà franchies dans son itinéraire vers le *lean*. Nous avons l'habitude de distinguer trois phases dans le programme, lancer, déployer et ancrer :

- **Lancer.** Au stade du lancement, ce qu'il faut surtout, c'est faire la démonstration du changement. On concentre donc toute l'action sur un secteur pilote au sein d'une chaîne de valeur unique. Parallèlement, l'entreprise doit mettre en place la structure d'amélioration continue et s'assurer qu'elle a les capacités pour piloter le programme. Tandis qu'une équipe consacrée à plein temps au changement aide à mettre en œuvre le futur système opérationnel dans un secteur pilote, une autre pourra travailler avec des cadres dirigeants sur des questions concernant l'ensemble du site. Les deux équipes doivent comprendre des experts du *lean*, servant autant de guides méthodologiques que de conseillers techniques. Dans des entreprises de moindre taille, on peut recruter un manager pour jouer ce rôle. Des consultants externes sont souvent appelés à ce stade. Pour un secteur pilote typique – disons 50 à 100 personnes –, l'équipe se composera d'un ou deux experts *lean* et de deux ou trois « pilotes du changement » issus de ce secteur ou d'autres secteurs de l'organisation. Au stade du lancement, il faut pouvoir compter sur des personnes ayant les compétences, notamment, pour structurer un programme d'amélioration, apporter les formations et le coaching nécessaires et développer les connaissances techniques.
- **Déployer.** Au cours de cette deuxième phase, beaucoup d'entreprises calent, car leur infrastructure de soutien à l'amélioration continue est inadaptée, alors que le programme est confronté à la nécessité de s'élargir pour piloter la transformation sur un

© Éditions d'Organisation

périmètre d'application recouvrant de multiples chaînes de valeur. Les pilotes du changement, qui ont appris leur rôle au cours de la première étape, doivent désormais diriger une nouvelle équipe et, à leur tour, former d'autres pilotes du changement. Après plusieurs cycles de ce type, ils pourront se regrouper en une équipe interne de consultants, au niveau du groupe, ce qui réduira les besoins en appuis externes. Au cours de cette phase de déploiement, il est crucial de savoir gérer un projet et conduire un effort de développement des compétences de façon efficace. La jeune « fonction amélioration continue » doit donc mûrir, pour endosser un rôle de conseiller respecté, qui aidera à établir l'infrastructure nécessaire pour généraliser le programme dans tout le groupe.

- **Ancrer.** Lors de la dernière phase, chaque chaîne de valeur aura connu une transformation *lean* ; le changement permanent et incrémental devient la norme. Seules les entreprises véritablement *lean* parviennent aussi loin, et elles ne le font pas en une fois. Désormais, peu d'assistance externe s'avère nécessaire. Quelques spécialistes suffisent pour mener à bien la formation des nouveaux cadres et assister les équipes d'amélioration *kaizen* sur le terrain ; ils sont rattachés directement aux responsables opérationnels des unités concernées. Le *coaching* se fait à la demande des opérateurs des différentes lignes et de leur encadrement, en fonction de leurs besoins d'aide pour atteindre leurs objectifs ; il n'est plus, comme auparavant, imposé en central. La fonction amélioration continue repose, à ce stade, sur de solides connaissances techniques et des savoir-faire pratiques de *coaching* et de pilotage du changement.

Les compétences, ainsi que les processus permettant de les développer, sont donc essentiels et nécessitent d'introduire le quatrième élément d'un système de management.

Les processus de développement des compétences

Tout effort important de changement mobilise à la fois les personnes directement impliquées et l'entreprise dans son ensemble. Il arrive souvent qu'il mette en évidence des lacunes dans les compétences. Cela peut être très perturbant, notamment pour les cadres les plus anciens, s'ils découvrent soudain que des atouts reconnus tout au long de leur carrière ne leur sont plus utiles dans le nouveau système opérationnel.

Une démarche de transformation *lean* représente tout particulièrement une épreuve pour les responsables dont la fierté est de savoir « jouer les pompiers » avec efficacité. Dans les entreprises dont les activités sont devenues instables, c'est en effet un rôle très valorisé et qui, bien rempli, permet d'être promu à des postes clés. Ce talent fait partie intrinsèque de la culture de management des entreprises de ce type. Mais la transformation *lean* vise avant tout à éteindre les feux de façon définitive ; elle amène donc à repenser et à adapter les compétences demandées, puisqu'il s'agit désormais de faire fonctionner un système opérationnel stable.

Pour développer les compétences et savoir-faire dont elle a besoin, l'entreprise *lean* doit doter son infrastructure de management de deux éléments essentiels : un processus capable d'identifier et de codifier les compétences nécessaires pour piloter l'activité et un ensemble de programmes (formations, apprentissages, cycles de cours, coaching individuel sur le terrain et retours d'information) pour accompagner la mise en place et le développement des grilles de compétences et des systèmes permettant de les gérer.

Définir les grilles de compétences

Les compétences dont les opérateurs doivent faire preuve sont déterminées par les tâches qu'ils ont à accomplir. Mais, pour que tous les opérateurs, dans chaque poste, possèdent les compétences requises, le système doit être piloté avec la plus grande précision. On commence souvent par établir une grille de compétences solide, qui permet de croiser, pour chaque poste, chaque opérateur avec les compétences spécifiques requises. Idéalement, cette grille est ensuite intégrée au système de gestion du personnel, afin que la liste des besoins et celle des personnes disponibles puissent être confrontées à tout moment.

Quelles sont, dans un environnement *lean*, les qualifications typiquement requises, notamment des chefs d'équipe ? Elles sont au nombre de trois : savoir gérer les performances en temps réel, savoir résoudre les problèmes en recherchant leurs causes fondamentales et savoir inciter leurs équipiers, grâce au coaching et à des formations individuelles, à rechercher des améliorations opérationnelles.

Structurer les programmes de développement des compétences

Les programmes de développement doivent être pertinents, complets et, surtout, adaptés aux divers groupes. Ils doivent présenter un équilibre judicieux entre enseignement formel, formation sur le terrain et *coaching*. Certaines entreprises créent leur propre université ou école pour développer les savoir-faire de leurs collaborateurs. Une fois passés par la formation, ces derniers sont mis en situation d'appliquer leurs nouvelles compétences sur le terrain et leurs progrès sont systématiquement évalués. Les dirigeants doivent avoir pour priorité majeure de combler toutes les lacunes. Ils peuvent d'ailleurs très bien découvrir qu'ils ont, eux-mêmes, besoin de formation pour être capables d'assurer leurs nouvelles fonctions.

Le dernier élément du système de management *lean* concerne l'appui apporté par les services fonctionnels aux équipes terrain et aux process.

Gestion des fonctions/processus de support aux opérations

Il y a vingt ou trente ans, la plupart des grandes entreprises ont cherché à faire des économies d'échelle en centralisant leurs activités fonctionnelles, telles que le service du personnel, la maintenance et la planification. Cette politique a entraîné un cloisonnement des fonctions, qui se sont retranchées chacune dans leur forteresse, sous l'égide de leur directeur, situé à haut niveau dans la hiérarchie. Chaque responsable –

production, bureau d'études, maintenance, qualité, planification, services techniques – était ainsi directement rattaché au directeur des opérations. Les unités de production locales ne pouvaient recevoir de support fonctionnel que via une variété de processus formels et informels, et de la part d'équipes transversales dont l'efficacité dépendait largement des relations personnelles instaurées avec ses membres. Les conflits entre fonctions (par exemple, au sujet du retraitement des produits défectueux) devaient souvent remonter jusqu'au sommet de la hiérarchie pour être tranchés. Il n'est guère étonnant que ce modèle d'organisation ait été largement abandonné par le monde des entreprises.

À l'opposé de ce modèle, le fonctionnement basé sur les flux de valeur confie à un niveau beaucoup plus proche du terrain la responsabilité d'assurer que les compétences fonctionnelles et managériales adéquates soient disponibles. Chaque chaîne de valeur (il peut y en avoir plusieurs au sein de la même unité opérationnelle) et son responsable sont ainsi mis au cœur de l'organisation. Ce dernier peut donc fonctionner de façon beaucoup plus autonome, ce qui permet de résoudre les problèmes et de prendre les décisions plus rapidement.

Aujourd'hui, la plupart des entreprises se situent quelque part entre ces deux extrêmes. La figure 3.3 illustre plusieurs modèles d'organisation des services de support. Le modèle 1 présente une intégration totale des activités de support au sein des équipes de terrain ; au contraire, le modèle 4 illustre l'approche par « silos fonctionnels ». Les deux modèles intermédiaires apportent aux opérationnels l'assistance nécessaire à partir de niveaux hiérarchiques plus élevés.

Dans la pratique, il existe de nombreuses variantes, car les entreprises s'efforcent d'adopter les structures les mieux appropriées à leurs caractéristiques propres. Une entreprise industrielle pourra, par exemple, diviser son service de maintenance en deux entités. L'une fera de la maintenance réactive et sera entièrement intégrée au sein des équipes opérationnelles. L'autre, chargée de la maintenance programmée, sera rattachée au chef de secteur ou au responsable de la chaîne de valeur concernée. Dans une telle structure, un technicien d'assurance qualité (AQ), travaillant en horaire posté et rattaché au responsable AQ, pourra intervenir auprès des équipes selon des contrats d'intervention définis.

1. Entièrement intégrées dans chaque équipe terrain	2. Rattachées à un cadre intermédiaire		3. Rattachées à un directeur		4. Silo fonctionnel	
					Directeur d'unité opérationnelle	
			Directeur (production...)		Directeur (production...)	Responsables services support
	Chef de secteur		Chef de secteur	Responsables services support	Chef de secteur	Équipe de support
Chef d'équipe terrain	Chef d'équipe terrain	Chef d'équipe de support	Chef d'équipe terrain	Équipe de support	Chef d'équipe terrain	
Équipe opérationnelle (y compris équipe de support)	Équipe terrain	Équipe de support	Équipe terrain		Équipe terrain	

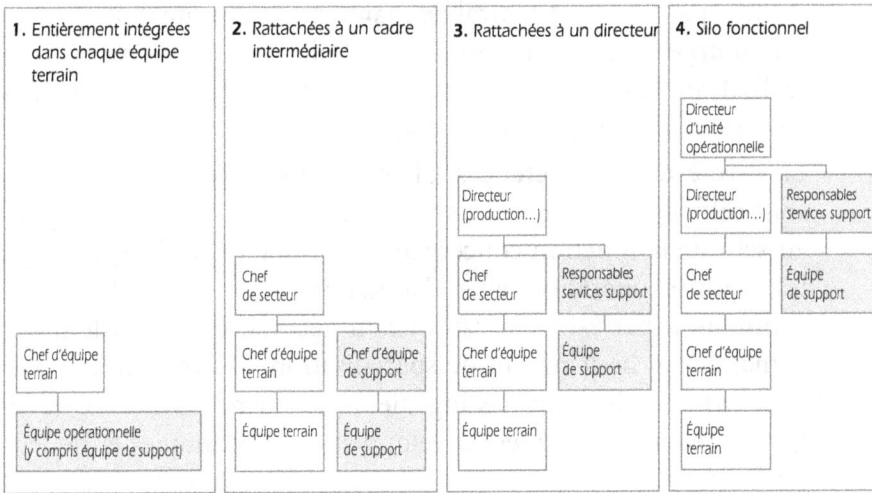

Figure 3.3 Modèle d'organisation des fonctions de support

Comment une entreprise *lean* peut-elle déterminer la meilleure option pour organiser ses ressources fonctionnelles ? Nous avons défini un ensemble de six critères pour aider les responsables à décider s'ils doivent intégrer les unités fonctionnelles aux chaînes de valeur, s'ils doivent les maintenir dans des structures séparées, ou si des options intermédiaires existent :

- **La fréquence d'interaction.** Lorsqu'une équipe opérationnelle interagit fréquemment avec un service fonctionnel pour effectuer des tâches ou pour résoudre des problèmes, il semble logique d'intégrer l'activité concernée dans l'équipe. Si les arrêts non prévus sont fréquents sur une ligne, par exemple, il est préférable de disposer d'une capacité de maintenance réactive au sein de l'équipe de production.

- **L'urgence du besoin.** Lorsque les besoins d'appui fonctionnel peuvent revêtir un caractère d'urgence – parce que le coût d'une machine à l'arrêt est très élevé, par exemple – cet appui doit être assuré, soit au sein de l'équipe opérationnelle, soit par un contrat de qualité de service (*Service Level Agreement*). Une entreprise industrielle a, ainsi, établi un contrat de maintenance pour un équipement exigeant l'intervention de spécialistes. Le contrat stipule que le service central de maintenance du site doit intervenir en urgence et réparer 80 % des défaillances en 15 minutes. La réalisation de ces objectifs fait l'objet, de la part des responsables concernés, d'un suivi et d'un examen réguliers.

- **La rareté des compétences.** Si les compétences indispensables sont difficiles à obtenir, il peut être préférable de les développer au sein de la fonction concernée plutôt que de les intégrer dans les équipes opérationnelles. La maintenance des systèmes de commande, par exemple, est souvent nécessaire sur tout le site et demande un haut niveau de spécialisation. Les techniciens doivent être encadrés par des ingénieurs confirmés, soucieux de les faire accéder aux derniers développements techniques et de leur réserver toute la formation nécessaire. Ils doivent également bénéficier d'incitations spécifiques, qui leur donnent envie de rester dans l'entreprise.

- **Le déploiement efficace des compétences.** Lorsque le nombre d'interventions est insuffisant pour que l'on affecte un technicien fonctionnel à plein temps à une seule équipe opérationnelle, ce dernier pourra être affecté à plusieurs équipes terrain. Dans ce cas, une organisation de type centralisé sera probablement la plus adaptée.

- **L'accès à des équipements partagés.** Si le personnel a besoin d'avoir accès à des ressources coûteuses centralisées (équipements, systèmes ou informations), là encore une organisation en « silos fonctionnels » sera probablement plus efficace pour les activités de support.

- **L'indépendance par rapport au terrain.** Certaines activités fonctionnelles, comme l'audit, l'assurance qualité ou les méthodes, exigent un certain degré d'objectivité et d'indépendance entre le fournisseur et le client internes ; elles sont donc mieux gérées dans une organisation de type fonctionnel.

Lorsque des activités de support sont déployées directement au sein des équipes de terrain, il convient de maintenir des liens étroits, à la fois sur le plan formel et informel, avec la fonction centrale. Ces liens permettront d'assurer les contrôles fonctionnels indispensables et de faciliter l'accès aux ressources centralisées (telles que la base de données des défauts enregistrés dans l'entreprise ; les outils d'analyse des causes profondes utilisés par la maintenance). Ils assureront également que les meilleures pratiques soient mises en commun à travers toute l'organisation.

La plupart des démarches de transformation *lean* ont tendance à concentrer les efforts sur les processus d'assistance les plus évidents, comme la maintenance, en oubliant d'adapter aux nouveaux besoins les processus moins directement visibles.

Prenons le cas des systèmes de suivi des coûts. Si l'on veut que les chefs d'équipe se fassent les moteurs de l'amélioration continue de la productivité du travail, ils doivent avoir l'assurance que ces systèmes sont fiables et suivent avec exactitude les heures travaillées et les coûts dans leur secteur ainsi que les progrès réalisés. Pourtant, les systèmes en question ont probablement plus ou moins bien évolué avec le temps ; et ils peuvent s'avérer inaptes à répondre aux besoins précis d'une transformation *lean*. Les disparités, dans ce domaine, peuvent faire dérailler les efforts des responsables opérationnels.

D'autres processus fonctionnels entrent dans la catégorie des (souvent) oubliés : la gestion de la qualité, la gestion des ressources humaines (gestion prévisionnelle, plans d'affectation, suivi des présences, congés, absences maladie) et la configuration des systèmes informatiques. Chacun devrait pourtant être reconçu pour satisfaire le système opérationnel *lean* et favoriser l'efficience de la production. S'ils veulent que l'activité devienne stable et performante, les managers devront apporter à ces questions autant d'attention qu'à la recherche du Takt le mieux adapté.

Beaucoup de dirigeants vivent l'adaptation aux nouveaux modes de travail comme un véritable défi. Nous allons voir dans le prochain chapitre que cette approche exige, il est vrai, qu'ils adoptent un nouvel état d'esprit et revoient la façon dont ils conçoivent leur rôle.

Chapitre 4

La culture, ou l'état d'esprit et les comportements du personnel

■ La culture de l'entreprise, c'est-à-dire l'état d'esprit et les comportements des salariés, peut renforcer les systèmes formels… ou les déstabiliser.

■ L'état d'esprit et les comportements constitutifs du *lean* vont souvent à contre-courant des idées en vigueur dans beaucoup d'entreprises.

■ Chaque système opérationnel nécessite une culture d'entreprise spécifique.

Même le meilleur système opérationnel, complété par le système de management le mieux adapté, ne produira pas les résultats escomptés si les salariés n'adoptent pas les comportements requis pour le soutenir pleinement. Certes, il est indispensable de mettre en place les systèmes, structures et processus adaptés, mais cela reste insuffisant pour que le changement perdure. Dans toute transformation *lean*, la manière d'agir et de réagir des individus doit évoluer. Tout le monde, à tous les niveaux de l'organisation, a un rôle actif à jouer et doit s'impliquer dans la réussite du projet.

Pour nous, l'expression « état d'esprit et comportements » recouvre la façon de penser et la façon d'agir de chaque individu ainsi que les interactions entre ces deux activités. La motivation humaine n'est jamais une affaire simple : chacune de nos actions subit l'influence d'une multiplicité d'opinions, de dispositions psychologiques, d'aspirations et de valeurs, lesquelles déterminent nos réactions et la façon dont nous répondons aux défis qui se présentent.

Pour les dirigeants, c'est un terrain miné. Car si les comportements peuvent être observés, c'est rarement le cas pour les états d'esprit. Si je vous dis quelle est ma disposition d'esprit vis-à-vis d'un problème, pouvez-vous me croire sur parole ? Est-ce que je vous dis la vérité ? Et suis-je seulement capable d'exprimer quelle est vraiment mon opinion ? Quant aux liens entre états d'esprit et comportements, ils ne sont ni transparents ni prévisibles.

Pour ce qui est des comportements, une chose est sûre : il ne suffit pas de dire aux gens ce qu'ils doivent faire pour qu'ils le fassent. Pensez à ce que vous allez ressentir si l'on vous donne un travail sans vous dire ni comment ni pourquoi le faire. Recevoir un ordre a un effet coercitif – on le reçoit comme un affront à son autonomie. Certes, la majorité des personnes vont faire ce qui leur est prescrit, mais sans doute avec un certain ressentiment qui ne les prédisposera pas à coopérer la fois suivante.

Mode de communication efficace lorsqu'il y a danger, « Attention à la voiture ! », un ordre suppose à la fois que, des deux côtés, on comprenne la situation de manière identique et que l'on ait la volonté de s'y conformer. Si vous voyez un véhicule arriver sur vous et réalisez que l'ordre est destiné à protéger votre vie, vous obéissez. De même, nous sommes plus enclins à suivre des instructions si nous pensons en tirer un certain avantage ; dans le cas contraire, ou si nous estimons que cela pourrait nous nuire, nous les ignorons ou allons jusqu'à faire de la résistance.

Pour compliquer encore les choses, les différents membres d'un groupe peuvent adopter un comportement identique pour des raisons tout à fait différentes. Observons ce manager : il entend démarrer une action d'amélioration et demande aux quatre membres de son équipe de remplir un simple questionnaire en notant tout au long de la journée les progrès réalisés et les problèmes éventuellement rencontrés. Ses instructions sont claires et il s'assure que ses collaborateurs ont les moyens et ressources nécessaires pour y répondre. Pourtant, aucun d'entre eux ne le fait. Pourquoi ?

L'un des membres de l'équipe estime que l'action d'amélioration n'est qu'une de ces lubies du management qui, comme les précédentes, finira aux oubliettes dans quelques semaines. Un autre est en conflit personnel avec le chef de service et saisit cette occasion de lui résister. Le troisième s'inquiète des effets du changement pour son propre travail. Quant au quatrième, conscient des réticences de ses trois collègues, il se range de leur côté par solidarité. Voici donc quatre états d'esprit fort différents, qui aboutissent à un même comportement.

Que nous suggère cet exemple ? Tout d'abord, que l'on ne peut pas découvrir les véritables motivations de quelqu'un en se contentant d'observer son comportement. On peut, bien entendu, lui demander également d'essayer de les expliquer, mais il est probable que la réponse obtenue ne sera toujours pas exacte. En second lieu, qu'il est préférable d'accepter, au départ, une certaine ignorance et de se rappeler qu'il vaut mieux ne pas généraliser, car il existe toute une variété de motivations possibles. Troisièmement, que les comportements se modifient souvent, même sans stimulus apparent, notamment dans l'environnement évolutif d'un programme de transformation.

Parce qu'ils croient que les changements de comportement peuvent être imposés, beaucoup de managers attendent de leurs subordonnés qu'ils se plient de façon automatique à leurs demandes et obéissent sans discuter. Mais pourquoi ces derniers *devraient-ils* accepter si on ne leur donne aucune raison ni explication ? La responsabilité du manager n'est pas d'imposer ses vues, mais de favoriser l'émergence d'objectifs communs.

Ce chapitre est consacré à ce que l'on pourrait appeler « l'état d'esprit constitutif du *lean* ». Il décrit comment celui-ci s'exprime à travers un nouveau type de comportements ; et comment une entreprise qui veut réussir sa transformation doit adapter sa culture à son nouveau système opérationnel *lean*. Les études de cas qui émaillent ce chapitre corroborent ce point de vue.

L'état d'esprit *lean*

Pour penser, ou repenser, l'entreprise de manière *lean,* il faut prendre le client pour point de départ et remonter toute la chaîne de valeur vers l'amont, en mettant l'étiquette « gaspillage » sur toutes les activités qui n'apportent pas de valeur au client[6]. La finalité d'une organisation *lean* est de travailler à fournir la valeur au client, dans les délais les plus courts possibles et en pourchassant sans relâche toutes les sources de gaspillage. Il existe un « état d'esprit *lean* » commun à toutes les entreprises *lean.* Celui-ci se compose en particulier de cinq grandes idées, qui prennent souvent à contre-pied les idées régnant dans beaucoup d'entreprises traditionnelles.

Arrêtons de penser « grand » ! Pensons « petit et flexible »

L'un des buts d'une transformation *lean* est de réduire fortement les délais afin que l'entreprise puisse répondre plus rapidement aux demandes de ses clients, même et surtout lorsque celles-ci évoluent. Cela implique de revoir la conception des principaux processus et des structures d'organisation, de façon à créer des flux. Une telle approche met à mal le sacro-saint principe des économies d'échelle, qui reste largement répandu et consiste à baisser le coût de revient unitaire des produits en utilisant des équipements, généralement coûteux, pour traiter des lots de grande taille.

L'état d'esprit *lean* permet d'aborder les problèmes courants avec une nouvelle optique. Examinons l'embarquement des passagers dans un aéroport, lorsqu'il n'y a pas de passerelle d'accès direct. D'énormes bus transfèrent les passagers par « fournées » depuis le terminal jusqu'aux appareils. On attend dans les salles d'embarquement que le bus arrive, on attend ensuite que le bus soit rempli, enfin, on patiente en file sur le tarmac pour accéder à l'avion. Le système opérationnel, dans ce cas, se caractérise plus par les temps d'immobilité que par la fluidité.

Comment prendre en charge le problème de la frustration des passagers dans un esprit *lean* ? On peut augmenter le nombre de navettes en les effectuant sur des bus plus petits, ce qui réduira automatiquement le temps d'attente des passagers. Bien sûr, cela nécessitera de chercher des améliorations afin de minimiser les investissements supplémentaires et d'éviter une hausse des charges salariales, mais grâce à un meilleur service, la valeur pour les clients augmentera considérablement.

C'est sur le terrain que se crée la valeur

Lorsque vous allez au supermarché, vous espérez trouver rapidement de bons produits et payer à la caisse sans faire la queue trop longtemps. Si vous cherchez un produit, vous voulez qu'un employé soit disponible pour vous renseigner avec amabilité. En tant que client, vous vous souciez peu de savoir, en revanche, combien de livraisons le supermarché a reçues pendant la nuit, quels programmes de formation les salariés ont suivis ou quels indicateurs de gestion le directeur du magasin utilise. Sans doute tous ces éléments sont-ils nécessaires pour que le supermarché vous fournisse la valeur que vous attendez, mais ils ne font pas partie de votre expérience d'acheteur, ni de la perception que vous avez de la valeur fournie. La réflexion qui précède peut paraître évidente, mais les entreprises ont souvent du mal à en accepter les conséquences : les managers peuvent avoir à adapter leur rôle et à revoir la répartition de leur temps entre différentes tâches afin d'assurer que, sur le terrain, les activités s'effectuent sans heurt et en apportant aux clients la valeur qu'ils attendent.

Chacun dans l'entreprise doit comprendre comment ses actions contribuent aux objectifs économiques

Prenons l'exemple d'une entreprise qui a toujours fonctionné en recourant à un nombre important d'heures supplémentaires. En cas de chute de son activité, elle voudra supprimer cet excédent de capacité qui lui coûte cher. Pour que les salariés l'acceptent, alors qu'ils avaient l'habitude de compter sur un complément de revenu, il faudra qu'elle leur donne des explications pour leur permettre de comprendre les raisons économiques. Il sera bon, également, de leur offrir une compensation concrète, comme la sécurité de l'emploi.

Les dirigeants doivent jouer la transparence lorsqu'ils expliquent qu'il est nécessaire de réaliser des changements, car en le faisant ils peuvent gagner la confiance du personnel et permettre une harmonisation entre les intérêts des individus et ceux de l'entreprise. Une telle harmonisation est essentielle pour voir un état d'esprit *lean* se développer chez les collaborateurs et les inciter à endosser les responsabilités supplémentaires qu'un système *lean* exige d'eux.

Il faut traiter les causes profondes des problèmes et pas simplement les symptômes

Dans un système opérationnel instable, comme nous l'avons vu, le personnel passe la majeure partie de son temps à réagir face aux problèmes qui surviennent. Cela en fait d'habiles « pompiers », qui se voient récompensés pour leur réactivité ; et cette façon de fonctionner devient partie intégrante de la culture de l'entreprise. Dans un environnement *lean*, au contraire, les problèmes ne sont plus tolérés. La pensée *lean* stigmatise l'instabilité. Toute source de perte de valeur est traquée sans relâche jusqu'à ses causes les plus profondes et des mesures de reconfiguration sont prises pour empêcher qu'elle ne se renouvelle.

Chez Toyota, les problèmes doivent être mis à jour aussi rapidement que possible afin de trouver une solution sur-le-champ. Les opérateurs ont l'obligation d'arrêter toute la chaîne de production sur laquelle ils travaillent dès qu'ils détectent un défaut. La production ne reprend que lorsque les causes profondes ont été trouvées et résolues.

Un problème représente une opportunité d'amélioration plutôt qu'une raison de faire des reproches

Un système de type punitif devient vite répressif et génère rébellion et subversion. Les enfants que l'on humilie lorsqu'ils admettent leurs erreurs apprennent vite qu'il est plus prudent de garder le silence et de feindre que rien ne s'est produit. Les réactions sont plus ou moins similaires sur le lieu de travail. Si, pour faire un exemple, quelqu'un reçoit un blâme public parce qu'il a commis une erreur, les autres collaborateurs préféreront faire le gros dos et ne plus prendre d'initiatives. Pire encore, ils risquent de cacher les difficultés et d'enjoliver la réalité. Toute recherche active pour identifier et résoudre les problèmes dès leur apparition deviendra alors impossible. C'est une culture de la dénégation qui sera créée, où chacun cherche à se disculper, adopte une attitude de distance par rapport à son travail et se garde de contribuer à la recherche d'améliorations.

En s'attaquant systématiquement aux sources de gaspillages dans l'entreprise, le programme d'amélioration *lean* fait inévitablement ressortir des problèmes jusque-là ignorés. Le défi consiste à encourager leur révélation systématique et rapide, puis à trouver les solutions appropriées.

Les comportements *lean*

De nouveaux états d'esprit entraînent de nouveaux comportements. Comme l'indique la figure 4.1, dans une entreprise où les principes *lean* ont été adoptés et intégrés aux modes de pensée internes, les collaborateurs vont agir de façon différente des autres entreprises à au moins cinq titres.

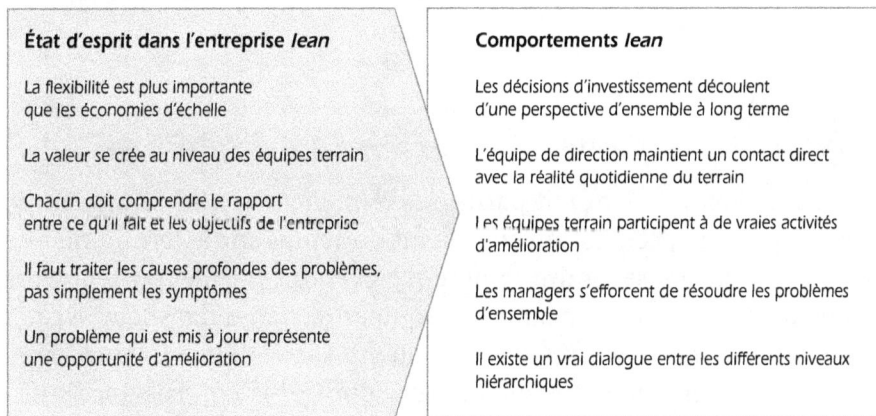

État d'esprit dans l'entreprise *lean*	Comportements *lean*
La flexibilité est plus importante que les économies d'échelle	Les décisions d'investissement découlent d'une perspective d'ensemble à long terme
La valeur se crée au niveau des équipes terrain	L'équipe de direction maintient un contact direct avec la réalité quotidienne du terrain
Chacun doit comprendre le rapport entre ce qu'il fait et les objectifs de l'entreprise	Les équipes terrain participent à de vraies activités d'amélioration
Il faut traiter les causes profondes des problèmes, pas simplement les symptômes	Les managers s'efforcent de résoudre les problèmes d'ensemble
Un problème qui est mis à jour représente une opportunité d'amélioration	Il existe un vrai dialogue entre les différents niveaux hiérarchiques

Figure 4.1
Comment l'état d'esprit oriente les comportements

Les décisions d'investissement découlent d'une perspective d'ensemble à long terme

Beaucoup de directeurs d'usine sont fiers de montrer à leurs visiteurs leur machine la plus récente et la plus perfectionnée. Comme ingénieurs, ils sont en effet portés à s'intéresser à la technologie. En outre, la plupart considèrent qu'investissement et amélioration sont quasiment synonymes. Les responsables qui effectuent des visites de *benchmarking* dans les usines *lean* au Japon sont souvent étonnés de constater que la majeure partie des équipements sont relativement anciens. Ils ne s'aperçoivent pas toujours que ces machines sont parfaitement adaptées à leur usage et en outre très bien entretenues.

Dans une organisation *lean,* les managers adoptent une perspective d'ensemble qui détermine leurs priorités et leurs décisions d'investissement. Ils se posent des questions telles que : que pouvons-nous faire pour obtenir davantage de nos moyens existants, au lieu d'investir dans des capacités de production supplémentaires ? Quels investissements spécifiques devons-nous réaliser pour fluidifier nos opérations ? Les dirigeants des autres entreprises accordent souvent trop d'importance au rôle de la technologie pour améliorer la performance. Mais, une fois qu'ils ont réalisé combien la flexibilité peut leur apporter des avantages plus importants que les économies d'échelle, ils n'hésitent pas à changer leurs priorités.

L'équipe de direction maintient le contact avec la réalité quotidienne du terrain

L'interface avec le client fait partie des éléments essentiels à améliorer. Dans la pratique, ce n'est qu'en passant du temps sur le terrain que les dirigeants peuvent se rendre compte si les actions prévues portent leurs fruits. Ils doivent accompagner les équipes de vente dans leurs visites clients ou travailler auprès des opérateurs sur les lignes. Cette expérience directe est seule capable de leur apporter la connaissance suffisante du terrain pour que les décisions qu'ils prennent soient adaptées.

Chez un grand opérateur de télécommunications, une équipe s'efforçait d'améliorer les interventions de dépannage qui étaient loin de donner satisfaction aux clients. Elle s'avisa qu'elle devait sortir de ses bureaux pour constater comment cela se passait concrètement. Comme l'expliqua l'un des responsables : « Nous avions toujours cherché à résoudre les problèmes "en chambre", sans nous déplacer. Nous avions des bases de données avec des chiffres à foison, mais nous nous sommes rendu compte que les choses les plus importantes pouvaient être qualitatives. En accompagnant un technicien de dépannage sur le terrain pendant une journée entière, nous avons pu mettre le doigt sur les causes réelles des dysfonctionnements. Désormais, nous avons des structures et des procédures qui obligent nos responsables à passer du temps sur le terrain régulièrement. "Aller voir" est devenu l'un des principes de notre culture de management. »

Les équipes de terrain participent concrètement à des activités d'amélioration

Bien des salariés sur le terrain répètent chaque jour les mêmes tâches, ressentent les mêmes frustrations et obtiennent les mêmes résultats. Cette expérience quotidienne du travail est précisément ce qui leur donne une bonne connaissance des problèmes et, le plus souvent, d'excellentes idées pour les résoudre. Le *lean* cherche à faire le lien entre, d'un côté, les motivations et les idées inexploitées du personnel et, de l'autre, les objectifs globaux d'amélioration de la performance économique de l'entreprise sur le long terme. L'amélioration continue ne doit pas rester l'apanage du seul management.

Dans une entreprise *lean*, chacun sait ce qu'il ou elle doit faire et comprend que les efforts de chacun contribuent à la réussite de l'ensemble. Les activités d'amélioration se propagent à travers toute l'organisation, du haut jusqu'en bas. À ce sujet, une entreprise que nous connaissons a pour slogan interne : « Chacun a deux métiers : faire son travail et améliorer son travail ». Comment savoir si une entreprise pratique vraiment le progrès continu ? Il existe un test imparable : vérifier que chaque collaborateur de terrain est concrètement engagé dans des activités destinées à améliorer la performance.

Les managers s'efforcent de résoudre les problèmes d'ensemble

Les responsables doivent non seulement s'efforcer de comprendre quels problèmes les collaborateurs de terrain rencontrent pour créer la valeur pour les clients, mais également assumer la responsabilité de trouver et mettre en place des solutions au niveau des systèmes. Lorsque l'opérateur de télécoms cité plus haut a examiné comment étaient traitées les demandes dans son centre d'appel, il a constaté que seuls deux collaborateurs sur neuf suivaient la procédure préconisée et appelaient les clients lorsqu'une défaillance particulière était diagnostiquée. Ce manquement aux règles ne relevait pas de problèmes à résoudre sur le terrain, mais de questions systémiques exigeant l'intervention du management. Il fallait, en effet, reconsidérer la formation des opérateurs du centre d'appel et, éventuellement, leur recrutement. Sans cela, les équipes sur le terrain allaient continuer à remplir des papiers à propos des défaillances, mais les clients n'en seraient toujours pas avertis. Dans une entreprise *lean*, les managers sont conscients d'avoir la responsabilité de s'attaquer aux insuffisances des systèmes et de l'infrastructure, qui freinent voire empêchent leurs collaborateurs de produire ce qu'attendent les clients.

Un vrai dialogue existe entre les différents niveaux hiérarchiques

Dans les organisations où blâmer et punir font partie de la culture, les salariés se gardent bien de dire quoi que ce soit qui risquerait de « déplaire au chef », par peur d'éventuelles représailles. Les effets d'une telle attitude sont insidieux. La responsable d'un point de vente nous a expliqué qu'elle avait pris l'habitude de se taire lorsque de nouvelles mesures étaient annoncées, depuis qu'on lui avait appliqué l'étiquette de contestataire pour avoir exprimé un certain nombre de préoccupations. Elle trouvait donc plus efficace d'attendre tout simplement que les nouvelles mesures échouent d'elles-mêmes. Dans une entreprise *lean*, au contraire, on peut aux différents niveaux de la hiérarchie parler librement des problèmes rencontrés et dire ce que l'on en pense vraiment, car la responsabilité de les résoudre incombe à tout le monde.

Adapter la culture au nouveau système opérationnel

Les façons de penser et de se comporter que nous venons de décrire sont typiques d'un environnement *lean*. Toute entreprise mettant en œuvre une transformation *lean* doit aborder ces aspects dans le détail et décider quels états d'esprit et quels comportements précis il lui faut promouvoir pour soutenir efficacement son nouveau système opérationnel. Elle doit s'assurer également que ses cadres dirigeants appliquent eux-mêmes, systématiquement, les nouvelles façons de penser et d'agir afin d'encourager leur respect par l'ensemble des collaborateurs.

L'exemple des dirigeants donne le « la » dans une entreprise. Si, par exemple, un programme de réduction des coûts est lancé, la direction devra probablement renoncer à voyager en première classe et à descendre dans des hôtels cinq étoiles. Cette règle se vérifie régulièrement : les comportements des cadres dirigeants, à la fois individuellement et en tant qu'équipe, sont reproduits à tous les niveaux de l'entreprise.

Chez un fabricant de composants électroniques, invoquant des circonstances exceptionnelles, le directeur général et le directeur technique avaient décidé de faire l'impasse sur plusieurs contrôles qualité pour la réalisation d'un contrat important pour un nouveau client. Le message ainsi envoyé à l'ensemble du personnel fut d'autant plus négatif que ces deux dirigeants avaient la responsabilité personnelle de mettre en œuvre un nouveau processus destiné à améliorer le suivi des grands projets d'ingénierie.

Dans la division anglaise d'un constructeur d'équipements lourds, la direction avait annoncé un grand programme pour remettre à niveau la fiabilité des livraisons et la qualité, tout en réduisant les coûts. Le système opérationnel et le système de management furent remodelés, puis la mise en œuvre fut démarrée dans deux secteurs pilotes.

Au bout de six semaines, les progrès étaient encourageants : délais de production réduits et respect des programmes amélioré de 60 %. Mais le projet s'essouffla rapidement, notamment à cause de la lenteur du travail sur les systèmes de management centraux et du peu d'enthousiasme rencontré pour généraliser le nouveau système de production à l'ensemble du site.

Décidant d'examiner les problèmes de comportement au sein de l'organisation, l'entreprise découvrit bientôt les raisons fondamentales des problèmes rencontrés. Du côté des managers, les décisions étaient prises mais rarement appliquées, en partie parce qu'ils n'allaient pas voir les opérateurs et les agents de maîtrise dans les ateliers ; ce qui excluait toute possibilité de préciser et de résoudre les problèmes avec eux.

Plus encore, la méfiance était de règle au sein de la direction. Les plus seniors invoquaient le carriérisme des plus jeunes et leur désintérêt pour l'avenir de l'entreprise ; quant à ces derniers, ils critiquaient leurs aînés pour leur conservatisme. Au lieu de prendre les décisions ensemble et de manière ouverte lors des réunions formelles, les managers préféraient les contacts personnels avec le directeur général. Le même processus se retrouvait dans les ateliers : aucune collaboration entre les équipes de production pour résoudre leurs problèmes communs.

Le comportement des cadres dirigeants constituait donc, même si c'était involontaire, un modèle que chacun suivait. L'encadrement intermédiaire souffrait d'isolement et les opérateurs se contentaient d'exécuter les ordres. L'équipe de direction dut commencer par réfléchir à son propre fonctionnement, pour prendre conscience de l'impact qu'il avait. Ensuite, seulement, il lui fut possible de commencer à donner l'exemple des nouveaux comportements qu'elle voulait voir adopter, afin de réussir la mise en œuvre du programme de changement et de résoudre les conflits au sein de l'entreprise.

Deux qualités, notamment, sont caractéristiques du comportement du personnel dans une entreprise *lean* : la discipline et l'esprit de coopération.

Système opérationnel	Système de management	État d'esprit et comportements
Changements d'outil rapides	Maintenance intégrée aux responsabilités du chef d'équipe	Une grande discipline permet que les règles soient respectées
Calcul des niveaux adéquats pour déclencher la production et décider la taille des lots à produire	Suivi du niveau des stocks comme facteur clé de performance de la livraison	Avoir confiance (dans le système et les comportements) permet d'attendre le signal du processus aval
Normes visuelles claires pour les opérateurs	Réorganisation du soutien de la maintenance pour assurer la fiabilité de la ligne	Il est possible de discuter avec le chef d'équipe pour aborder tout problème ou difficulté
Production lissée		

Figure 4.2 Exemple du rôle joué par la culture, c'est-à-dire l'état d'esprit et les comportements

Nous avons vu plus haut comment un système *kanban* pouvait être utilisé pour mettre en œuvre des changements d'outils rapides, des niveaux de lancement de production et des tailles de lots appropriés, des standards de management visuel clairs et une production lissée. Mais pour que ce système fonctionne bien, il faut que les acteurs fassent preuve de discipline et respectent les règles du système, comme le montre la figure 4.2. Les opérateurs ne doivent pas produire des pièces trop tôt ; ils doivent faire confiance à leurs collègues et attendre les signaux de déclenchement transmis par les processus aval. Ils doivent discuter des problèmes dès leur apparition avec les chefs d'équipe, afin de les résoudre rapidement et d'éviter qu'ils ne mettent en péril la stabilité du système.

Coopérer est tout aussi important. L'esprit de coopération concerne à la fois les relations internes au sein des équipes et des services et la façon dont les différentes fonctions travaillent ensemble. Obtenir des fonctions qu'elles collaborent et tendent vers un but commun peut s'avérer une tâche ardue, particulièrement si ces fonctions ont adopté des cultures et des objectifs différents, voire contradictoires. La plupart des fonctions sont, en effet, plus à même d'optimiser leur propre rôle au sein de l'entreprise que de repenser le fonctionnement du système dans son ensemble.

Prenons le cas d'une usine fabriquant de l'appareillage électrique. Mis à part quelques produits standard, la plupart sont conçus sur mesure. Les équipes chargées des études et de la production font partie de services séparés. Jusqu'à présent, le bureau d'études s'est efforcé d'optimiser ses ressources et ses compétences propres, sans se soucier des besoins et contraintes de la production. Cela a abouti à une production en dents de scie et à des goulots d'étranglement qui retardent les livraisons aux clients. L'isolement du bureau d'études a créé encore d'autres problèmes pour la production : par exemple, les opérateurs ne sont souvent pas au courant des mises à jour des schémas d'assemblage de référence.

Dans le cadre d'un programme de transformation *lean*, l'usine décide d'intégrer la planification et l'ordonnancement de la production au stade de la conception, afin d'obliger le bureau d'études à tenir compte des contraintes de la production. Il ne s'agit pas seulement de réaliser un changement organisationnel, mais d'imposer une évolution des mentalités et des comportements dans les deux fonctions concernées : chacune doit d'abord faire l'effort de comprendre comment l'autre travaille, puis s'habituer à échanger les informations nécessaires et à se rencontrer pour résoudre les éventuelles difficultés.

Nous allons terminer ce chapitre par un cas montrant comment une entreprise de la grande distribution a découvert, lors du lancement d'un nouveau système opérationnel *lean,* que faire évoluer les mentalités et les comportements était plus important, et plus compliqué, que ce qu'elle avait imaginé.

Rompre le cercle vicieux des problèmes opérationnels

Ce distributeur d'envergure européenne possède un vaste réseau de magasins qui vendent une large gamme de produits. Avant le lancement du programme de changement, ses magasins étaient constamment remplis de visiteurs, mais moins de la moitié d'entre eux y réalisaient des achats. La société a découvert que les visiteurs les plus fidèles avaient tendance à entrer sans intention d'achat et que de nombreuses personnes venaient essentiellement dans l'espoir de trouver des affaires.

Ces dernières années, l'entreprise a eu recours à de nombreuses promotions pour stimuler ses ventes. Cette politique a débouché de manière subsidiaire sur une accumulation des stocks d'invendus provenant des promotions, ce qui a aggravé les problèmes opérationnels. Par ailleurs, la disponibilité des produits s'avère faible : en moyenne, seulement 70 % des produits annoncés sont réellement disponibles en rayon.

Plutôt que de laisser vides les emplacements des produits manquants, le personnel chargé du réapprovisionnement y installe d'autres marchandises. Ainsi, les rayons des magasins ressemblent-ils fort peu aux plans préparés par les services centraux. Cette pratique soulève une autre question : comment évaluer le succès réel d'un produit ? Si les chiffres révèlent qu'il se vend bien dans un magasin particulier, est-ce dû à son attrait naturel ou à une mise en rayon plus importante ? La gestion des approvisionnements souffre également de cette situation, car la non-application des standards de réapprovisionnement définis en central implique que les niveaux de stock ne sont plus fiables.

Au niveau opérationnel, les besoins sont clairs : se débarrasser des invendus, gérer les réserves de façon efficace et améliorer la disponibilité des produits. Ce qui nécessite tant un meilleur système de management que la remise en cause de comportements bien ancrés. Avant de pouvoir, par exemple, améliorer la disponibilité des produits, le siège doit disposer d'un état précis des produits manquants. Cela implique que, pendant quelques mois, les magasins vont laisser certains emplacements vides dans les rayons. Cette perspective inquiète le personnel. Pour qu'il sache résister à la tentation de remplir les rayonnages vides, il faut qu'il puisse comprendre la situation, qu'il fasse preuve de discipline et que son état d'esprit et ses comportements changent radicalement.

Le programme de changement démarre par un diagnostic. Celui-ci montre que la « communication » entre les fonctions du siège, chargées de définir les plans de mise en rayon, et les directeurs des magasins, chargés de transmettre ces plans aux équipes des rayons, est défectueuse. Le siège a perdu tout contact avec la réalité des pratiques dans les magasins et les magasins perçoivent ses plans comme irréalistes.

Trois phases vont donc structurer la transformation. D'abord, mettre à niveau le système de planification en améliorant l'efficacité du système de recueil de données par les services du siège et en s'assurant que les indicateurs clés de l'activité reflètent bien la réalité. En second lieu, utiliser des standards magasins pour améliorer le respect des plans. Troisièmement, garantir que le nouveau système fasse partie intégrante de la culture de l'entreprise.

Pour commencer, l'entreprise réalise une analyse complète des questions en jeu. Notamment, quel est le niveau réel de disponibilité en rayons et pour quelles raisons des produits sont-ils souvent manquants ? Dans certains cas, les produits sont disponibles en réserve, mais n'ont pas été mis en rayon parce que, livrés en retard, leur place a été utilisée pour d'autres produits. Dans d'autres cas, les produits sont en rupture car le système de gestion des stocks n'a pas effectué les réassorts nécessaires en fonction des ventes.

L'étape suivante consiste à développer des solutions et à les tester dans six magasins représentatifs de l'ensemble de la chaîne. Un certain nombre de processus simples sont conçus, tels que l'utilisation d'étiquettes de couleur pour identifier les emplacements temporairement remplis avec des produits de remplacement. Ce dispositif est destiné à rappeler au personnel de mettre le produit initial en rayon, dès qu'il redevient disponible.

Cependant, des tests démontrent vite que même des solutions aussi faciles à mettre en œuvre ne sont plus appliquées au bout de quelque temps et que les problèmes réapparaissent. L'équipe chargée du projet de changement découvre que les chefs de secteur et les cadres du siège ne passent pas suffisamment de temps dans les magasins pour pouvoir comprendre les problèmes de systèmes qu'ils ont la charge de résoudre. En règle générale, les cadres dirigeants ne donnent pas le bon exemple.

Les directeurs de magasin continuent à demander ce qui a toujours été fait, c'est-à-dire de remplir les rayons plutôt que de les laisser dégarnis lorsqu'un produit manque. Quant aux employés, ils n'apprécient guère la logique sous-tendant les nouveaux modes opératoires : ils ne trouvent pas normal de laisser vide une étagère ou un emplacement de vente. N'ayant pas compris le but recherché, ils n'ont aucune motivation à changer leurs habitudes de travail.

Outre cette incompréhension, il existe un autre obstacle de taille. Le système d'intéressement aux ventes des magasins est basé uniquement sur le chiffre d'affaires et la marge. Or, on a demandé au personnel des magasins pilotes d'appliquer les nouvelles méthodes tout en sachant que, même si elles doivent améliorer la disponibilité des produits, et donc les ventes à plus long terme, ces méthodes risquent de réduire à court terme l'activité (des produits moins nombreux étant disponibles en rayons). Avec un système d'intéressement en contradiction directe avec les nouveaux comportements demandés aux membres du personnel, comment s'étonner que ces derniers continuent de travailler comme avant ?

Prenant conscience de ces problèmes, l'équipe de pilotage met en place les mesures nécessaires pour pérenniser le changement. Elle prépare notamment une simple fiche à l'usage des cadres dirigeants pour leur rappeler comment agir, lors de leurs visites dans les magasins, pour faire accepter les nouveaux processus. Cette fiche stipule de convenir, dès le départ, des objectifs de leur visite, puis de laisser le responsable du magasin la mener, en respectant le déroulement et l'horaire définis. Les dirigeants ont pour autre consigne de passer du temps avec le personnel de vente et de recueillir son avis.

Ils sont en revanche invités à ne pas discuter directement devant l'équipe du magasin des problèmes qu'ils ont éventuellement pu noter, sauf si ces problèmes sont particulièrement graves. Ils doivent plutôt en parler seul à seul avec le directeur du magasin. Le but : éviter d'affaiblir l'autorité de ce dernier auprès de son équipe et lui permettre de continuer à servir de modèle. Pour conforter ce nouvel équilibre des forces entre le siège et les directeurs de magasin, l'équipe de pilotage met en place un système de parrainage grâce auquel chaque responsable de magasin se voit attribuer un *coach* au siège (un directeur de service) pour discuter avec lui de ses problèmes et trouver le soutien dont il a besoin. Cette méthode, à la fois naturelle et efficace, permet de restaurer la relation des responsables de services centraux avec la réalité du terrain.

Au cours de la mise en œuvre du projet, l'entreprise réalise rapidement que sa formule d'intéressement aux ventes est inadéquate. Elle la remplace par un audit hebdomadaire sur le respect des nouveaux processus par les points de vente. Cet audit a, certes, pour but principal d'aider les responsables de magasin à identifier les domaines nécessitant une attention particulière, il permet en outre de faire le lien avec les systèmes de motivation en attribuant un score de « respect des normes et processus nouveaux ». Paradoxalement, il en résulte une série de nouveaux problèmes, car cela instaure une nouvelle concurrence entre magasins, qui présente le risque d'envoyer aux oubliettes les efforts de discipline.

Comme ce cas l'illustre sans équivoque, les efforts nécessaires pour obtenir des changements comportementaux sont souvent sous-estimés. Les dirigeants peuvent éviter un certain nombre des pièges qui guettent tout effort de transformation en s'assurant que, dès le démarrage du programme, l'évolution des états d'esprit et des comportements fait l'objet d'une attention au moins aussi soutenue que la mise au point du nouveau système opérationnel et du système de management qui l'accompagne.

Dans la première partie de ce livre, nous avons exploré les différents aspects du paysage *lean* en général. Dans la seconde partie, nous vous convions à suivre le parcours vers le *lean* d'Arboria. Ce constructeur d'électroménager est certes fictif, mais son aventure n'en est pas moins réaliste car ce que nous décrivons découle de nos multiples expériences…

L'AVENTURE *LEAN*

Chapitre 5

Décider
d'entreprendre le voyage

- Toute transformation opérationnelle doit répondre à un besoin économique réel.
- Les dirigeants ne doivent décider d'agir qu'après mûre réflexion, en ayant pris la mesure des enjeux et des risques.
- Il faut planifier avec soin les premières étapes de l'itinéraire.

Au fil des cinq prochains chapitres, vous allez suivre l'entreprise Arboria dans ses pérégrinations vers le *lean*. Comme la plupart des organisations qui s'engagent sur cette voie, Arboria ne possède aucune expérience des principes *lean* et doit faire face à un ensemble de défis pour améliorer sa performance opérationnelle.

Un leader du marché sous pression

Arboria est un fabricant d'électroménager haut de gamme : robots et mixers, cafetières électriques, grille-pain et bouilloires. Son chiffre d'affaires avoisine les 450 millions d'euros et il emploie quelque 3 000 personnes réparties dans trois usines, en Italie, en Allemagne et au Royaume-Uni. Son usine française a fermé au cours de la récession du début des années 1990. Situé à la périphérie de Bruxelles, son siège social est modeste ; quant à son service d'études et de développement, il jouxte son site de production italien.

Au milieu des années 1990, alors que le secteur du petit équipement domestique connaissait une vague de concentration, l'entreprise a été rachetée par un fabricant américain. Celui-ci cherchait à la fois à prendre pied sur le marché européen pour y vendre ses propres produits et à récupérer une gamme de modèles de petit gabarit pour accéder aux marchés asiatiques en forte croissance de la Chine et de l'Inde. Pendant plusieurs années, le nouveau propriétaire a laissé une large autonomie de gestion à Arboria. Plus récemment, il a cependant commencé à faire pression sur l'équipe dirigeante pour qu'elle développe l'activité et augmente la rentabilité des capitaux investis (ROCE).

Il y a six ans, Bruno Fontana est devenu PDG d'Arboria (voir la figure 5.1). C'est un Italien dynamique, qui travaille depuis plus de vingt ans dans l'entreprise et a fait la majeure partie de sa carrière au service commercial. Il a un bon palmarès de dirigeant capable d'anticiper les changements importants du secteur et de repositionner les activités en conséquence. Outre cette faculté d'anticipation, Bruno a la réputation d'être plutôt affectif et assez imprévisible. Il peut être tout à la fois enthousiasmant et intimidant.

Ces trois dernières années, conformément à l'objectif fixé par Bruno, la proportion de nouveaux produits dans les ventes a doublé. Le dirigeant, qui avait remarqué que les produits Arboria commençaient à devenir un peu désuets, a promu au poste de directeur des études un cadre prometteur, en lui donnant pour objectif de rationaliser et de rajeunir la gamme. L'entreprise a lancé une nouvelle ligne d'appareils, dont les couleurs vives rompaient avec les traditionnels produits blancs, et a commencé à développer des centrifugeuses pour le segment des consommateurs soucieux de leur santé.

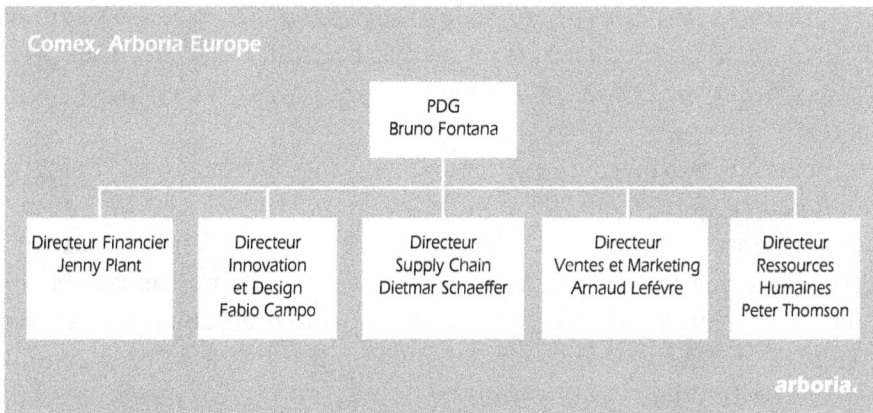

Figure 5.1 Comité exécutif, Arboria Europe

Bruno a été ravi de cette révision, qui a permis de refocaliser le bureau d'études sur les besoins des clients. Quelques-uns des nouveaux produits ont reçu une récompense pour leur design. L'ensemble des appareils se sont très bien vendus et ont conquis une nouvelle génération de clients pour Arboria, qui a pu consolider sa position comme marque haut de gamme en Europe. La réussite des nouveaux produits, cependant, a créé une pression sur la capacité de production. Arboria hésite donc aujourd'hui sur la politique à adopter pour gérer la croissance prévue : externaliser une partie de la production ou investir pour augmenter les capacités internes ?

Ce dilemme se conjugue avec des préoccupations concernant les prix. Dans le passé, les consommateurs acceptaient de payer un prix plus élevé pour la marque Arboria et ce qu'elle incarnait de fiabilité et de qualité du design. Mais, depuis peu, les concurrents produisant dans des pays à faibles coûts ont commencé à menacer la position d'Arboria sur le marché. Aujourd'hui, l'entreprise est donc contrainte d'évoluer, à la fois pour échapper au ciseau prix/coûts et pour répondre aux exigences de sa société mère. Tous ces problèmes préoccupent Bruno.

Roulant vers son bureau, Bruno est absorbé dans ses pensées. Il réfléchit à ce que lui a dit Philippe de Lasset, l'un des distributeurs des produits Arboria en France, au cours de leur déjeuner d'hier.

« J'ai l'impression qu'un orage se prépare, a déclaré le distributeur français avec son franc-parler habituel. Bien que le marché pour vos produits soit en croissance, les constructeurs d'Extrême-Orient et d'Europe de l'Est vous rattrapent, avec de bons produits à de bons prix. Votre marque est peut-être forte aujourd'hui, mais il n'est pas certain qu'elle le soit assez pour vous protéger. »

En temps normal, les prévisions souvent alarmistes de Philippe n'inquiètent pas trop Bruno. Mais cette fois-ci, il les trouve déstabilisantes. En un sens, elles ne lui apprennent rien de nouveau : Bruno sait que les importations de produits meilleur marché constituent une menace. Mais ce qui lui paraît plus préoccupant, c'est que l'écart de qualité avec ces concurrents est en train de se réduire plus rapidement qu'il ne l'avait prévu.

Comme détaillant, Philippe connaît bien ses clients. Il a remarqué que les comportements d'achat des consommateurs français à profil classique évoluent ; ils ont tendance à s'éloigner des marques traditionnelles pour se tourner vers des produits moins chers. La clientèle, qui fait confiance à l'entreprise de Philippe pour vendre des produits de qualité, est de plus en plus disposée à essayer des marques nouvelles. Signe révélateur, les produits Arboria ne figurent plus aussi souvent sur les listes de mariage qu'il y a cinq ans.

Bruno s'est garé à sa place réservée sur le parking de l'entreprise. Il s'est à peine rendu compte du trajet ; il connaît tellement l'itinéraire qu'il l'effectue machinalement. Cette demi-heure, entre son domicile et son bureau, il l'utilise à organiser ses idées pour la journée de travail qui l'attend. Et, sur le chemin du retour, il passera en revue les événements du jour, pour en tirer des informations ou réfléchir aux questions restant en suspens.

Coupant le contact, il repense aux enjeux auxquels il est confronté. Pour qu'Arboria réussisse à contrer la menace de la concurrence, tout le personnel de l'entreprise va devoir s'engager et participer. Les employés

© Éditions d'Organisation

doivent changer complètement leur façon de travailler et de penser leur activité. Les motiver et leur insuffler l'énergie nécessaire représente un immense défi ; il va falloir que lui-même et ses cadres dirigeants fassent preuve de vraies qualités de leadership. Cette perspective lui paraît à la fois effrayante et passionnante.

Évaluer les options

Bruno voit bien qu'il doit prendre des mesures drastiques, mais il ne sait pas encore quelle forme elles vont pouvoir prendre. Il a compris la nécessité de passer à la vitesse supérieure. Les améliorations régulières, mais un peu marginales, grâce auxquelles Arboria a maintenu jusqu'ici sa compétitivité, ne sont plus suffisantes. L'entreprise a besoin d'envisager un changement radical, non seulement pour atteindre ses objectifs économiques, mais également pour stimuler ses énergies et créer en interne un sentiment d'urgence. Bruno a déjà atteint ce carrefour où l'entreprise risque de s'engager sur une mauvaise voie.

Souvent, ce que les entreprises intitulent « transformation *lean* » se voit assigner le rang de simple projet technique et, comme tel, délégué aux responsables des opérations. Cela traduit une méconnaissance profonde de la dimension et de la nature du défi qui est posé. Une transformation *lean* exige en effet de remodeler les processus de fonctionnement en prenant le point de vue du client. Aussi a-t-elle toujours des conséquences transversales qui dépassent les strictes activités opérationnelles et conduisent, pour l'ensemble de l'entreprise, à des changements concernant à la fois les processus formels et les attitudes et comportements du personnel.

Un projet de changement de cette envergure s'enlisera rapidement s'il ne bénéficie pas du soutien sans faille du PDG et du reste de l'équipe dirigeante. Il est essentiel que la direction s'implique sur le terrain si elle veut que l'organisation prenne les décisions difficiles qui s'imposent et traverse sans encombre les perturbations du démarrage.

Mais comment Bruno peut-il savoir si le *lean* constitue la réponse aux problèmes d'Arboria ? C'est un changement dans lequel on ne peut pas s'engager à la légère et qui constitue un engagement à long terme. Si l'entreprise avait un besoin impérieux d'endiguer des pertes pour éviter la faillite, il serait facile de décider de la solution : un programme rigoureux de réduction des coûts, car un patient atteint de gangrène a besoin d'une amputation, pas de séances de physiothérapie.

Le PDG d'Arboria se rend compte que toute l'équipe dirigeante, lui y compris, va devoir s'engager à fond une fois la ligne de conduite arrêtée. Il lance donc immédiatement les premières consultations auprès de ses principaux directeurs et des conseillers en qui il a le plus confiance.

Au cours des semaines qui suivent, Bruno explique à un certain nombre d'entre eux sa conviction qu'Arboria a besoin d'agir rapidement pour améliorer ses coûts. Il décide d'engager avec son équipe un débat formel sur la question, en l'inscrivant à l'ordre du jour de la réunion mensuelle du comité exécutif, le « Comex » d'Arboria.

Comme Bruno s'y attendait, la réunion permet à des avis divergents de s'exprimer. Jenny Plant, directrice financière, explique qu'à son avis la seule manière de résoudre leur problème est de sous-traiter la production des appareils basiques dans des zones où les coûts de revient sont faibles, tout en continuant d'assembler les produits à forte valeur ajoutée, au moins pour le moment. « Une bonne alliance vaut mieux qu'une mauvaise guerre », ajoute-t-elle.

Dietmar Schaeffer, directeur Supply chain, exprime des réserves sur ce qu'il vient d'entendre. Il a dirigé il y a quelques années l'usine allemande, qui avait externalisé la fabrication de pièces métalliques moulées en République tchèque. Bien que les coûts de revient aient baissé, les livraisons manquaient de fiabilité et la qualité avait souffert. Dietmar estime que ces problèmes pourraient éventuellement être surmontés, mais que l'externalisation peut tout aussi bien aboutir à échanger un ensemble de problèmes contre un autre. Il souligne également qu'Arboria manque d'expérience pour sélectionner et gérer des sous-traitants. Et conclut que, si l'entreprise s'engage sur cette voie, elle doit le faire après avoir bien compris tous les risques que cela comporte.

Arnaud Lefèvre, directeur des Ventes et du Marketing, est du même avis. Selon lui, comme les distributeurs détiennent une bonne part du pouvoir sur le marché, il n'y a aucune place pour l'échec. Arboria a déjà du mal à satisfaire ces derniers, qui ne cessent d'avoir de nouvelles exigences ; certains distributeurs ont d'ailleurs fait remarquer, récemment, que la performance d'Arboria en matière de taux de service les préoccupait : trop de livraisons incomplètes et de délais dépassés.

© Éditions d'Organisation

Pour Arnaud, rallonger la chaîne d'approvisionnement rendrait la situation encore plus difficile. « Nos clients se moquent de savoir comment nous nous organisons. Ce qu'ils veulent, c'est que les produits qu'ils ont commandés leur arrivent dans les délais. Si nous rallongeons la chaîne en sous-traitant en Pologne, par exemple, nous augmentons les risques. D'un autre côté, si nous pouvons diminuer nos coûts, cela peut représenter un véritable avantage concurrentiel. »

Bruno se rend compte que l'équipe manque de l'expérience et des données nécessaires pour prendre une décision valable. Il interrompt la discussion et demande à Dietmar de leur organiser une visite dans une entreprise qui a dû affronter ce genre de dilemme et s'en est tirée avec succès. Il espère qu'une telle visite va les éclairer sur les différents éléments à prendre en compte.

Tirer des leçons de l'expérience des autres

Cette première discussion sur les possibilités de changement a montré la pluralité des opinions au sein du Comex. La position de la directrice financière, Jenny Plant, est pragmatique : abandonner toute fabrication, sauf si elle est rentable sur le plan financier. Cette logique peut sembler irréfutable, mais la décision n'est pas aussi simple qu'il y paraît.

Pour Jenny Plant, il s'agit juste de comparer les coûts de fabrication en interne avec ceux de la sous-traitance. Mais, comme l'a souligné Arnaud, le danger de cette approche est qu'elle ne tient pas compte des délais de livraison, alors que c'est un facteur important pour les clients et qui peut donc entraîner toute une série de nouveaux problèmes. Cela pose également des questions sur la culture de l'entreprise vis-à-vis de la performance, car sous-traiter peut être une solution facile pour éviter de s'attaquer aux problèmes de production en interne.

De telles divergences au sein de l'équipe de direction peuvent être bienvenues à ce stade initial. Mais, si elles persistent, elles peuvent devenir un obstacle au changement. Une situation que l'on rencontre fréquemment. En revanche, écourter les discussions ne serait pas efficace, car les décisions en souffriraient. Comment trouver un consensus ? Il est nécessaire de « donner du temps au temps » : tout le monde n'est pas prêt à s'exprimer avec franchise et, pour obtenir l'avis de certains, il faut faire preuve de persuasion et de douceur. Trop hâtivement menés, les débats risquent de reprendre, mais cette fois en dehors du cadre des réunions officielles. Il est préférable de consacrer à la discussion le temps qu'elle mérite.

Avant de pouvoir décider de la direction à prendre, Bruno et son équipe ont besoin de mieux comprendre ce qu'implique une démarche de transformation opérationnelle en termes de capacités et de ressources. Il n'est pas question pour eux de s'engager dans une aventure qu'ils ne pourront pas mener à son terme…

Quelques semaines plus tard, l'équipe Comex se rend donc à Rouen pour une visite d'ATC, un fabricant de pièces en matière plastique pour l'automobile. Dietmar connaît Luc Bézier, le directeur de production d'ATC, qui a accepté de les accueillir une demi-journée pour partager avec eux son expérience d'une transformation *lean*. Malheureusement, Jenny a dû renoncer à la dernière minute à ce déplacement, pour transmettre en urgence des données financières réclamées par la maison mère américaine.

Dès son arrivée, l'équipe est impressionnée par l'ordre qui règne dans l'usine. À l'entrée, pendant qu'ils signent le registre des visiteurs, le gardien leur explique les procédures de sécurité du site. Lorsqu'ils traversent le bâtiment principal, Bruno, qui aime taquiner Dietmar, fait remarquer qu'il n'y a pas de palettes cassées sur le quai de chargement, allusion à une situation fréquente chez Arboria !

La visite démarre de manière classique : réunion dans une salle de formation avec du mauvais café servi dans des gobelets en plastique ! Mais les choses s'améliorent très vite. Au lieu de les soumettre à une longue présentation, Luc les confie tout de suite à un chef d'équipe, Jérôme Chevalier.

Jérôme leur fait un exposé réaliste sur les hauts et les bas qu'a connus l'usine dans le passé, y compris une période d'agitation sociale ponctuée de grèves. Il décrit ensuite le lancement du système de fabrication *lean* et l'impact de cette approche sur la rentabilité de l'usine et dans les ateliers. Il illustre avec des photos les améliorations pratiques que les opérateurs de production ont eux-mêmes introduites et répond aux

© Éditions d'Organisation

questions de l'équipe du Comex d'Arboria au fur et à mesure de son exposé. Tous conviennent que les résultats semblent impressionnants.

Le groupe se rend ensuite dans l'atelier de fabrication. Outre l'odeur caractéristique du plastique moulé par injection, ils sont immédiatement frappés par cette même impression d'ordre qu'ils ont éprouvée à leur arrivée dans l'usine. De l'identification claire des machines aux tableaux d'information disposés dans la salle de réunion, tout semble remarquablement bien organisé. Passant du moulage à l'assemblage, ils longent des caisses de pièces en plastique stockées en lignes. Sur le quai de chargement, les produits finis sont chargés par un chariot élévateur sur un camion pour être livrés à une usine automobile proche.

Jérôme interpelle le cariste qui charge les palettes et lui demande d'expliquer comment il travaille. L'opérateur leur montre son bordereau de chargement, qui indique les quantités demandées pour chaque pièce. Il explique que le sol est marqué à certains endroits déterminés, de sorte qu'il sait toujours où aller pour chercher chaque produit. « Ce n'est pas grand-chose, en fait. Tout cela est plutôt simple », ajoute-t-il avec un mouvement d'épaule.

Jérôme reconduit les visiteurs dans la zone d'assemblage principale. Ils sont étonnés de constater que les lignes ont l'air beaucoup plus serrées que chez Arboria. Ils s'arrêtent à côté d'une cellule de production, où un panneau lumineux compare le nombre réel de composants fabriqués à ce stade avec les objectifs de production. Jérôme explique que les objectifs sont calculés selon le Takt[7], et leur précise qu'en tant que chef d'équipe cela lui arrive de travailler sur une cellule de fabrication qui a pris du retard, pour lui permettre de rattraper le planning.

Observant l'ensemble de la scène, l'équipe d'Arboria constate que tous les opérateurs semblent savoir exactement ce qu'ils ont à faire, et que leur travail s'effectue selon un rythme et un mode de travail bien définis. Les pièces ne restent pas longtemps immobiles ; elles sont soit traitées par un poste, soit en train de passer à l'étape suivante. Dietmar remarque qu'à la différence des zones d'assemblage d'Arboria, qui sont encombrées de composants, très peu de stocks de pièces sont visibles dans cet atelier.

En revenant vers l'atelier de moulage, l'équipe longe à nouveau les caisses de composants. Jérôme appelle une femme. Lorsqu'elle les a rejoints, elle leur explique que, toutes les heures, elle rassemble les pièces nécessaires pour les lignes d'assemblage afin d'assurer un rythme d'assemblage continu. Elle prend les cartes *kanban* en couleur sur les boîtes qu'elle a rassemblées et les met dans des casiers situés au milieu de l'atelier. À chaque changement de poste, le chef d'équipe du moulage par injection collecte toutes les cartes *kanban*, qui sont ensuite utilisées pour déterminer l'ordre dans lequel l'équipe suivante va travailler.

« Ainsi, il n'y a pas de programmation centrale de la production ? demande Dietmar à Jérôme pour que ses collègues du Comex puissent entendre comment ce dernier explique le système.

– Non, il n'y en a pas. Jerôme réfléchit une minute. En fait, ce n'est pas totalement exact : nous en avons une pour les matières premières et le chargement des produits finis, etc., mais pas pour le fonctionnement quotidien de la production.

– Et cela marche bien ? Vous ne manquez jamais de pièces ? Que se passe-t-il si des cartes disparaissent ? » demande Bruno.

Jérôme rit. « En fait, le système marche très bien. Je sais que tout cela semble trop simple, mais les choses fonctionnent mieux maintenant que lorsque nous étions équipés de systèmes de gestion de production compliqués pour nous indiquer ce que nous devions faire. Naturellement, nous avons eu des difficultés au début ; j'imagine que c'est habituel. Mais, une fois les gens accoutumés au système et à la discipline qu'il exige, nous avons pu surmonter ces difficultés. Maintenant que les opérateurs savent qu'il leur facilite la vie, ils font fonctionner le système sans problème. En fait, nous sommes tous assez fiers des gains de productivité que nous avons pu réaliser. »

Dietmar accroche le regard de Bruno. Il sait ce qu'il pense. L'ordonnancement est un véritable casse-tête dans leurs usines et Bruno doit se demander pourquoi, chez Arboria, on ne fonctionne pas déjà de cette façon.

Ils poursuivent leur visite et s'arrêtent près d'une machine en cours de changement de production. Affairés autour de la machine, les opérateurs semblent, là encore, savoir exactement quel est le rôle de chacun dans cette opération. S'il faut deux personnes pour positionner le nouveau moule sur la machine, elles sont là où il faut, quand il faut. À d'autres moments, les opérateurs travaillent séparément. Le changement complet dure environ vingt minutes.

« Auparavant, cela durait parfois jusqu'à quatre heures, précise Jérôme. Chaque opérateur et chaque technicien avait sa propre façon de travailler. On ne savait jamais à l'avance combien de temps cela prendrait. La planification était un cauchemar. »

Jérôme s'approche du poste de travail près de la machine. Les outils sont accrochés à une plaque perforée, au-dessus d'un petit bureau. Sur celui-ci sont posés le cahier de consignes et quelques autres documents. Il prend un ensemble de feuilles plastifiées qui comportent des instructions et des photos.

« Nous avons analysé quelques changements d'outil avec les opérateurs et, ensuite, nous avons élaboré un mode opératoire standard à respecter. Nous assurons également un suivi de la durée des changements. (Il montre un graphique.) Si l'on nous avait dit, il y a trois ans, qu'il ne nous faudrait plus que quinze minutes, tout le monde aurait ri. Maintenant que les opérateurs le font eux-mêmes, ils savent qu'il est possible de progresser et leur attitude a complètement changé. »

La visite touche à sa fin. Les visiteurs retournent à la salle de formation pour une séance de conclusion. Tout en retirant leurs blouses blanches, ils réfléchissent. En règle générale, ils ne passent pas beaucoup de temps dans des usines – même les leurs. Bruno est surpris que cette visite ait été aussi intéressante ; pas tellement pour ce qu'ils ont vu des processus, peu différents finalement de ceux d'Arboria, mais plutôt de l'attitude du personnel. On sent chez ATC que tout le monde est concerné par son travail et semble savoir exactement ce qu'il a à faire.

Après quelques questions complémentaires, Luc Bézier tire la synthèse. Il parle des expériences d'ATC au cours des dernières années et dresse la liste des enseignements qu'ils en ont tirés (voir la figure 5.2).

Bruno se lève. « Je tiens à vous remercier chaleureusement, ainsi que toutes les personnes que nous avons rencontrées aujourd'hui lors de cette visite. Nous avons pu voir concrètement comment un tel système fonctionne. Cette visite valait vraiment la peine ; je l'ai trouvée extrêmement intéressante et j'ai hâte d'en savoir plus sur le sujet. Un grand merci en notre nom à tous. »

En s'asseyant, il ajoute : « J'ai une dernière question. Avec le recul que vous avez sur le lancement de votre propre transformation, si vous étiez à notre place, quels seraient les points essentiels ? »

ATC

Six enseignements à retenir
- **Démarrez le lean d'en haut**
- **Fixez des objectifs ambitieux**
- **Efforcez-vous de remporter des victoires précoces**
- **Soyez à l'écoute de votre personnel**
- **Faites-vous assister par des compétences externes**
- **Soyez patient, cela prend du temps !**

Figure 5.2 Six enseignements à retenir

Luc Bézier réfléchit une minute. « Je dirais que c'est à vous, l'équipe dirigeante, de conduire les changements. Naturellement, vous devez vous faire aider par des personnes connaissant la fabrication *lean*. Elles vous serviront de guides et, en s'appuyant sur leur propre expérience, vous aideront à choisir la bonne voie. Contrairement à vous, elles connaissent les raccourcis qui ne présentent pas de danger et ceux qui peuvent en présenter. Mais ne les prenez pas pour diriger et animer le programme de changement. Ce n'est pas leur rôle, c'est le vôtre !

J'ai vu trop d'initiatives échouer. Si je devais indiquer quelle est la principale raison de notre réussite, je dirais l'engagement de notre direction. Dans l'usine, tout le monde a remarqué la différence avec les précédents efforts. Le personnel savait qu'au début la direction allait venir dans les ateliers faire des discours pour lancer le programme, mais ils s'attendaient à ne plus la revoir ensuite sur le terrain. Comme cela n'a pas été le cas, ils y ont vu un signal important. Si une seule chose a été déterminante, c'est bien celle-là. »

Il sourit, conscient qu'il vient de lancer un défi à Bruno et à son équipe.

Planifier le démarrage

Cette visite chez ATC témoigne combien il est important de voir un système *lean* en fonctionnement. Non seulement le Comex a pu constater quelles conséquences le *lean* peut avoir sur les activités quotidiennes, mais il dispose désormais d'un cas exemplaire, d'un benchmark, sur lequel aligner ses propres usines. Bruno peut chercher comment s'y prendre pour arriver à suivre cet exemple et il en a suffisamment vu pour comprendre que la réponse n'est pas simple, car il faut intégrer des facteurs matériels (comme les systèmes, les structures et les processus) et des facteurs intellectuels (comme la culture de l'entreprise, l'état d'esprit et les façons de se comporter du personnel). Son équipe et lui ont également découvert que le *lean* signifie beaucoup pour les salariés de l'usine. Ces derniers ont créé un système *lean* qui fonctionne bien ; ils le font tourner et ils se le sont approprié.

Qui plus est, pour les membres du Comex, cette visite a constitué une expérience partagée. La manière dont ils ont parlé entre eux de ce qu'ils voyaient dans l'usine a façonné ce qu'ils en ont compris. Avec un peu de chance, avoir un point de vue commun va les aider à élaborer une vision pour Arboria à laquelle ils adhéreront tous.

De telles visites ont également l'avantage de remettre les dirigeants en contact avec les réalités de la production. Bien qu'ils prennent continuellement des décisions qui influent sur les activités opérationnelles, rares sont ceux qui passent beaucoup de temps sur le terrain. Peut-être ne s'y sentent-ils pas à l'aise, ou n'en voient-ils pas la nécessité. L'expérience nous a montré que, pour assurer le succès d'une transformation *lean*, il est essentiel de forger des liens étroits entre les décideurs et le terrain. Sans cela, il est probable que les remontées d'information seront limitées, et que les décisions ne seront pas entièrement appliquées ou ne produiront pas les bénéfices escomptés. Rien ne remplace une implication personnelle directe afin de constater comment les choses se passent.

Un certain nombre d'entreprises reconnaissent la nécessité de maintenir ce contact entre la base et la direction. Début 2003, lorsque le président Allan Leighton a recruté un directeur général pour conduire la transformation de la Poste britannique, il a demandé au nouveau venu de passer ses deux premières semaines à distribuer le courrier afin d'avoir une idée précise des activités au quotidien.

Bruno pensait déjà que l'équipe dirigeante d'Arboria devait jouer un rôle pivot dans le processus de transformation, les conseils de Luc Bézier n'ont fait que conforter cette opinion.

Impressionnés par ce qu'ils ont vu chez ATC, les membres du Comex ont entériné le principe de choisir une approche *lean*, à condition que le potentiel identifié au sein des usines Arboria soit suffisant pour répondre aux défis de l'entreprise. Bruno appelle Dietmar pour partager quelques idées.

« Qu'en penses-tu, lui demande-t-il, notre entreprise a-t-elle les capacités pour mener à bien une telle transformation ?

– Je ne pense pas… Pas pour le moment en tout cas, répond Dietmar avec la franchise qui le caractérise.

– Que devons-nous faire, alors ? Faut-il embaucher des gens ?

– Il faut d'abord que nous décidions par où nous voulons commencer.

– C'est-à-dire ?

– J'y ai réfléchi. Il serait probablement logique de prendre l'usine de Bolton comme site pilote pour démarrer. C'est le moins performant de nos sites, mais il a un rôle stratégique en raison de la taille du marché des grille-pain et des bouilloires en Grande-Bretagne. Si Bolton est une réussite, nous en tirerons des bénéfices importants et nous saurons que le *lean* peut marcher dans nos autres usines. Si c'est un échec, nous ne serons pas dans une position pire qu'aujourd'hui.

– Je suis d'accord avec toi, répond Bruno. Alors, par quoi démarrons-nous ?

– Il faut recruter quelqu'un qui a une expérience confirmée du *lean* pour piloter cet effort et nous devons constituer à Bolton une équipe solide qui sera chargée du changement. (Dietmar s'arrête un instant.) Nous devrions également réfléchir à la façon dont nous transférerons cette approche aux autres usines. Peut-être devrions-nous chercher un soutien externe ou faire venir une ou deux personnes de nos autres usines. »

Bruno préfère mettre un terme à la discussion : « Une chose à la fois, Dietmar. Concentrons-nous d'abord sur Bolton ; nous nous occuperons des autres usines plus tard. Pourquoi ne commences-tu pas à chercher un bon candidat pour prendre en charge le projet ? Ensuite nous travaillerons ensemble pour développer des business plans et des objectifs. »

Au cours des semaines qui suivent, les membres du Comex consacrent autant de temps que possible à définir ce qu'ils entendent précisément réaliser avec leur projet d'amélioration opérationnelle. Avec le marketing, ils étudient la manière dont les exigences des clients sont susceptibles d'évoluer au cours des années à venir et ce qu'Arboria doit faire pour maintenir sa position dominante sur le marché. Ils commencent également à réfléchir à la meilleure façon d'assurer la cohérence entre les premières phases de la transformation *lean* et les plans d'investissement déjà adoptés pour de nouveaux produits.

Pendant ce temps, Dietmar et le directeur de l'usine de Bolton, John Wexford, font passer des entretiens à des candidats sélectionnés par une agence de chasseurs de têtes. Avec à la fois l'énergie et l'expérience nécessaires, Philip Hargreaves sort nettement du lot. Quelque temps plus tard, Bruno le reçoit dans son bureau de Bruxelles, puis lui propose le poste.

Bruno sent que le voyage commence à se dessiner. Ils ont une idée générale de l'itinéraire à suivre et de l'équipage à constituer pour la traversée. Ils sont prêts à se lancer.

Chapitre 6

Explorer les perspectives

■ Pour évaluer son potentiel d'amélioration, l'entreprise doit prendre en compte les trois aspects du *lean* : le système opérationnel, le système de management et la culture interne.

■ La valeur telle qu'elle est perçue par les clients sert de base pour traquer les sources de gaspillage.

■ Pour arriver à instituer un véritable sentiment d'urgence, les dirigeants doivent avoir l'expérience directe des problèmes à résoudre.

L'équipe de management d'Arboria a décidé que l'approche *lean* était la mieux adaptée pour répondre aux besoins de l'entreprise. Ils doivent maintenant évaluer la situation actuelle et identifier le potentiel d'amélioration. Il est crucial qu'ils aient l'expérience concrète des problèmes de fonctionnement : s'ils s'impliquent personnellement sur le terrain, non seulement ils comprendront de façon plus approfondie la situation, mais le fait de l'avoir expérimentée eux-mêmes les incitera à s'engager à fond dans la lutte pour relever les défis de l'entreprise. Cela les aidera à trouver l'énergie et l'engagement indispensables pour mener à bien la transformation et scellera définitivement leur implication dans la suite du programme.

Pour bien évaluer la situation actuelle, l'équipe doit chercher à identifier et mesurer toutes les sources d'inefficacité au sein du système opérationnel. Elle doit également explorer les éventuelles insuffisances du système de management et envisager les changements à apporter à l'état d'esprit et aux comportements du personnel pour que le système *lean* puisse fonctionner. Cette phase de diagnostic est habituellement assez courte ; quelques semaines suffisent pour définir le contenu des premières phases de la mise en œuvre.

S'assurer la collaboration des leaders d'opinion

Arrivée à ce stade, cela fait déjà plusieurs mois que l'équipe de direction d'Arboria réfléchit aux implications d'une transformation *lean*. Mais elle n'a pas encore annoncé le lancement du programme de façon formelle aux usines. La communication est un élément essentiel pour assurer la réussite du changement, car elle permet d'influer sur l'état d'esprit et les comportements de chacun des acteurs concernés. Mais, pour être efficace, elle doit être interactive et éviter toute transmission à sens unique. Comme c'est à ce stade que les attentes et les rôles commencent à se dessiner, il est essentiel d'impliquer toutes les parties prenantes de façon adéquate. Les leaders d'opinion, ceux qui exercent une influence sur leurs pairs, soit par leur statut, soit par leur personnalité, doivent être identifiés le plus tôt possible, afin de leur donner un rôle significatif dans la démarche de transformation. Cela doit permettre un

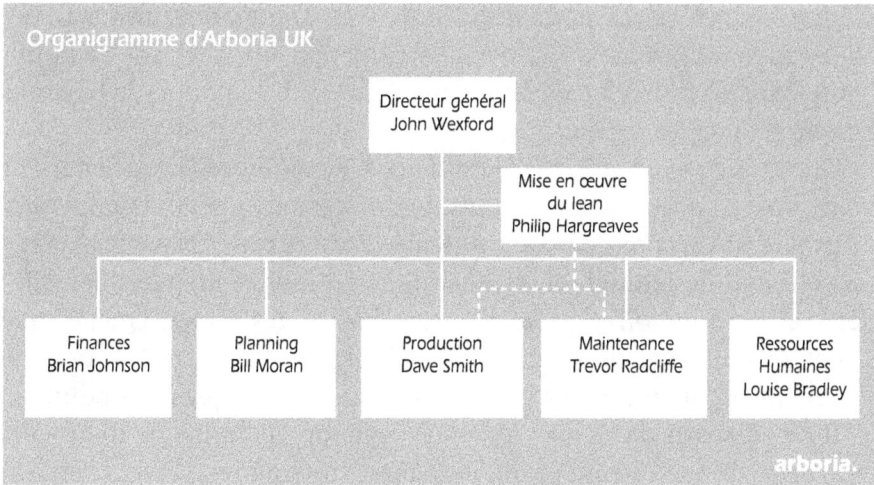

Figure 6.1 L'organisation d'Arboria UK

bouche à oreille favorable au projet d'amélioration. Bien que sa nécessité paraisse évidente, cette étape de communication est trop souvent négligée ou mal gérée. Les leaders d'opinion ne sont pas nécessairement situés en haut de la hiérarchie. Ils n'ont pas non plus forcément le profil d'agents de changement. Certains peuvent même être plutôt critiques vis-à-vis du projet. Au lieu d'exclure ces derniers, mieux vaut les impliquer dans le programme afin d'éviter qu'ils ne le sabotent s'ils bénéficient d'une grande force de conviction.

Chez Arboria, l'un de ces leaders d'opinion est Dave Smith, directeur de la production de l'usine de Bolton. Son influence dépasse largement le cadre de sa fonction (voir la figure 6.1). Comme beaucoup d'autres membres de l'encadrement intermédiaire, c'est un vétéran qui a survécu à de nombreuses péripéties. Il a su trouver le niveau hiérarchique qui lui convient au sein de l'organisation et il est efficace dans son rôle. Au fil des années, il a vu apparaître et disparaître de nombreux projets d'amélioration. Depuis quelque temps, il a vent d'une nouvelle initiative de ce type…

La machine à café est de nouveau en panne. Dave a appris à s'en accommoder depuis qu'un brillant esprit a décidé, il y a quelques années, qu'il était préférable de sous-traiter la distribution des boissons pour des raisons de coût. Dave ne conteste pas qu'il puisse y avoir des raisons économiques fondées pour décider de sous-traiter certaines activités jugées mineures, mais il se demande comment un fabricant de bouilloires et de machines à café peut penser que la distribution de boissons est une activité de ce type.

Ces dernières années, Arboria a reçu de nombreuses félicitations pour avoir su adapter ses produits aux besoins et aux goûts nouveaux du public. Mais, comme Dave ne manque jamais de le faire remarquer à ses collègues des études, du marketing et du service financier, les cafetières et les bouilloires ne se montent pas toutes seules. Quelles que soient la notoriété de la marque et l'élégance de la conception en amont, il faut quand même bien que quelqu'un fabrique les produits.

Il y a plusieurs décennies, lors de la création de l'usine de Bolton, les industries du Lancashire et du Yorkshire, en Grande-Bretagne, étaient renommées et exportaient leurs produits dans le monde entier. Aujourd'hui, le flux s'est inversé avec une livre sterling forte et de faibles coûts de main-d'œuvre dans les pays d'Extrême-Orient et d'Europe de l'Est. Les vieilles industries locales ont dû se battre pour leur survie. Beaucoup d'entreprises ont perdu la bataille et, chez celles qui restent, le personnel se demande chaque année combien de temps encore on va pouvoir continuer à réduire les coûts pour endiguer la vague déferlante de la concurrence.

Lorsque Dave est entré chez Arboria, il a tout de suite vu les possibilités d'amélioration qui pouvaient bénéficier à l'entreprise, mais aussi au personnel, y compris au niveau des ateliers. Mais ses bonnes intentions n'ont jamais abouti : il y avait toujours une action plus essentielle à mener ou un travail plus urgent à terminer. Alors, puisqu'il était payé d'abord pour assurer le bon fonctionnement de l'usine au jour le jour, pourquoi s'inquiéter de ne pas avoir le temps d'améliorer le fonctionnement d'ensemble de la production ?

Dave a déjà été informé par Christine McGuire, du planning, qui est toujours au courant des dernières nouvelles, des grandes idées de Philip Hargreaves pour améliorer la production. Si Dave a appris quelque chose au cours des années, c'est que les grandes idées annoncent en général des problèmes !

Privé de son café matinal, il entame son tour habituel des ateliers. Chaque matin, peu après son arrivée à sept heures, il aime se mettre au courant de ce qui s'est passé, pour préparer sa réunion de huit heures.

Et il sait que le mieux est de se déplacer pour se rendre compte par lui-même. En plus, cela lui permet… d'aller fumer une cigarette dans le secteur des expéditions !

En passant près des lignes d'assemblage, il bavarde avec le personnel de production, pour la plupart des femmes d'âge moyen qui travaillent chez Arboria depuis de nombreuses années. Dave a un bon rapport avec les gens et sait comment en tirer le meilleur.

En passant, il remarque un emplacement vide sur le sol, normalement réservé au stockage des pièces en plastique moulé pour les cafetières.

« Pas de pièces, Fiona ? demanda-t-il en s'adressant à la responsable de l'équipe.

– À ton avis ? répond-elle. Toujours la même histoire : encore des problèmes dans l'atelier d'injection.

– Quels problèmes ?

– Comment je peux savoir, moi ? J'ai déjà assez à faire ici sans me soucier en plus de résoudre les problèmes des autres. »

Les pièces moulées pour le corps des cafetières sont constamment en rupture ; c'est pourquoi un stock tampon a dû être constitué près de la ligne d'assemblage. Plusieurs équipes successives ont travaillé à résoudre le problème, sans jamais y parvenir. L'atelier d'injection met en cause la mauvaise qualité des matières premières ou les changements de dernière minute dans les programmes de fabrication. Le service achats accuse la production de ne pas savoir régler la machine. Dave se fiche éperdument de savoir qui est fautif. Tout ce qu'il veut, c'est avoir des pièces moulées pour pouvoir continuer à fabriquer des cafetières et les expédier avant la fin de la journée.

Au lieu d'aller fumer sa cigarette aux expéditions comme d'habitude, Dave décide d'aller jeter un coup d'œil rapide dans l'atelier d'injection pour voir ce qui se passe. Il fait un détour par le bureau du chef du planning, Bill Moran, pour vérifier combien de pièces ont été réalisées la veille. Il trouve le compte rendu de poste coincé sous une tasse à café froide, sur le bureau de Bill. Celui-ci a refusé de confier à une machine une tâche aussi importante que de faire du café et il a toujours une bouilloire dans son bureau à cet effet. Dave pousse la tasse et constate que, après avoir bien démarré le matin, la production n'a pas atteint l'objectif du poste en fin de journée. Il suppose que c'était dû à la rupture de pièces moulées, bien que le compte rendu de poste ne l'indique pas.

Il se remet à marcher de son pas lourd, perdu dans ses pensées. C'est cette démarche caractéristique qui lui a valu son surnom d'« ours Dave ». Jamais démonté et toujours fiable, il a une présence rassurante dans les ateliers.

Sur le seuil de l'atelier d'injection, Dave fronce les sourcils en voyant que la machine qui fabrique les corps de cafetières est vide, sans moule, et qu'il n'y a personne autour. Parfois les machines ont l'air de subir une opération chirurgicale : capots démontés, organes internes posés sur le sol, outils parsemés. Pas cette fois-ci, heureusement, la machine semble en ordre de marche ; ce n'est donc probablement qu'un changement d'outil en cours.

Dave avise le moule d'injection posé sur une palette voisine. Il est propre et froid au toucher, indiquant qu'il est prêt à être utilisé. C'est à ce moment-là que Guy Lanbridge, le chef d'équipe de l'atelier d'injection, tape sur l'épaule de Dave, laissant au passage une trace de graisse sur sa blouse blanche.

« Alors, Dave, tu nous surveilles ?

– Pas vous, mais mes pièces ! Bon sang, qu'est-ce qui se passe, Guy ? On n'en a pas reçu depuis hier soir !

– Toujours la même histoire. On avait un programme de pièces pour les grille-pain sur le poste du matin et ensuite un changement pour des cafetières. On était juste en train de régler la machine quand le planning nous est tombé dessus en catastrophe en nous ordonnant de changer pour un autre produit avec une autre couleur. Maintenant, on n'a plus aucune pièce de cafetière électrique. C'est le chaos.

– Les choses ne s'arrangent pas, admet Dave. Peut-être que Philip Hargreaves a quelques idées lumineuses dans sa manche pour nous tirer de là.

– Il faut l'espérer. Les choses doivent changer, c'est sûr !

– Bon, ça marchera quand ? demande Dave en tapant sur le moule.

– Peut-être dans une heure, ou plus ; tout dépendra de qui je peux trouver à mettre dessus.

– Alors, à quelle heure je peux dire à Fiona qu'elle va pouvoir recommencer à fabriquer ses cafetières ?

– Je pense qu'on arrivera à faire des bonnes pièces à partir de dix heures. Il faudra que quelqu'un les contrôle et, ensuite, tu devrais avoir tes pièces.

– OK. Je vais avertir la ligne et voir comment je peux les occuper d'ici là. »

Dave retourne dans le secteur de production et transmet les informations à Fiona. Il lui propose de pré-assembler les composants électriques sur le socle des cafetières. Il est maintenant presque huit heures et Dave n'a plus le temps d'aller « en griller une ». Pas de café, pas de cigarette : cela va encore être une rude journée !

« Localiser les problèmes » sur les trois dimensions des opérations

Au cours de sa petite promenade dans la zone de production, Dave a pu observer les sources d'inefficacité les plus classiques sur chacune des trois dimensions des opérations d'Arboria : le système opérationnel, le système de management ainsi que l'état d'esprit et les comportements du personnel.

Le processus de fabrication est organisé en « îlots » technologiques : toutes les machines de moulage sont regroupées dans l'atelier d'injection, qui est physiquement séparé de la ligne d'assemblage. Comme les flux entre ces secteurs sont irréguliers, les pièces moulées sont stockées près de la ligne d'assemblage pour que la production puisse continuer, même si l'atelier d'injection ne fournit pas les pièces nécessaires. Mais ce n'est qu'un expédient, qui traite le symptôme, pas la cause du problème. Cette configuration, en augmentant les coûts des stocks, en occupant des surfaces plus importantes et en allongeant le cycle de production, constitue une source de perte au sein de la chaîne de valeur.

Qui plus est, le stock aléatoire de pièces n'appartient pas au processus amont, ce dernier n'en contrôle donc ni le volume, ni la localisation, ni la méthode de réapprovisionnement. La seule vraie solution à un tel problème est de traiter les causes à la racine, c'est-à-dire au niveau des modifications de programme imprévues et de la durée excessive des changements d'outil sur la machine de moulage.

Ce problème au sein du système opérationnel est amplifié, chez Arboria, parce qu'il manque au système de management au moins un élément essentiel, à savoir un système une gestion de performance efficace. Pour obtenir les données de base sur la production, par exemple, Dave a dû sortir de l'atelier et aller fouiller dans un bureau pour y dénicher la feuille de papier dont il avait besoin. Les problèmes d'ordonnancement rencontrés traduisent en outre un manque évident de communication entre services.

Reste la question de l'état d'esprit et des comportements du personnel. Le manque d'intérêt manifesté par Fiona à propos de la rupture d'approvisionnement en pièces moulées, tout comme l'absence de réaction de Dave à ses propos, montrent que personne n'assume vraiment la responsabilité de résoudre les problèmes. Guy, de son côté, a sans doute raison de mettre les retards d'approvisionnement en pièces moulées sur le compte des modifications imprévues dans les programmes, mais les temps de changement de moule y sont également pour quelque chose ; et c'est un facteur sur lequel il pourrait incontestablement exercer une influence. Mais Guy, occupé à résoudre les crises et à éteindre les incendies quotidiens, n'assume pas pleinement son rôle de responsable d'équipe.

Philip Hargreaves a noté certains de ces problèmes au cours de ses premières semaines à l'usine. Depuis qu'il est chez Arboria, il a repéré les lieux, rencontré des personnes à tous les niveaux et pris connaissance des résultats financiers et opérationnels pour comprendre ce qui marche et ce qui ne marche pas. Il est parvenu à la conclusion qu'Arboria, comme beaucoup d'entreprises arrivées à leur maturité, ressemble à ces maisons que leurs propriétaires successifs ont agrandies au fil des années. Sa structure est quelque peu compliquée, la toiture fuit et les murs sont fissurés, mais les habitants se sont habitués à ses défauts. Les salariés d'Arboria travaillent dur pour accomplir leur tâche, mais ils sentent que, s'ils y arrivent, ce n'est pas grâce au système mais plutôt en se battant contre lui.

Sur un plan personnel, Philip est stimulé par le défi qu'il a accepté : mobiliser le personnel afin d'accroître la part de marché d'Arboria en Europe. Il estime que la stratégie consistant à mettre sur le marché des produits attrayants plus rapidement que les concurrents, et à de meilleurs prix, est judicieuse et réalisable. Il espère avoir des opportunités de carrière grâce à l'entreprise mère américaine et à ses projets d'expansion en Asie. Mais l'échec des précédentes tentatives d'Arboria pour améliorer ses opérations l'inquiète. Sachant qu'aucun changement n'a jamais été introduit durablement dans l'entreprise, le personnel risque de se montrer sceptique vis-à-vis de lui, un nouveau venu prétendant mettre en œuvre le énième plan d'amélioration.

Il pense également aux personnes dont il a besoin pour réaliser le diagnostic. Il désire que Dave Smith soit le chef d'équipe et conduise les activités au quotidien, sous sa propre direction. Cela lui donnera la possibilité de créer une relation avec le directeur de la production, pour le coacher et le former aux principes et aux techniques du *lean*. En retour, l'influence incontestable de Dave sur l'atelier apportera de la crédibilité à son action, ce dont il a bien besoin en tant que parachuté du siège. Philip a également l'intention d'inclure dans l'équipe de diagnostic Guy Lanbridge et Fiona Richardson, les deux responsables d'équipe de l'atelier d'injection et du secteur d'assemblage, avec un ou deux ingénieurs de production et quelqu'un du planning.

Philip veut, de plus, que tous les membres de la direction de l'usine consacrent un jour par semaine à la mise en œuvre du *lean*, afin qu'ils puissent piloter le personnel et mieux comprendre les problèmes en jeu. Il est convaincu que, si le directeur de l'usine, le chef comptable, le responsable du planning, celui de la maintenance et le chef du personnel passent du temps sur le terrain, à observer ce qui se passe et à mener des analyses de performance, ils pourront découvrir des trésors cachés.

Mais, avant de se lancer, il doit obtenir que Dave, Guy et Fiona soient détachés de leur poste pendant quelques semaines pour réaliser le diagnostic.

Planifier le diagnostic

Pour pouvoir progresser sur la voie du *lean*, il est très important d'évaluer dès le départ l'efficacité des activités opérationnelles d'Arboria. Ce diagnostic est non seulement crucial pour déterminer les causes profondes des problèmes actuels et établir le programme pour les résoudre, mais il joue un rôle primordial pour stimuler l'équipe de direction et la faire participer à la transformation *lean*.

Fixer les objectifs

Philip a élaboré un plan pour évaluer de bout en bout le système opérationnel. Mais il se heurte à une difficulté, car l'objectif d'amélioration d'Arboria n'est pas encore bien défini. Dans le domaine des coûts, l'entreprise cherche-t-elle une diminution de 5 % du prix de revient des produits vendus ou une amélioration de 20 % de la productivité du travail ? Il est par ailleurs plus facile de chiffrer les objectifs en matière de coûts qu'en matière d'amélioration de la flexibilité. Dans ce dernier domaine, on peut utiliser comme données les délais de fabrication et la performance des livraisons par rapport à la demande client, mais cela n'apportera qu'une évaluation approximative, une image partielle de la réalité.

L'entreprise doit définir en termes précis et concrets le problème qu'elle a à résoudre, afin de savoir où elle va et de comprendre comment parvenir à destination. Il s'agit donc de faire tout ce qui est nécessaire pour répondre à cette nécessité, en utilisant le minimum de ressources possible et en évitant de fixer des objectifs excessivement ambitieux. Atteindre un délai régulier de livraison des cafetières de deux semaines peut apporter à Arboria un avantage concurrentiel certain ; raccourcir encore ce délai, par exemple à une semaine, ne donnerait sans doute pas d'avantage supplémentaire à l'entreprise.

Définir l'approche pour le diagnostic

Pour démarrer l'évaluation du potentiel d'amélioration d'Arboria, Philip doit d'abord répondre à deux questions. Quel est le niveau maximal d'amélioration si l'on pousse la performance jusqu'à ses limites ? Ce niveau est-il suffisant pour résoudre le problème de l'entreprise tel qu'il a été défini et répondre aux besoins de l'activité par rapport au marché ?

L'un des outils efficaces pour répondre à ces questions est l'analyse des flux de matières et d'informations (MIFA : *Material and Information Flow Analysis*), qui permet d'établir la cartographie des chaînes de valeur. Le relevé des flux au sein du système opérationnel sert à identifier les sources d'inefficacité – gaspillages, variabilité et rigidité – qui bloquent ces flux et créent des problèmes opérationnels. L'analyse MIFA va permettre à l'équipe de diagnostic de prendre du recul et, en évitant de se perdre dans les détails, de mieux comprendre les causes de sous-performance du système.

Pour mesurer l'ampleur des sources d'inefficacité et des améliorations possibles, d'autres analyses plus détaillées seront nécessaires – notamment, sur les niveaux de stocks, le taux d'utilisation des équipements et les pannes machines, les temps d'attente, les temps de transformation, l'échantillonnage des activités, le niveau des effectifs, la structure des postes de travail, les tailles des lots, les variations des paramètres des processus, les taux de défaut et la performance des livraisons. Supposons, par exemple, qu'une analyse détaillée des activités des techniciens de maintenance indique qu'ils passent seulement 60 % de leur temps à effectuer des réparations et que le reste est consacré à mettre à jour des documents, à attendre et à réaliser encore d'autres tâches n'ajoutant pas de valeur. Si une partie de ces tâches était éliminée, des activités plus productives pourraient les remplacer.

Un autre outil, connu sous le nom d'arbre de valeur (*Value Tree*), peut également être utile (voir la figure 6.2). C'est essentiellement un arbre logique, qui met divers indicateurs opérationnels de performance (tels que taux d'utilisation des machines, niveaux de stocks, coûts de la main-d'œuvre indirecte) en relation avec un indicateur de haut niveau de l'entreprise (tel que la rentabilité des ventes, la rentabilité du capital employé). Il permet de se concentrer sur les leviers clés qui permettront d'obtenir des améliorations opérationnelles, et de s'assurer que la stratégie adoptée prend en compte la performance économique globale de l'entreprise. Faute de lien entre ces deux niveaux, les évolutions *lean* risqueraient de devenir pointillistes et liées à la seule application d'outils, au lieu de faire partie intégrante de l'entreprise et d'être déterminées en fonction des résultats d'ensemble.

La plupart des analyses que Philip propose de mener concernent l'évaluation de l'efficacité du système opérationnel d'Arboria. Mais il lui faut également vérifier que le système de management offre un soutien efficace à ce système. Nous avons déjà constaté que d'importantes

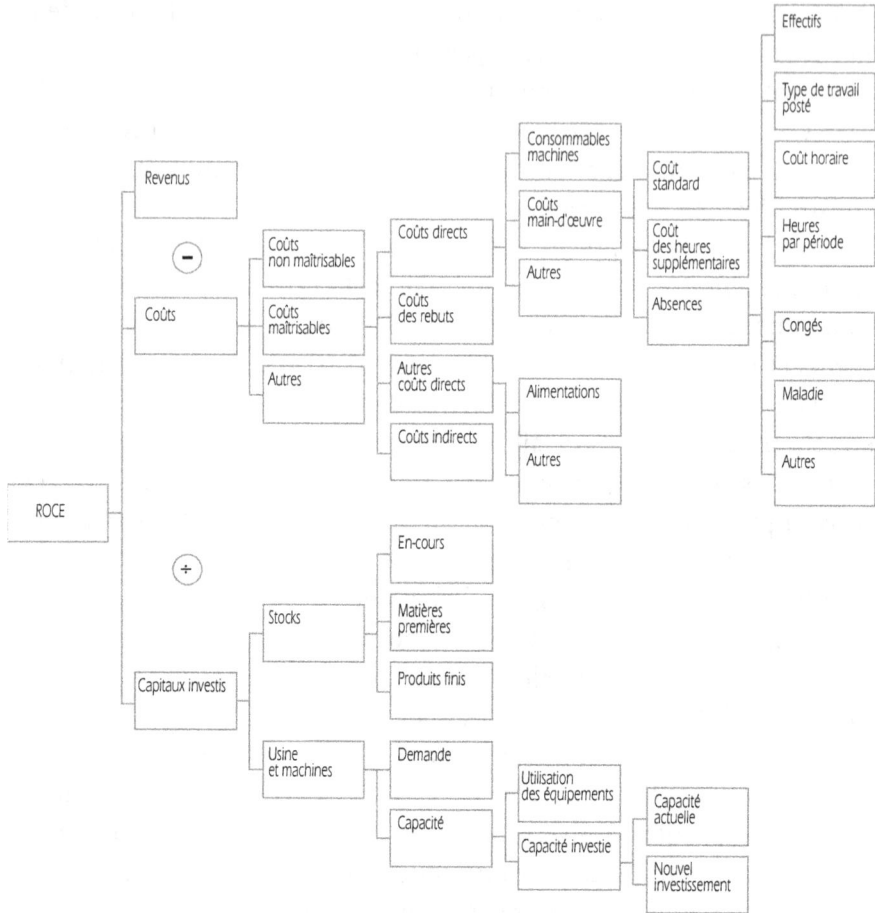

Figure 6.2 Exemple d'arbre de valeur

données de performance peuvent rester cachées sous une tasse à café ; et nous avons relevé les indices d'un certain manque de responsabilité au sein du personnel.

Une analyse appropriée du système de gestion de la performance montrera si les différents acteurs se concentrent sur les activités les plus importantes et si quelque chose se produit lorsque les objectifs de performance ne sont pas atteints. Si rien ne se produit, il sera évident que le système n'incite pas à l'amélioration. Un système opérationnel peut, malgré des flux de matières et d'information bien organisés, souffrir de gaspillage si personne n'est responsable des résultats.

La motivation du personnel représente un facteur majeur pour comprendre les niveaux de performance et découvrir les possibilités d'amélioration. Elle peut être appréciée en observant les salariés et en parlant avec eux individuellement de manière informelle, mais aussi par des entretiens ou des enquêtes plus formalisés. Les entretiens permettent de savoir si le personnel reconnaît les défis auxquels l'entreprise est confrontée, s'il risque d'être difficile de le motiver pour réaliser les changements et quels sont les principaux obstacles à prévoir – des expériences précédentes peuvent avoir créé une certaine résistance dans l'encadrement, par exemple. Une enquête peut, pour sa part, montrer que l'encadrement intermédiaire estime que les dirigeants ne leur font pas assez confiance ou ne les consultent pas sur des décisions importantes. Mettre en évidence de tels problèmes, à ce premier stade, peut se révéler déterminant pour assurer le succès du projet.

Valider le périmètre

Il est indispensable de bien définir le périmètre du diagnostic, afin que toutes les analyses, enquêtes et recherches évoquées ci-dessus puissent être réalisées de façon précise et efficace sur une partie de l'activité où les améliorations pourront avoir valeur exemplaire. Philip a décidé d'examiner une ligne de produits dans sa totalité, depuis les matières premières jusqu'aux produits finis. Il a porté son choix sur les cafetières, car elles sont représentatives de l'activité d'ensemble de l'usine, et constituent une part substantielle du chiffre d'affaires de celle-ci.

Mettre l'équipe sur pied

Réunir une équipe de personnes issues de fonctions et de niveaux hiérarchiques différents peut représenter un premier pas positif vers la résolution des problèmes. L'encadrement doit conduire l'évaluation du potentiel d'amélioration ou au moins y prendre une part active – il est important que l'équipe comprenne à la fois des cadres « de la veille garde » et des jeunes « étoiles montantes ». C'est en discutant des problèmes avec le personnel de terrain et en participant aux analyses de performance sur la base d'éléments concrets et précis que les membres de l'équipe pourront se faire une idée de la nature exacte des difficultés opérationnelles.

« Entrez ! » Répondant à cette invitation, Philip Hargreaves pénètre dans le bureau de John Wexford, le directeur général d'Arboria UK. « Bonjour Phil, que puis-je faire pour toi ? John se lève et lui tend la main. Personne d'autre que John n'appelle Philip par son diminutif, mais John l'a fait spontanément, dès le premier jour.

– Comme nous en étions convenus la semaine dernière, j'ai rédigé un plan pour le diagnostic du site et je voulais juste le valider avec toi avant que nous ne lancions l'action, explique Philip.

– Parfait, voyons cela. »

Philip lui tend la feuille et commence à la commenter (voir la figure 6.3). « J'ai pensé que nous pourrions nous concentrer sur l'analyse MIFA pour la première semaine et ensuite…

– L'analyse *quoi* ? interrompt John.

– MIFA, c'est une analyse des flux de matières et d'informations… un bon moyen pour comprendre le processus du début jusqu'à la fin et détecter où se situent les problèmes.

– Nous savons déjà très bien où sont les problèmes, Phil. Ce dont nous avons besoin, c'est de solutions.

– Bien sûr. Et cet exercice nous aidera précisément à trouver les solutions. Mais il est important, avant de démarrer, que les personnes clés soient d'accord sur les grandes questions à résoudre et leurs causes profondes. »

John survole la page. « Cela m'a l'air bien. Je ne comprends pas vraiment, remarque, mais je suis sûr que tu sais ce que tu fais. Juste une chose : est-ce exact que tu vas présenter les résultats à Bruno lors de la réunion du Comité de direction européen, le 16 juin ?

– C'est en effet ce qui est prévu.

– Bon, je voudrais revoir la présentation avant, avec toi. Comme je serai absent les quelques jours qui précèdent la réunion, il faudrait que tu aies fini dans trois semaines. Nous pourrions ainsi prévoir une demi-journée pour l'examiner ensemble au sein de l'équipe de direction. C'est d'accord ?

– Ce n'est pas idéal, répond Philip. Mais on peut sans doute revoir le planning, si c'est indispensable.

– Ça l'est. Bon, rien d'autre ?

© Éditions d'Organisation

Diagnostic – Cafetières

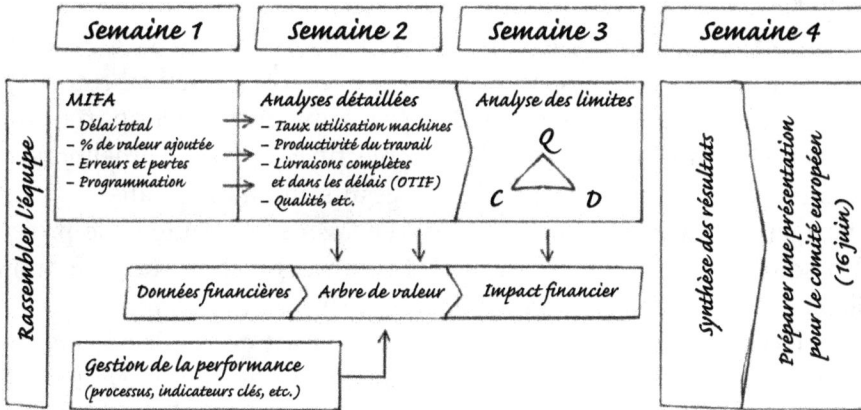

Figure 6.3 Le plan de travail ébauché par Philip

– Juste une dernière chose : la constitution de l'équipe. Je voudrais que ce soit Dave qui conduise le diagnostic et que nous puissions travailler étroitement ensemble.

– Tu veux dire « l'ours Dave » ?

– Tout à fait.

– Mon chef de production ? insiste John, surpris par cette demande.

– Je sais que c'est un rouage essentiel de l'usine, mais c'est justement pour cela qu'il est très important de lui demander d'animer l'équipe.

– Écoute, Phil, je comprends que c'est important, mais nous avons une usine à faire tourner. J'ai déjà eu Bruno Fontana sur le dos à cause des résultats des livraisons du dernier trimestre ; je ne peux pas me permettre de risquer que cela se reproduise. Tu peux prendre l'un des responsables d'équipe, mais Dave, je ne peux pas te le laisser. Fiona Richardson a un bon sens de l'organisation ; et on te mettra deux jeunes ingénieurs de production pour l'aider. Cela leur fera une bonne formation. »

Philip retourne à son bureau avec un sentiment mitigé. John ne lui a pas consacré toute l'attention nécessaire. Il semble considérer que le projet *lean* est commandité par Bruno et que ce n'est pas vraiment son affaire. Ayant un pied dans chaque camp, Philip se sent dans une position inconfortable.

Garantir que la direction s'approprie le projet

La conversation entre Philip et John montre qu'il peut être difficile de concilier une action d'amélioration avec les charges de travail courantes de l'entreprise. Elle souligne également combien il est important de faire concorder de façon formelle les objectifs du projet d'amélioration avec les objectifs personnels des dirigeants impliqués. Sans cela, ces managers n'ont aucune incitation à s'engager pour soutenir le projet. Ils risquent d'avoir à supporter le blâme en cas d'échec, tout en ayant bien peu d'avantages personnels à espérer en cas de réussite.

Si John Wexford adopte une attitude pragmatique et décide de « ne pas se mouiller » en attendant de voir comment les choses évoluent, le reste du personnel d'Arboria peut y voir un manque de conviction à propos du projet… et conclure qu'il n'a pas, lui non plus, à lui apporter un soutien intégral.

Dans l'idéal, les dirigeants font preuve de solidarité, ils sont décidés à faire du programme d'amélioration une réussite et sont prêts à s'y investir personnellement. La situation de l'usine de Bolton, de ce point de vue, est loin d'être parfaite. John vient de refuser de retirer Dave de son poste pour le laisser conduire à plein temps l'équipe de diagnostic. Même s'il pense à juste titre que, de toute façon, les qualifications de Dave ne sont pas forcément adaptées à ce rôle, il n'a pas suffisamment réalisé quel signal fort en faveur du projet cette nomination aurait représenté de la part de la direction.

John a un rôle essentiel à jouer dans le projet : comme principal responsable de Bolton, il sert de modèle à l'ensemble des collaborateurs de l'usine. Il a accepté que l'équipe de direction consacre une demi-journée à examiner les résultats du diagnostic, mais Philip aurait voulu un investissement plus conséquent. Comme la majeure partie des analyses du diagnostic va être conduite par une équipe de projet à temps complet, les responsables de ligne risquent de se sentir plus spectateurs qu'acteurs. John a l'impression que le reste de l'équipe dirigeante voit aussi clairement que lui la direction à suivre et les priorités pour l'usine, mais cette impression n'est pas forcément fondée. Son style de management n'encourage pas l'expression de points de vue différents du sien, aussi les occasions de débattre des problèmes au sein de l'équipe de direction sont-elles rares.

Dans ce type de circonstances, il peut être utile de faire venir un intervenant extérieur comme « facilitateur ». Son rôle sera d'obtenir la confiance individuelle de chacun des membres de l'équipe afin de faire sortir les points de divergence, puis de mettre ces derniers sur la table sans pour autant pointer indûment du doigt les opinions individuelles.

Pour l'instant, la balle est dans le camp de Philip. Il va lancer une double évaluation pour savoir quelle est la performance actuelle de l'usine sur le plan opérationnel et quelles sont les améliorations possibles.

Le lendemain de sa réunion avec John, Philip parle à toutes les personnes qui doivent faire partie de l'équipe de diagnostic et obtient l'accord de leurs chefs sur leur participation. Il rencontre si peu d'opposition de la part des responsables qu'il ne peut s'empêcher de se demander s'il a choisi les meilleurs équipiers. Néanmoins, il est heureux de pouvoir enfin démarrer le projet pour lequel il a été embauché.

L'équipe doit comprendre Christine McGuire, du planning de production, qui maîtrise bien les complexités du système d'ordonnancement, Fiona Richardson, la responsable de la ligne d'assemblage des cafetières que nous avons déjà rencontrée, Derek Hines, un ingénieur principal de maintenance de l'atelier d'injection, ainsi que deux ingénieurs de production, Lisa Hallum et Steve Edwards (voir la figure 6.4). Philip a également obtenu de Brian Johnson, le directeur financier de Bolton, qu'il mette le chef comptable de l'usine à sa disposition deux jours par semaine pendant le diagnostic. Puisqu'il n'a pas pu obtenir que Dave pilote l'équipe, Philip la conduira lui-même tout en prenant part à ses travaux. Ils vont s'installer dans la salle de formation, vidée de tous les prototypes et autres matériels qui l'encombraient.

Le lundi suivant, dans la salle de formation, Philip décrit à l'équipe de diagnostic le plan qu'il a prévu. Il commence par insister sur le fait qu'ils ne doivent pas se perdre dans les détails, et explique qu'ils utiliseront le MIFA pour garantir une approche système.

« Le MIFA n'a rien de mystérieux, c'est simplement un moyen efficace de décrire de bout en bout la chaîne de valeur, sur une seule feuille de papier, explique-t-il. Cette analyse va nous forcer à prendre de la hauteur pour avoir une vue d'ensemble du processus et nous aider à

Équipe de diagnostic

Philip Hargreaves

Finances Participation de 2 jours /semaine	Planning de Production Christine Mcguire	Chef d'équipe Assemblage Fiona Richardson	Ingénieur de Maintenance Derek Hines	Ingénieur de Production Lisa Hallum	Ingénieur de Production Steve Edwards

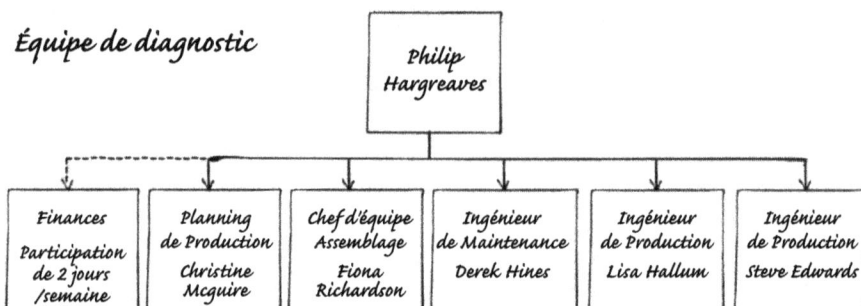

Figure 6.4 L'équipe de diagnostic de Bolton

comprendre les interactions entre les flux de matières (c'est-à-dire la fabrication) et les flux d'information (qui nous indiquent quoi fabriquer, dans quelles quantités et quand). »

En dépit de l'enthousiasme de Philip, l'équipe semble quelque peu perdue. Pour les aider, Philip esquisse rapidement un diagramme MIFA au tableau (voir la figure 6.5). Il explique comment les informations circulent entre le client et Arboria et ensuite vers ses fournisseurs de pièces et matières. Il montre ensuite comment les matières circulent dans la direction opposée, en se terminant par la livraison des produits finis aux clients.

« Le flux complet des matières, d'un bout à l'autre, est la chaîne de valeur sur laquelle nous allons travailler. Entre le flux de matières et le flux d'informations, il y a le planning de la production, qui essaie de traduire les demandes client sous forme d'instructions permettant de fabriquer les produits requis, dans les quantités nécessaires et selon les délais attendus.

– *Essaie* est le mot juste ! murmure Fiona.

Christine mord à hameçon :

– Je n'y peux rien si les clients ne savent pas se décider.

Philip ignore l'aparté et continue :

– Ce que nous verrons, c'est qu'il existe de bonnes raisons pour que nous ayons du mal à livrer les produits dans les délais. Après avoir analysé les causes profondes de ces difficultés, nous pourrons présenter un plan rationnel pour remettre les choses en ordre. »

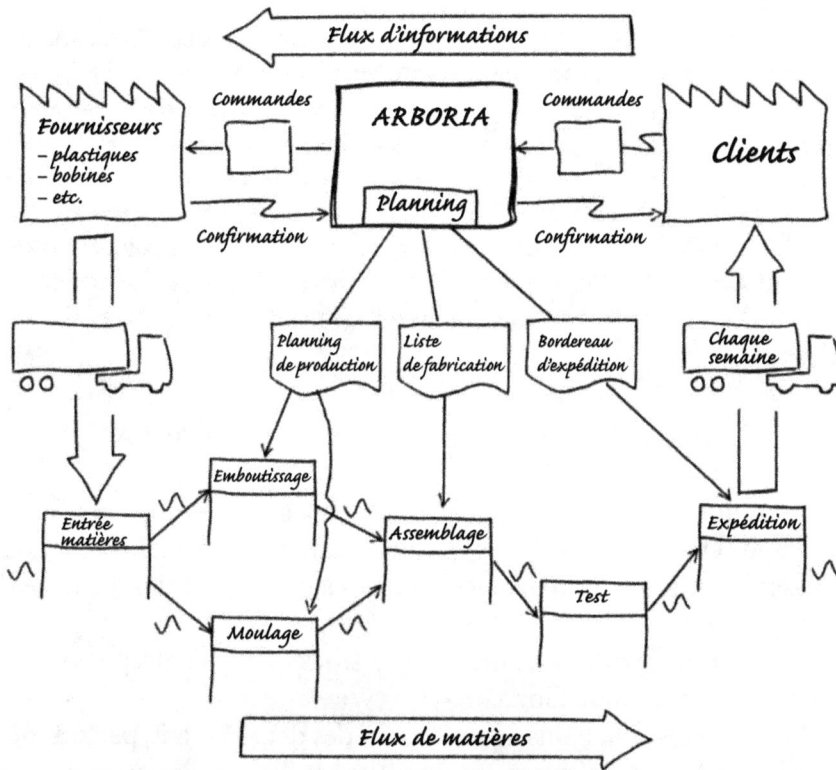

Figure 6.5 Diagramme MIFA esquissé par Philip

Plutôt que d'entrer davantage dans les détails à ce stade et de risquer de les embrouiller, Philip décide de mettre l'équipe tout de suite au travail. Il leur montre une liste de sept éléments nécessaires pour établir la cartographie de la situation présente (voir la figure 6.6).

« Nous mènerons les deux premières étapes en parallèle. Je suggère que nous nous mettions deux par deux, avec à chaque fois quelqu'un qui connaît bien les parties de la chaîne de valeur à analyser et quelqu'un qui peut apporter un regard neuf sur les processus concernés. Par exemple, Christine et Lisa, pouvez-vous démarrer en examinant les données hebdomadaires de la demande client réelle par produit, sur les douze derniers mois ? Derek et Fiona, je voudrais que vous rassembliez des données sur la production, les changements d'outil et la fiabilité des machines de moulage sur la base de ce qui

Les 7 étapes de l'analyse MIFA

1. Besoins client
2. Étapes du processus
3. Données du processus
4. Stocks
5. Flux de matières fournisseur-client
6. Flux d'informations (poussés ou tirés)
7. Délai total et temps à valeur ajoutée

arboria.

Figure 6.6 Les 7 étapes de l'analyse MIFA

arrive vraiment. Si possible, essayez de noter également les niveaux de stock pour chaque produit. Steve et moi nous allons passer un moment à l'assemblage pour recueillir des données sur la répartition actuelle du travail.

– Vous voulez parler des niveaux de stocks dans l'entrepôt ou bien dans l'usine ? demande Fiona.

– Bonne question. Nous avons besoin des deux. En fait, partout où il y a des stocks, il faut noter les quantités et les emplacements. Si un même produit est stocké à plusieurs endroits, nous devons le savoir. Et, rappelez-vous la règle d'or qui doit s'appliquer à tout ce que nous ferons ensemble au cours des semaines à venir : ne jamais prendre pour argent comptant ce que les gens vous disent ou ce que vous trouvez écrit dans un rapport. Il faut toujours se rendre sur place et vérifier par soi-même.

– Ils vont nous aimer ! commente Derek.

– Je sais que l'on risque de piétiner quelques plates-bandes, répond Philip, mais nous devons savoir exactement ce qui se passe sur le terrain. Peut-être allons-nous trouver quelques squelettes dans les placards.

– Ne vous méprenez pas, Philip. Je sais que c'est nécessaire pour l'entreprise. Je voulais simplement dire qu'il ne fallait pas s'attendre à ce que l'on nous remercie. » Derek jette un regard entendu à Christine.

Emportant carnets de note et stylos, l'équipe part à la chasse aux données.

Évaluer le système opérationnel

Philip utilise l'analyse MIFA pour structurer le travail et la réflexion de l'équipe et forcer ses membres à prendre plus de hauteur pour appréhender les choses que ce qu'ils ont l'habitude de faire dans le cadre de leur fonction. L'analyse MIFA ne va pas fournir toutes les réponses, mais elle va préciser sous quel angle attaquer le problème, en aidant à identifier les causes premières de gaspillage et à détecter précisément quels domaines doivent être analysés de façon plus détaillée. Les interrelations qu'étudie l'outil MIFA, entre le flux d'information et le flux de matières, représentent l'une des sources les plus habituelles d'inefficacité dans un système opérationnel.

Une entreprise fabriquant des éléments sur mesure pour le bâtiment a utilisé cette analyse pour évaluer son système opérationnel. La rotation de ses stocks de produits finis était devenue si faible que ses espaces de stockage ne pouvaient plus contenir ces derniers. Les changements tardifs dans les dates de livraison client étaient la cause profonde de ce problème ; ils découlaient de plusieurs facteurs, dont les intempéries retardant les chantiers. Les changements intervenaient souvent après que les produits aient été lancés en production.

Pour surmonter cette difficulté, on décida qu'un collaborateur téléphonerait aux clients le mercredi précédant la livraison afin de vérifier s'ils avaient toujours besoin des produits commandés. Bien qu'il ne fût pas intégré formellement dans le processus d'ordonnancement de l'entreprise, le rôle de ce collaborateur devint probablement l'un des plus importants pour le bon fonctionnement du site, comme l'analyse MIFA devait le démontrer. Réalisant cela, la direction comprit que raccourcir les délais de fabrication était le meilleur moyen pour réduire les stocks. Si les commandes étaient lancées en fabrication beaucoup plus tard dans le temps, l'appel téléphonique permettait de détecter les commandes qui n'étaient plus souhaitées. En deux mois, on assista à la quasi disparition des stocks de produits dans l'usine.

Arboria rencontre la même difficulté pour traduire en programmes de production les exigences constamment changeantes de ses clients. Au moment où Philip lance le diagnostic, l'entreprise traite les commandes de façon centralisée au siège, avant de les répercuter sur les usines ; ce qui peut constituer une partie du problème. En effet, rajouter des étapes dans la chaîne d'approvisionnement tend à amplifier les variations de la demande. Quelle que soit la cause profonde, Arboria va devoir s'y attaquer. L'un des objectifs de la transformation *lean* dans laquelle l'entreprise s'engage est de rendre ses usines plus flexibles et plus réactives aux demandes de la clientèle, afin d'obtenir un avantage déterminant par rapport aux producteurs non européens.

Lorsque l'on se lance dans l'analyse de la chaîne de valeur de bout en bout, il faut restreindre le périmètre de diagnostic. L'évaluation du système opérationnel que mènent Philip et son équipe est limitée au site de Bolton, car Philip a estimé que les besoins de l'entreprise peuvent être utilement abordés à ce niveau. Parfois, en revanche, les équipes de diagnostic doivent lancer leurs filets sur un plus vaste territoire.

Dans un centre de traitement administratif des demandes de prêt, le personnel devait scanner les formulaires de demande pour pouvoir les garder ensuite sous format électronique. Les formulaires étant pris dans les brochures commerciales, il fallait les couper et enlever les agrafes avant de les mettre dans le scanner. Cela représentait une charge de travail énorme et inutile pour ce centre, qui traitait plusieurs milliers de demandes chaque jour. Ce cas précis montre qu'il peut être nécessaire d'étendre la vision de bout en bout au-delà du centre de traitement lui-même et jusqu'aux agences, afin de trouver et de traiter les causes des inefficacités à la source.

Tandis qu'ils se dirigent vers l'atelier d'assemblage des cafetières, Philip explique son plan à Steve.

« Nous allons suivre une pièce le long du processus d'assemblage. Imaginez que vous êtes un client attendant tel modèle de cafetière. Observez celle-ci progresser le long de la chaîne de valeur et demandez-vous à chaque fois : est-ce que je suis prêt à payer pour l'activité qui est en train d'être réalisée ?

– Je ne suis pas sûr de bien comprendre ce que vous voulez dire. Vous parlez des activités menées par les opérateurs sur la ligne d'assemblage ?

– Oui, mais également de toute autre opération concernant une pièce, que ce soit le montage de deux composants ensemble, le déplacement d'une boîte de pièces moulées ou une reprise sur une cafetière refusée par les contrôles. À chaque fois qu'un événement arrive concernant la pièce, demandez-vous s'il ajoute de la valeur ou bien seulement des coûts. Si nous sommes dans le second cas, il faudra se demander comment éliminer cette source d'inefficacité.

– Oui, je vois.

– Il existe deux façons d'agir sur la rentabilité : le prix et les coûts. L'entreprise n'a qu'une petite marge de manœuvre pour influer sur le prix, c'est essentiellement le marché qui le détermine. Les coûts, en revanche, sont largement sous notre influence : si nous pouvons découvrir les fuites et les colmater, nous pourrons améliorer notre rentabilité. »

Comme ils approchent de l'assemblage, Philip tire Steve par la manche.

« Attendez ! Arrêtons-nous ici une minute pour regarder. »

Quatre opératrices travaillent dans l'atelier d'assemblage des cafetières. La première vérifie les défauts sur le corps et fixe l'indicateur de niveau d'eau. La deuxième monte la résistance chauffante et le joint d'étanchéité, assemble l'interrupteur et le panneau de commande et passe les fils à travers le boîtier jusqu'aux voyants lumineux. La ligne reçoit tous les composants électriques pré-assemblés.

La troisième opératrice retourne l'ensemble, applique de la colle en dessous du boîtier principal et ajuste la base en utilisant une presse pneumatique. La quatrième personne contrôle la cafetière sur un bac de test avant de l'envelopper dans un sac plastique avec le mode d'emploi, de déplier un carton imprimé et de terminer l'emballage.

« Qu'en pensez-vous ? demande Philip.

– À première vue, cela semble marcher. Chacun est occupé et il n'y a pas de temps mort.

– Et si, maintenant, vous observez la même pièce avec l'œil d'un client ? »

Steve regarde la première opératrice, qui a remarqué qu'on l'observait. Elle termine son travail sur la pièce et la pose sur l'établi à côté d'elle, auprès d'autres pièces.

« Bon, personne ne travaille sur cette pièce en ce moment, mais cela n'ajoute pas vraiment de coûts, n'est-ce pas ?

– Peut-être pas des coûts, mais en tout cas du temps, répond Philip. Imaginez que nous observions non pas une cafetière mais un produit périssable, un fruit par exemple. Nous devons considérer nos produits comme des produits périssables et nous efforcer de leur faire traverser le processus aussi vite que possible afin qu'ils parviennent chez le client dans le meilleur état de fraîcheur possible. Imagine l'odeur de tous ces fruits qui attendent ici pour rien.

– En un sens, c'est vrai, dit Steve, pensif. Si nous voulons répondre plus rapidement aux besoins des clients, nous ne pouvons pas nous permettre de laisser un produit simplement attendre d'être traité dans le processus. Cela augmente le temps de cycle.

– Exactement ! Continuez à observer la pièce. Que se passe-t-il ensuite ? »

Steve regarde la deuxième opératrice, un peu mal à l'aise, travailler avec une dextérité impressionnante, puis poser la pièce sur la table d'assemblage à côté de son poste de travail. Plusieurs autres éléments de cafetières attendent déjà pour être collés. L'opératrice du poste de collage est en train de fourrager dans la presse pneumatique avec un tournevis, comme pour retirer quelque chose coincé à l'intérieur. Pendant ce temps, le nombre de pièces en attente augmente.

« On dirait que le poste de collage recommence à faire des siennes, dit Steve. Nous sommes tous au courant du problème ; il fait partie de notre liste.

– Vous pouvez voir l'effet que cela produit sur le flux de travail, n'est-ce pas ? Le manque de fiabilité de la presse introduit de la variabilité qui entraîne du gaspillage ailleurs dans le processus, avec en particulier les opérateurs en amont qui doivent attendre que les pièces accumulées soient traitées. Et, au poste d'essai, on manque de pièces à contrôler : regardez ce que fait son opératrice maintenant. »

Elle est en train de monter des cartons d'emballage et de les empiler à côté de sa machine.

« Sans doute essaie-t-elle d'utiliser son temps de façon productive ? lance Steve.

– Naturellement, mais elle *n'a pas* vraiment *besoin* de cartons tout de suite. Je ne la critique pas ; elle essaie de se rendre utile, mais c'est de la surproduction.

– Vous avez tout à fait raison, admet Steve.

– Les cartons prennent de l'espace et, en encombrant le secteur, ils gênent les déplacements. En attendant, le vrai problème – celui de la machine de collage – subsiste, lui, bien qu'il soit en partie camouflé puisque l'opératrice s'occupe à d'autres tâches.

Je vais juste aller vérifier si Fiona et Derek s'en sortent dans l'atelier d'injection, dit Philip. Ce serait très utile que vous notiez le temps nécessaire pour réaliser chaque opération ; cela nous fournira des données sur le contenu du travail. Utilisez simplement la trotteuse de votre montre. Je reviens dans une minute. » Philip s'éloigne.

Steve repose son carnet sur une palette de cartons d'emballage à côté du secteur d'assemblage et enlève sa montre. Il note le temps du premier opérateur pour finir le cycle de travail : 24 secondes, 26 secondes, 33 secondes...

« De quoi s'agit-il ? On va nous chronométrer maintenant ? demande Jeff Aspinall, qui emballe les cafetières.

– Non, pas du tout. Nous avons juste besoin de savoir combien de temps il faut pour fabriquer une cafetière électrique depuis le début jusqu'à la fin.

– Qui est-ce "nous" ?

– Philip Hargreaves, le nouveau responsable chargé de mettre en œuvre le *lean*. Il était ici il y a une minute.

– Et qu'est-ce que c'est le *lean* ? »

Pendant cette conversation, les autres ont arrêté leur travail et fait cercle. Steve ne se sent pas très à l'aise : ce n'était pas une bonne idée de commencer à observer leurs activités sans expliquer d'abord à l'ensemble des opérateurs ce qu'il était en train de faire. Devant le feu des questions auquel il est soumis, il prend conscience qu'il est dépassé. Il s'excuse et quitte le groupe, sachant que les dégâts sont déjà faits.

Il retrouve Philip dans l'atelier d'injection et lui explique ce qui vient de se produire. Fiona propose de retourner parler à l'équipe. Philip s'en veut. Il aurait dû mieux préparer l'équipe ; il s'est laissé emporter par son enthousiasme à l'idée de montrer à Steve comment observer les opérations.

Pendant qu'ils reviennent, Fiona essaie de rassurer Steve.

« Ne t'inquiète pas, mon petit, tout se passera bien une fois qu'on leur aura expliqué ce qu'on fait. Comme personne ne nous dit jamais rien sur la ligne, au bout d'un moment on en a assez de se faire traiter comme des champignons.

– Des champignons ?

– Oui, mis sur du fumier et gardés dans le noir ! »

Fiona calme le jeu avec l'équipe d'assemblage et Steve s'excuse de n'avoir pas commencé par expliquer qu'il essayait de comprendre le processus de travail, et non pas de faire des contrôles individuels. Une fois que chacun a retrouvé son calme, l'équipe se montre curieuse d'en savoir plus et commence à proposer des améliorations. Après avoir promis de noter leurs idées sur le tableau et de les tenir informés des résultats du diagnostic, Fiona retourne dans l'atelier d'injection, en laissant Steve terminer de chronométrer le reste du processus.

À la fin de la journée, l'équipe de diagnostic fait le point. Les premiers résultats sont révélateurs. Steve a découvert non seulement que les temps moyens pour les quatre processus sont différents, mais qu'il existe des variations considérables au sein de chaque processus. Cela crée des temps d'attente : en moyenne, les opérateurs passent la moitié de leur poste à attendre.

Fiona explique que le taux d'utilisation de beaucoup de machines dans l'atelier d'injection semble dépasser les 100 %, mais que le calcul des temps de cycle inclut des temps de changement d'outils et de pannes. À partir d'estimations brutes réalisées par Derek et Fiona, le véritable taux doit se situer autour de 70 %, si l'on utilise comme base de calcul la production de bonnes pièces divisée par la production théorique ou bien la durée d'un poste divisée par le temps de cycle de la machine.

« Nous devons intégrer les temps de pannes et de changement d'outils pour que notre planification soit plus réaliste sur la production réelle de chaque campagne, estime Christine.

– Oui, mais vous voyez le problème, dit Philip. En mesurant l'efficacité de la machine de cette façon, on cache son vrai potentiel.

– Je ne suis pas sûr que vous ayiez raison, intervient Derek, si nous n'admettions pas une part de temps pour les pannes, nous serions dans une drôle de pagaille.

– Réfléchissez une minute, continue Philip, pourquoi, au départ, *admettons-nous* qu'il y ait des pannes ? Les mots eux-mêmes ne trahissent-ils pas notre défaitisme ? Nous *admettons* qu'il y ait des pannes : nous nous attendons à ce qu'il y en ait et, même, nous les planifions en les intégrant dans nos calculs.

– Comment faire autrement ? demande Christine.

– Il est important de séparer le planning de la production du suivi de la performance, répond Philip. Pour planifier, nous devons accepter que nos machines ne sont pas aussi fiables qu'elles pourraient l'être et prévoir des défaillances afin de protéger nos clients. Mais, lorsque nous examinons la performance, nous devons connaître tout le potentiel ; autrement, nous limitons artificiellement les possibilités d'amélioration. Lorsque l'on voit 100 % de taux d'utilisation, tout le monde pense que ça va très bien ; mais, si nos chiffres sont corrects, le taux d'efficacité réelle étant de 70 %, on peut dire que le potentiel d'amélioration est de 30 % mais qu'il reste caché. Le premier calcul pourrait nous inciter, par exemple, à décider un gros investissement dans une nouvelle machine, puisque apparemment nous manquons de capacité. En fait nous avons beaucoup de réserves ; simplement, nous ne sommes pas encore capables de les utiliser. »

Philip voit que l'équipe commence à comprendre ; ils apprennent à regarder leurs processus avec un œil de client. En discutant de ce qu'ils viennent d'apprendre et en réfléchissant aux problèmes qui sont apparus en seulement quelques heures de diagnostic, ils commencent à montrer plus d'énergie et d'enthousiasme.

Interpréter les résultats

Une fois l'analyse MIFA terminée, l'équipe va utiliser les résultats pour déterminer quelles analyses supplémentaires sont nécessaires pour comprendre les implications de la demande client. L'analyse MIFA les aidera également à quantifier le potentiel théorique de diverses options, telles qu'éliminer les temps d'attente sur la ligne d'assemblage ou réduire les pertes de temps dues aux pannes de machine dans l'atelier d'injection.

La demande client

Lorsque l'on veut évaluer et concevoir un système opérationnel, il convient de démarrer par l'analyse de la demande client. Comprendre quel est le niveau de celle-ci, son contenu et sa variabilité est essentiel. Beaucoup de produits d'Arboria, par exemple, sont achetés comme cadeaux et quelque 40 % des ventes annuelles sont réalisées au qua-trième trimestre, avant Noël. Comme la demande dépasse la capacité de production pendant cette période, le reste de l'année on stocke les produits sur la base des prévisions de ventes pour les fêtes.

Malheureusement, on peut garantir, sans grand risque de se trom-per, que les prévisions seront fausses. La seule question est de savoir quelle sera la marge d'erreur. Si Arboria surestime la demande, elle se retrouvera avec des stocks d'invendus dans sa chaîne de valeur à la fin de la saison. Pour ne pas avoir à garder les produits dans les entrepôts, il faudra laisser les distributeurs les écouler à prix cassés.

Jusqu'à présent, l'entreprise a fortement investi dans des modèles de simulation informatisés censés améliorer l'exactitude des prévisions, mais sans résultats probants. Ce qu'elle devrait plutôt faire, c'est essayer d'augmenter la capacité effective de ses usines pour pouvoir fabriquer sur commande plutôt que fabriquer sur stock. De cette façon, elle pourra produire ce que les clients veulent vraiment, et non pas ce qu'elle a pensé qu'ils voudraient.

Une telle approche induira d'autres questions. Par exemple, comment utiliser les surplus de capacité disponibles en basse saison, comment créer une organisation plus flexible, où le personnel travaille-rait davantage en haute saison, lorsque l'entreprise a plus besoin de lui, et moins en basse saison. Ces problèmes ne sont pas faciles à résoudre, car ils concernent de nombreux aspects de l'activité, des achats aux ventes en passant par la gestion des ressources humaines et la produc-tion. C'est pourquoi il est fondamental que toute l'équipe de direction soit en phase avec l'action menée et ses objectifs.

L'utilisation des équipements

Les données sur les opérations, recueillies au cours du diagnostic, doi-vent être traduites en termes d'avantages financiers, qu'elles correspon-dent à une amélioration du résultat net ou à des investissements pouvant être différés. Chez Arboria, l'introduction de nouvelles gammes et le lancement de produits colorés a pesé lourdement sur la capacité de production, particulièrement pour les pièces moulées. La direction a, jusqu'ici, discuté deux options : sous-traiter la fabrication de certaines pièces moulées ou investir dans de nouvelles capacités. L'équipe de diagnostic vient d'en découvrir une troisième : libérer les capacités inutilisées dans les installations existantes, ce qui pourrait permettre de reporter, voire d'abandonner, certains investissements. L'impact peut être énorme en termes financiers sur le ROCE d'Arboria. Dans les industries fortement capitalistiques, libérer des capacités de production latentes s'avère souvent le principal facteur d'avantage financier apporté par une transformation *lean*.

En mesurant de façon rigoureuse la performance, on ne laisse dans l'ombre aucune inefficacité. Si elle remplace sa méthode habituelle de calcul du taux d'utilisation des machines par une méthode plus pertinente, Arboria va avoir une bonne base d'évaluation pour se fixer des objectifs d'amélioration. Beaucoup d'entreprises utilisent aujourd'hui le taux de rendement synthétique (TRS) pour évaluer le rendement de leurs équipements, car ce type de mesure prend en compte les six grandes sources d'inefficacité : les pannes, les changements d'outil, les ralentissements, les arrêts mineurs, les manques de qualité et les pertes dues aux procédés.

Une fonderie dont la performance avait stagné depuis plusieurs années a utilisé des données TRS comme base d'une analyse des limites. Un consultant a poussé l'équipe de projet à imaginer quelle était la limite théorique de réduction des inefficacités, quelles qu'elles soient. Par exemple, s'il fallait dix minutes pour vider et recharger un moule, ne pouvait-on pas ramener ce temps à quatre minutes grâce à un petit investissement supplémentaire si les opérations étaient réglées comme un mécanisme d'horloge ? Finalement, l'équipe n'a pas retenu un objectif d'amélioration de quatre minutes (il était en fait irréalisable), mais elle a décidé de réduire de moitié l'écart par rapport à la limite théorique au cours des douze mois suivants. En adoptant ce type d'approche, la fonderie a pu accomplir un saut de performance que le personnel ne pensait pas possible au départ.

La productivité du travail

Les observations de Steve et Philip et les données recueillies plus tard par Steve indiquent qu'il existe des opportunités énormes d'amélioration de la productivité du travail sur la ligne d'assemblage. Pour concrétiser ce potentiel, Arboria doit standardiser ses opérations afin de réduire leur variabilité et, ensuite, de répartir de manière équitable le travail entre les différents opérateurs (méthode parfois désignée sous le terme « d'équilibrage de ligne »). Il faut donc déterminer le rythme de production sur lequel équilibrer le travail.

À première vue, il suffit de prendre la charge totale de travail sur la ligne de fabrication de cafetières et de la diviser à parts égales entre les quatre opérateurs. Cela devrait permettre de rendre plus fluide l'écoulement des produits sur la ligne. Cependant, le débit de la ligne risque d'être plus rapide que ce que demandent les clients (Takt).

La bonne approche consiste donc à déterminer, d'abord, le Takt pour un produit donné puis à diviser la charge de travail par le Takt pour en déduire le nombre d'opérateurs nécessaires. Ceci permet de s'assurer que seuls les effectifs strictement nécessaires à la satisfaction des besoins de la clientèle sont affectés à la production. Lorsque le niveau de la demande changera, au quatrième trimestre en particulier, l'effectif des opérateurs devra également être ajusté.

Notons qu'il est bénéfique de créer, très tôt pendant la transformation *lean,* des standards visuels simples pour chaque opération, car ils fournissent une base pour réallouer le travail entre les opérateurs lorsque le Takt change. Ces standards aident également à améliorer la qualité et à réduire la variabilité du temps de cycle. L'amélioration continue devient ainsi possible, tandis que les gaspillages sont éliminés du processus et que les standards sont remis à jour au fur et à mesure des améliorations.

Le délai de production

L'une des informations les plus intéressantes qu'apporte l'analyse MIFA concerne le délai réel de production ainsi que la proportion de temps à valeur ajoutée – on exprime cette dernière en pourcentage du délai total. La définition du délai total est la suivante : le temps normal entre le début et la fin du processus de production, c'est-à-dire entre le moment où le « produit » entre dans la chaîne de valeur et celui où il en ressort.

Supposons qu'un garage effectue l'entretien de base d'une voiture en 30 minutes. S'il y a dix voitures dehors qui attendent et quatre à l'intérieur, le délai total pour le client est de 7,5 heures : soit 7 heures d'attente (14 voitures multipliées par 30 minutes), et une demi-heure pour le temps d'entretien effectif. Imaginons à présent qu'une caméra vidéo enregistre une intervention complète d'entretien. Après analyse de la vidéo, il s'avère que le temps apportant une véritable valeur au client (par exemple, pour changer le filtre à huile) ne dépasse pas les cinq minutes. Dans le cas présent, la proportion totale de temps à valeur ajoutée pour le client (5 minutes divisées par 7,5 heures) est d'à peine 1 %.

Pour Arboria, l'analyse MIFA a indiqué que la proportion de temps à valeur ajoutée était nettement inférieure à 1 %. Bien qu'une proportion aussi faible puisse sembler incroyable (et sera probablement accueillie avec beaucoup de scepticisme par le management lorsque l'équipe lui présentera le fruit de ses recherches), elle s'explique par la grande quantité de stocks présents dans le processus, qui fait considérablement chuter le résultat. Beaucoup d'entreprises constituent en effet de nombreux en-cours afin d'absorber les variations de la demande client… alors même que ceci produit l'inverse de l'effet souhaité.

Les stocks ne devraient être considérés que comme une file d'attente qui avance lentement, unité par unité, à chaque fois qu'un produit est livré au client. Pour créer de la flexibilité, il convient de réduire les stocks au strict minimum pour maintenir le flux. Les en-cours sont comme l'huile dans un moteur : une quantité donnée est nécessaire pour bien le lubrifier et permettre à tous les rouages de tourner, mais il n'y a aucun besoin d'en mettre plus.

Imaginons que notre garage remodèle son système opérationnel pour éliminer les stocks (il n'est donc plus besoin de prendre rendez-vous) et les gaspillages (l'entretien ne dure plus que 15 minutes). Il crée ainsi un nouveau modèle de service rapide pour le segment de marché des clients qui ne peuvent pas (ou ne veulent pas) prendre rendez-vous pour l'entretien de leur véhicule. Simultanément, le garage double sa capacité effective et, donc, son chiffre d'affaires potentiel. Cet exemple tout simple décrit en fait un principe utilisé par de nombreuses entreprises, notamment McDonald's et Dell. Comme leurs modèles laissent peu de place à la variabilité, ils doivent s'accompagner de standards de fonctionnement très clairement définis.

Arboria doit appliquer la même approche pour ramener ses stocks au niveau juste nécessaire pour pouvoir livrer ses clients. De cette façon, l'entreprise deviendra plus réactive et elle réduira ses besoins en fonds de roulement ainsi que ses provisions annuelles pour dépréciation des stocks de produits obsolètes.

Des lacunes dans le diagnostic

Considérons un instant le diagnostic que Philip et son équipe ont effectué. Ils ont mené une évaluation complète des aspects clés du système opérationnel et ont identifié des lacunes importantes dans la gestion de la performance, notamment la façon dont est mesuré le taux d'utilisation des machines. Mais, si l'on se rappelle qu'il convient de prendre en compte les trois dimensions, c'est-à-dire le système opérationnel, le système de management et l'état d'esprit et les comportements du personnel, le diagnostic à l'évidence comporte des lacunes.

Même si Philip et son équipe ont abordé certains aspects de la gestion de la performance, ils n'ont pas évalué cette gestion de façon systématique et complète. Ils n'ont, par exemple, pas étudié dans quelle mesure les objectifs personnels des salariés concordaient avec les objectifs opérationnels de l'entreprise ; ni évalué le niveau de polyvalence de la main-d'œuvre, qui pourrait être un facteur clé pour l'amélioration du système opérationnel. Philip n'a pas non plus effectué un examen formel de la structure organisationnelle, car il estime ne pas avoir reçu un mandat clair dans ce domaine et ne pas avoir la crédibilité nécessaire pour le faire.

Lorsqu'un projet de transformation *lean* ne comporte pas d'évaluation de la structure de gestion et de la culture de l'entreprise, il court le risque d'être perçu comme une action purement technique pilotée par des experts techniques. Ayant quitté une entreprise qui pratique le *lean* sans même y penser, Philip a sous-estimé l'écart entre ce que l'équipe dirigeante comprend des impératifs pour mener à bien le changement et ce qui est réellement nécessaire.

© Éditions d'Organisation

L'incident avec les opérateurs de l'assemblage réagissant au chrono-métrage de leurs tâches montre qu'on leur laisse peu d'initiative et qu'ils sont habitués à subir. La phase de diagnostic offre la possibilité de marquer la coupure avec les anciennes pratiques et de remettre le management en phase avec la réalité du terrain. Pour le moment, Arboria semble avoir manqué cette occasion idéale.

Le jour de l'atelier de travail avec l'équipe de direction du site est arrivé. Le matin, John et ses collègues de la direction, auxquels s'est joint Philip, ont tenu leur réunion mensuelle. L'équipe de diagnostic vient de les rejoindre pour un déjeuner rapide. Certains des membres de cette équipe n'ont jamais mis les pieds dans la salle de direction et se sentent quelque peu intimidés.

« Bon, nous avons pris un peu de retard. Que ceux qui ont besoin d'un café pour rester éveillés aillent le chercher et on va commencer. Phil, c'est à toi de jouer. »

Philip se sent pris de court. Avant la réunion, il a demandé à John d'exposer les raisons du diagnostic et John a accepté de le faire. A-t-il oublié ou bien décidé de passer tout de suite aux conclusions pour gagner du temps ?

« Heu…, merci, John, se lance Philip. Je pense que vous savez tous que le Comex a décidé d'entreprendre une démarche de transformation des activités d'Arboria. Bruno et Dietmar m'ont donc demandé de conduire une évaluation dans cette usine et de présenter les résultats la semaine prochaine, lors de la réunion du Comex. Mon équipe a mené ce diagnostic au cours des trois dernières semaines. Nous souhaitons aujourd'hui en partager avec vous les résultats et entendre vos commen-taires. Nous espérons que la discussion va pouvoir s'engager à partir de la présentation que nous allons vous faire. S'il n'y a pas de questions, nous allons commencer. Fiona, c'est à vous.

– Merci Philip. »

Pendant qu'elle se rend près de l'immense diagramme MIFA accro-ché sur le mur par l'équipe, Fiona semble quelque peu intimidée ; elle n'a jamais fait un tel exercice auparavant. Le diagramme indique chaque processus et chaque flux de matières et d'information dans la chaîne de valeur des cafetières.

Fiona explique ce que montre le MIFA et l'équipe de management, nettement intriguée, commence à lui poser des questions auxquelles elle répond directement, à moins qu'elle ne renvoie sur d'autres membres de l'équipe. Au bout d'un moment, Philip conclut la discussion et résume les enseignements qu'ils ont tirés de l'analyse.

« Ce que nous voulions essentiellement faire comprendre, c'est que la façon dont nous travaillons actuellement est très compliquée et qu'il existe bon nombre de points dans la chaîne de valeur où la connexion se fait plutôt mal. Ceci crée des gaspillages ou, si vous préférez, des déperditions. Cela peut vous sembler un constat très négatif, mais pourtant cela signifie également que nous disposons d'un potentiel énorme d'amélioration si nous arrivons à colmater ces fuites et nous efforçons de mieux fluidifier la chaîne de valeur.

– Et comment fait-on cela ? demande Brian Johnson.

– Eh bien, je ne voudrais pas anticiper car nous avons encore beaucoup d'autres choses à vous montrer. Mais, fondamentalement, nous devrions nous mettre à tirer le produit à travers le système à partir des commandes réelles des clients, au lieu de le pousser à partir de prévisions comme nous le faisons aujourd'hui, répond Philip. Mais, plutôt que d'anticiper les conclusions, je voudrais que Christine vous présente l'analyse qu'elle a réalisée avec Lisa sur la demande client. »

Christine met sur le rétroprojecteur un diagramme présentant la demande mensuelle de cafetières. « Comme vous pouvez le voir, la demande semble relativement lisse, sauf pour le pic de ventes pendant la période avant Noël. Mais, lorsque l'examen est réalisé sur une base hebdomadaire, c'est une tout autre histoire. » Elle montre un autre graphique, avec les ventes hebdomadaires de l'année précédente. La courbe présente globalement le même profil, mais comporte davantage de dents de scie.

« Le graphique montre-t-il ce que nous avons fabriqué ou ce que nous avons livré réellement ? demande Dave.

– Ni l'un ni l'autre, répond Lisa. Ce sont les données, provenant du service ventes, qui indiquent ce que les clients nous ont commandé pour cette famille de produits.

– Et pourquoi vous intéressez-vous à ces chiffres ? demande-t-il.

– Parce qu'ils montrent ce qu'est la demande réelle du client. Nous avons voulu commencer par là afin de pouvoir comparer ensuite avec ce qui a réellement été produit.

– Et alors ? interroge Dave, curieux de connaître les résultats.

– Un peu de patience ! répond Christine, qui travaille avec Dave depuis pas mal d'années. Avant de vous présenter les résultats, nous avons un autre graphique à vous montrer : c'est la demande hebdomadaire pour chaque référence de produit, et non plus la demande globale pour la famille complète. »

Sur le graphique, les dents de scie se succèdent.

« On croirait les pics de l'Himalaya, commente John.

– Je suis un peu perdu, dit Brian. Ce graphique nous indique quoi exactement ?

Philip se lance dans une explication.

– Ce que vous voyez, c'est combien la demande varie, pour un produit particulier, d'une semaine sur l'autre. Le graphique est très détaillé, puisqu'il reprend les chiffres de la demande de semaine en semaine pour chaque référence produit, ce qui accentue les écarts. C'est comme si on utilisait un microscope. Mais c'est précisément le niveau réel de variation que nous devons pouvoir traiter. Seul ce niveau de détail va nous permettre de déterminer quelle quantité de stocks de produits finis nous devons maintenir pour nous protéger contre les fluctuations.

– Je n'y suis toujours pas, dit Brian en fronçant les sourcils.

– Moi non plus ! ajoute John.

Dave intervient :

– Cela veut dire que nous devons avoir assez de stock pour couvrir ces crêtes, sinon nous risquons de nous retrouver tout nus.

– Exactement ! confirme Philip soulagé. Mais notre problème c'est qu'aujourd'hui notre stock dépasse largement nos besoins.

– C'est vrai ? demande John en se tournant vers Bill.

– Naturellement, car nous ne fabriquons certaines variantes qu'une fois par mois.

– Nous y sommes ! s'exclame Philip. Si nous fabriquions chacun de nos produits chaque semaine, nous pourrions déjà éliminer une bonne moitié de notre stock de produits finis.

– La discussion commence à devenir intéressante, commente Brian, visiblement attiré par la perspective de réduire les liquidités immobilisées dans le stock.

– Un instant ! interrompt Bill. On a déjà essayé et ça a été un vrai désastre. On laissait des clients "plantés" sans produit dans tous les coins. Il n'est pas sérieux de prétendre que l'on peut fabriquer chaque produit chaque semaine. Tu sais combien de changements de production il faudrait faire ?

– Il faudrait dans ce cas, bien sûr, réduire les temps de changement. Mais, d'après ce que nous avons pu voir, c'est tout à fait possible. »

Lisa reprend sa présentation avec un nouveau diagramme. « Comme vous pouvez le voir, cette analyse montre que plus de 85 % de nos ventes de cafetières sont réalisées sur sept produits seulement. Le reste des références, soit 20 produits environ, font peu de ventes, ajoutent beaucoup de complexité à la production et nous forcent à maintenir des stocks dans tout le processus. »

Philip enfonce le clou. « En éliminant ces 20 produits, nous pourrions réduire les stocks de presque 50 % ; et en réalisant des temps de changement de moins de 30 minutes, nous pourrions fabriquer chaque produit chaque semaine.

– J'aimerais quand même pouvoir parler ! interrompt Bill. On pourrait peut-être me dire ce qu'on veut m'imposer. Il est totalement impossible de pouvoir fabriquer chaque produit chaque semaine.

– D'accord, on reviendra là-dessus plus tard. Passons au point suivant. »

Fiona et Derek présentent leurs résultats pour l'atelier d'injection. Quand ils annoncent que le taux d'utilisation réel des machines d'injection se situe quelque part entre 50 % et 70 %, plutôt que 100 % comme ils le pensaient au départ, des sourcils se lèvent et John jette un regard du côté de Bill.

Pourtant, l'intensité de la discussion est quelque peu retombée après l'épisode sur les données de la demande. Lorsque Steve présente les analyses montrant que les opérateurs de l'assemblage passent plus de la moitié de leur temps à attendre les pièces ou les instructions, il y a peu de réactions dans le groupe.

Philip conclut la discussion en présentant une évaluation des gains qu'Arboria pourrait réaliser en s'attaquant aux pertes de valeur identifiées par l'équipe de diagnostic. Si les résultats possibles pour la ligne de fabrication des cafetières se retrouvent pour les autres produits de l'entreprise, la base de coûts d'Arboria, d'un montant global de 40 millions de livres, pourra diminuer d'au moins 15 à 20 %. Cette conclusion déclenche la réaction de John.

« Bon Dieu ! laisse-t-il échapper. Cela paraît incroyable ! Philip, il faudra me donner les détails plus tard. Quand Bruno va voir ces chiffres, vous pouvez être certains qu'on va nous les resservir dans le budget de l'année prochaine ! »

Tout le monde rit, mais John ne plaisante pas complètement. Les yeux de Bruno vont s'allumer en voyant de tels chiffres, car cela va l'aider à obtenir les fortes améliorations de performance attendues par les Américains. C'était important de tenir compte des attentes du PDG, comme de celles du Comex. La réunion de la direction Europe, le 16 juin, représentait l'occasion idéale.

Communiquer les résultats

Si Philip a l'impression que la réunion s'est globalement bien passée, il a néanmoins quelques soucis. Étant donné qu'il n'a pas réussi à obtenir que l'équipe de direction participe à l'analyse elle-même, l'équipe de diagnostic a dû présenter une masse d'informations, dont certaines prêtant à discussion, en un temps très court. Beaucoup de détails ont semblé échapper aux dirigeants. Il aurait peut-être été plus efficace de tenir des réunions d'avancement hebdomadaires ou de partager les résultats individuellement avec les membres de la direction, avant de faire cette restitution globale devant toute l'équipe.

Une approche différente aurait pu permettre à l'équipe de diagnostic d'éviter certaines difficultés, notamment dans la discussion sur la simplification de la gamme de produits et la fabrication hebdomadaire de tous les produits. Pour Bill, qui n'a pas participé à l'analyse concernant le secteur dont il est responsable, les suggestions faites à la réunion ont fait l'effet du chiffon rouge agité devant le taureau. En tant que directeur du planning, il ne peut que se sentir menacé lorsque l'on parle de simplifier drastiquement l'ordonnancement de la production. Quels que soient les avantages pour l'entreprise, convaincre Bill de travailler autrement ne va certainement pas être facile.

Même si l'équipe de management n'a pas suivi toutes les implications techniques de l'analyse, elle en a rapidement compris les implications financières. John a saisi qu'il doit passer du temps avec Philip pour discuter de la logique de l'analyse et étudier les chiffres en détail ; sinon, il risque de se voir engagé dans une démarche qu'il ne maîtrise pas. Bill et lui veulent en outre mieux comprendre les implications sur la demande client, avant la présentation au Comex. Tout naturellement, ils tiennent à savoir exactement ce qui va être dit en leur nom par quelqu'un qui est nouveau dans l'entreprise, d'autant que la mission de Philip ressemble aussi à une évaluation de ce qui a été fait dans le passé.

Philip sait que ce ne sera pas facile de remettre en cause les certitudes et les habitudes. Concevoir un nouveau système opérationnel sur le papier ne fait rien bouger ; pour qu'il y ait une transformation, il faut que tous les acteurs se mettent à travailler ensemble. Plus tôt dans sa carrière, Philip a eu un patron texan et il n'a jamais oublié l'une de ses histoires favorites.

« Cinq oiseaux sont perchés sur un fil, trois décident de s'envoler vers le sud. Combien d'oiseaux reste-il ?

– Deux, avait répondu Philip, circonspect.

– Faux ! s'était exclamé son patron. Cinq ! Trois d'entre eux ont bien décidé de partir mais, pour le moment, ils n'ont encore rien fait de concret. »

Chapitre 7

Mobiliser
l'équipe dirigeante

- L'équipe dirigeante doit partager une vision claire de l'état final à atteindre et disposer d'objectifs mesurables en ligne avec les besoins de l'entreprise.

- Les dirigeants bâtiront un scénario de changement cohérent et mobilisateur, pour communiquer au personnel à la fois la cible visée et l'itinéraire pour l'atteindre.

- La mise en œuvre doit faire l'objet d'une planification précise, incluant une évaluation des compétences du management et l'attribution d'un rôle spécifique à chacun des acteurs clés.

L'équipe de Philip a maintenant achevé son évaluation en profondeur de la production de cafetières à l'usine de Bolton d'Arboria. Elle a révélé quel potentiel considérable d'amélioration peut être réalisé si des changements de fond sont apportés au système opérationnel. Mais l'équipe de management de l'usine, en partie parce qu'elle n'a pas été directement impliquée dans la réalisation du diagnostic, n'a encore qu'une idée partielle des questions à résoudre.

Pour que le voyage vers le *lean* soit une réussite, il faut que la direction définisse l'état final désiré, développe des plans d'actions pour l'atteindre et mobilise largement l'entreprise pour faire passer ces plans dans la réalité. Pour définir l'état final, on commence par le système opérationnel, c'est-à-dire les flux de matières et d'informations ainsi que les processus connexes de ressources humaines, nécessaires pour que l'entreprise remplisse ses engagements. On décline les grands objectifs, tels que le ROCE, en autant de cibles opérationnelles de performance – par exemple, le taux d'utilisation des équipements – que le nouveau système opérationnel devra être capable d'atteindre.

Permettre aux dirigeants de discuter et de s'entendre sur l'idée qu'ils se font de l'état final à atteindre est au moins aussi important que définir la solution elle-même. C'est crucial pour donner de la cohésion à l'équipe. La direction devient ainsi l'architecte du programme de changement ; elle doit également garantir que les bonnes personnes assurent les bons rôles pour mener à bien le programme et que chacun assume la responsabilité de sa contribution individuelle à la solution d'ensemble.

La prochaine étape marquante, pour Arboria, est le comité de direction européen, où Philip va présenter les résultats du diagnostic. Les participants sont en train d'arriver à Bruxelles, et chacun vient à cette réunion avec ses propres perspectives et ses attentes particulières à propos des problèmes de l'entreprise.

Philip n'a pas bien dormi ; les départs matinaux lui font toujours cet effet. Il aurait pu prendre un avion la veille au soir, mais il essaie de limiter les nuits passées hors de chez lui. Il a donc quitté son domicile à cinq heures du matin, sans réveiller sa famille. Dans l'avion qui l'emmène à Bruxelles, il préfère sommeiller plutôt que d'ingurgiter le petit déjeuner succinct proposé par l'hôtesse. Arboria a récemment

© Éditions d'Organisation

changé sa politique de déplacements et les cadres doivent voyager en classe économique sur tous les vols européens. Sans aucun doute, cette nouvelle politique de coûts fera partie des discussions de la réunion du comité.

Réveillé en sursaut lors de l'atterrissage, Philip se dirige maintenant très vite vers la station de taxis en repensant aux événements de la semaine passée. Après la réunion de travail avec la direction de Bolton, il a exploré avec John, Bill et Brian les implications financières du diagnostic. John a été rassuré lorsqu'il a compris que le chiffre cité par Philip représentait le potentiel maximum d'amélioration. L'objectif réel ne pourra être établi que lorsque la direction sera d'accord sur l'état final à atteindre grâce au projet de transformation.

Bill, pour sa part, reste insatisfait. Non pas qu'il conteste les chiffres présentés par Philip, mais il ne voit toujours pas où tout cela va les mener. Lorsque Philip a décrit dans les grandes lignes comment chaque étape de la production pourrait être déclenchée par le processus en aval, plutôt que de manière centrale, Bill a protesté. Pour lui, si les choses étaient aussi simples, il y a belle lurette qu'ils auraient adopté un tel système. Philip est préoccupé par cette opposition. Transformer la production sans la coopération de Bill serait une véritable gageure.

Pendant ce temps, Bruno, qui n'a pas bien dormi non plus, se dirige vers le siège d'Arboria. Il a les Américains « sur le dos » pour des tas de raisons qui ne sont pas forcément les bonnes. Les résultats d'avril ont été plus mauvais que prévu et Arboria risque de ne pas atteindre les prévisions semestrielles. Principale explication : les ventes décevantes enregistrées sur une nouvelle gamme de centrifugeuses et des charges d'exploitation excessives.

Bruno se souvient des allers-retours lors de la préparation du budget en novembre dernier. Il a reproché à ses trois directeurs d'usines leur manque d'ambition et exigé qu'ils soient intransigeants sur les coûts. Ceux-ci ont proposé de réduire les coûts de quelques points d'une année sur l'autre. Mais il paraît de plus en plus évident qu'ils ne parviendront pas à tenir l'objectif. Cela ne fera évidemment pas bon effet auprès de la maison mère. Les Américains lui ont toujours laissé carte blanche jusqu'à présent, mais Bruno sait que, sans une amélioration rapide des résultats, cela ne durera pas.

Comme il avait d'autres réunions hier, John a passé la nuit à l'hôtel, au centre de Bruxelles. Brûlant d'en savoir plus sur le diagnostic *lean*, Dietmar l'a rejoint pour le dîner.

Au moment de régler sa note d'hôtel, John ne peut s'empêcher de sourire en voyant que le dîner avec Dietmar y figure. Comme toujours, ce sont les usines qui financent le siège !

Il sort de l'hôtel. Dehors, le portier hèle un taxi en attente et John s'y engouffre.

Admettre que les points de vue puissent être différents

Bruno, Dietmar, John et Philip convergent vers la même réunion, mais chacun est porteur de sa propre perspective sur le sujet à débattre. Cette variété d'opinions tient dans une large mesure aux rôles respectifs qu'ils occupent dans l'entreprise, mais également à leurs différences de caractère, de façon de travailler et d'expérience.

Bruno doit répondre des résultats de l'entreprise, aussi espère-t-il que le projet de transformation *lean* apportera à la fois des économies à court terme et un avantage concurrentiel à long terme. Dietmar a la responsabilité fonctionnelle des opérations d'Arboria ; il veut connaître non seulement les résultats du diagnostic mais également le nouveau processus à mettre en œuvre à Bolton, car il sait que tôt ou tard les usines d'Allemagne et d'Italie devront appliquer la même démarche. Quant à John, il cherche toujours à y voir plus clair, même après les réunions de travail avec Philip, et reste donc prudent à propos des engagements qu'il pourrait prendre sur des questions qu'il ne maîtrise pas encore totalement.

Conscient que Bruno et Dietmar vont vouloir évaluer pendant la réunion s'il est l'homme de la situation, Philip est quelque peu nerveux. Il s'inquiète également de l'attitude de Bill. Si les personnes qui sont clés dans l'organisation refusent de modifier leur façon de travailler, il y a peu de chance qu'Arboria puisse atteindre les nouveaux objectifs.

L'équipe de management doit maintenant se donner les moyens d'explorer les perspectives de ses différents membres. Cela suppose qu'ils aient un bon niveau de confiance réciproque, qui reste peut-être

© Éditions d'Organisation

encore à renforcer. Prenons l'exemple de John. Par expérience il sait qu'il doit surveiller ses paroles devant Bruno, car celui-ci a la fâcheuse habitude de saisir au bond et d'utiliser les remarques spontanées de ses collaborateurs. Or, si John n'exprime pas son opinion avec franchise, l'équipe aura plus de mal à structurer et à conduire efficacement un programme de changement.

Mais rejoignons l'équipe, car la réunion va commencer.

Philip est arrivé devant le siège juste avant neuf heures, au moment précis où Bruno entrait, et il a accéléré le pas pour le rejoindre.

« Bonjour, Bruno. Comment allez-vous ?

– Philip ! Je vais assez bien, ma foi.

– Seulement *assez* bien ?

– Tu es au courant, je pense, de nos résultats pour avril. Je n'ai pas besoin de t'expliquer que nos amis de l'autre côté de l'Atlantique s'intéressent beaucoup à nous ces temps-ci ! (Il esquisse un sourire.) Alors, je compte sur toi pour nous apporter de bonnes nouvelles.

– Bien sûr, répond Philip alors qu'ils entrent dans l'ascenseur. Notre diagnostic montre qu'il existe un grand potentiel d'amélioration dans l'usine. Mais, pour l'exploiter, il faudra changer nos façons de travailler de manière assez drastique.

– Je comprends. C'est exactement ce dont nous avons besoin. Qu'avez-vous trouvé ?

– Si nous changeons notre méthode d'ordonnancement de la production pour coller aux exigences du client, nous pouvons réduire le niveau de nos stocks et nos délais de production de plus de 50 %.

– Formidable. En utilisant le système *kanban* ?

– Oui, répond Philip, étonné.

– Tu ne t'attendais pas à une remarque aussi technique de ma part, n'est-ce pas ? Bruno arbore un large sourire. Rappele-toi que Dietmar a organisé une visite pour le Comex à l'usine d'ATC il y a quelques mois.

– C'est vrai, tu m'en avais parlé lors de notre rencontre à Bruxelles.

– Tout est enregistré là ! dit Bruno, en pointant le doigt vers son front.

– C'est un très bon endroit, répond Philip.

L'ascenseur s'arrête et tous deux sortent dans le couloir.

– J'ai quelques points à voir avant notre réunion de neuf heures et demie. Tu connais le chemin ? demande Bruno. C'est la porte à droite au bout du couloir. »

Philip trouve la salle de réunion et branche son ordinateur portable sur le projecteur fixé au plafond. Il est toujours en train d'essayer de comprendre comment se servir de la télécommande quand Dietmar entre dans la salle. Celui-ci salue chaleureusement Philip et propose de l'aider à régler le projecteur.

« Pourquoi tous ces systèmes ne sont-ils toujours pas homogènes ? se plaint Philip, c'est très agaçant !

– Oui, c'est comme dans les usines, répond Dietmar. On gaspille un temps fou à régler des machines toutes différentes.

– C'est bien vrai. C'est d'ailleurs l'un des points que nous avons examinés au cours du diagnostic.

– Je suis impatient de t'entendre à ce sujet. John m'en a parlé de façon très positive hier soir. »

Pendant ce temps, d'autres personnes sont entrées dans la salle, mais sont ressorties aussitôt après avoir déposé leurs papiers sur la table. Philip peut entendre à côté le bruit de la machine à café.

Neuf heures et demie passées. La réunion ne commence toujours pas. Philip en profite pour faire connaissance avec les participants qu'il n'a pas encore eu l'occasion de rencontrer. En revenant vers l'écran, il passe près de John qui est assis au milieu de la longue table. Il se penche vers lui et lui demande si de tels retards sont normaux.

« Malheureusement oui, Phil, c'est toujours comme ça. Les réunions ne commencent pas sans Bruno et il est toujours le dernier à arriver. »

Dietmar semble embêté ; il part en quête des retardataires. Dix minutes plus tard, tout le monde est là et la réunion peut enfin démarrer. Bruno salue chacun et passe immédiatement la parole à Philip.

Philip est maintenant accoutumé à ces présentations rapides, aussi aborde-t-il immédiatement le sujet en présentant au groupe les résultats du diagnostic. Pour la réunion d'aujourd'hui, il a résumé la présentation faite lors de l'atelier de travail avec la direction de Bolton. Au lieu de présenter le diagramme MIFA, il utilise une page simplifiée pour structurer sa présentation ; il décrit les résultats marquants et indique exactement les principales causes des inefficacités constatées dans la chaîne de valeur.

Il a demandé à Lisa de filmer un changement d'outil sur machine avec sa caméra numérique et utilise le clip pour illustrer certains exemples de gaspillage dans le processus, tout en exposant les idées proposées pour les éliminer. Lorsqu'il explique que les temps de changement d'outil sur la machine à mouler peuvent sans doute passer d'environ deux heures à moins de 30 minutes avec un très faible investissement, l'intérêt de l'auditoire est palpable. Au moment où il est en train de conclure, son téléphone portable sonne… avec la musique de *Mission Impossible* ! Il s'excuse et éteint son portable, un peu embarrassé.

Bruno intervient. « Ne t'excuse pas, Philip. C'est le bon moment pour une pause. Merci, tu nous as aidés à prendre conscience que nous étions assis sur un filon d'or. Maintenant, c'est à nous de jouer pour réussir à l'extraire. Dis-moi, as-tu préparé quelque chose sur les prochaines étapes ?

– Oui, tout à fait. J'ai réfléchi au futur système opérationnel et j'aimerais pouvoir en discuter avec vous tous.

– Très bien ! Faisons une courte pause, dix minutes seulement, et reprenons nos débats. »

Les participants se lèvent. Philip consulte sa messagerie sur son portable. Sa femme a laissé un message : « C'est moi. Désolée de t'appeler en pleine réunion, mais c'est au sujet de Robin ; il a eu un accident. L'école vient de m'appeler. Il faisait le fou à la récréation : il est tombé d'un mur et a perdu connaissance. Ils l'ont emmené à l'hôpital. Je suis sur la route pour aller le voir. Je sais que ta réunion est importante, mais j'aurais bien besoin que tu sois là. Appelle-moi dès que tu pourras. »

Imaginant le pire, Philip est affreusement inquiet. Une tape de John dans son dos le ramène à la réalité.

« Bravo, Phil. Bon travail. John voit quelque chose dans son regard : ça ne va pas bien ?

– Moi si, mais c'est mon épouse qui m'appelait. Mon fils a eu un accident à l'école. On l'a emmené à l'hôpital.

– Mon Dieu ! s'exclame John. Il vaudrait mieux que tu repartes tout de suite. Je vais demander à une secrétaire de te trouver un vol. Donne-moi ton billet. »

Après le départ de Philip, l'ambiance est morose. Voyant que les participants ont du mal à se remettre dans la discussion, Bruno suggère d'avancer le déjeuner pour reprendre à 13 heures.

Du diagnostic à la conception de l'« état final »

Le brusque départ de Philip a non seulement changé l'ambiance, mais les membres de l'équipe ne savent pas très bien comment continuer la réunion. Ils ont à présent une assez bonne idée des résultats du diagnostic, mais Philip n'a pas eu le temps de parler du futur système opérationnel envisagé et John ne maîtrise pas suffisamment le sujet pour le présenter. Pourtant, les événements pourraient tourner en faveur de l'équipe, car ils vont forcer les dirigeants à discuter ensemble de l'état futur de l'entreprise, sans connaître les détails techniques préparés par Philip. Philip, de son côté, ne va plus pouvoir se cantonner au rôle d'expert, disant ce que chacun doit faire. Il va devoir se transformer en facilitateur capable d'engager l'équipe de direction dans la résolution des problèmes.

Cruciale pour le changement, cette étape est pourtant souvent éludée. Les équipes de direction ont un emploi du temps déjà surchargé, aussi ont-elles tendance à déléguer la conception du futur système à un spécialiste interne, comme Philip, ou à des consultants externes. L'une et l'autre de ces options sont risquées. Un spécialiste interne peut être tenté de définir l'état final recherché en termes exclusivement techniques : délais de production, tailles des lots, configuration des lignes et ainsi de suite. Des consultants externes présentent l'inconvénient de laisser la possibilité à l'équipe de direction de ne pas s'engager vraiment dans le projet. Or, si cette dernière ne joue pas un rôle actif, comment ses membres pourront-ils trouver la motivation pour prendre des décisions difficiles ou se rendre compte de ce qu'ils doivent changer dans leurs propres méthodes de travail ?

Il existe une manière simple de réfléchir aux différentes étapes à parcourir pour qu'un groupe de personnes s'engage dans un changement de comportements, le schéma « 3E » : *Explorer* (comprendre le besoin de changement et mettre en commun les idées de solutions possibles), *s'Engager* (travailler ensemble à la définition de la vision et s'entendre sur les rôles et objectifs spécifiques) et *Exécuter* (transformer la vision en réalité et évaluer les progrès par rapport aux objectifs fixés).

Cherchant à favoriser l'apparition rapide des changements, beaucoup d'entreprises sautent les deux premières étapes et se contentent de

© Éditions d'Organisation

dire aux différentes parties prenantes : « Voici la solution. Maintenant, appliquez-la ». Comme les personnes qui doivent changer leur façon de travailler souvent ne comprennent pas la solution adoptée ou n'ont aucune motivation à la mettre en œuvre, une telle approche s'avère contre-productive.

La visite du Comex chez ATC, qui a fait grosse impression sur Bruno, illustre bien l'étape « Explorer » : elle a permis à l'équipe de direction d'Arboria de prendre conscience du déficit de performance dans l'entreprise et de voir où l'itinéraire de changement pouvait mener. L'étape « s'engager » consiste à faire développer des solutions par les personnes concernées plutôt que de les imposer d'en haut, en les faisant éventuellement préparer par un expert. Elle aurait pu ne pas exister, pour l'équipe de direction d'Arboria, si Philip n'avait pas été obligé de quitter la réunion de Bruxelles, en les laissant discuter sans guide. Ces deux premières étapes préparent les différents acteurs à mieux contribuer à la mise en œuvre, puisqu'ils ont eux-mêmes participé à façonner les solutions.

Lorsqu'une équipe de direction se lance dans la définition d'un nouvel état à atteindre, il peut être utile d'examiner attentivement ses méthodes de travail. Nous avons commencé à voir émerger certains types de comportements dans la façon dont les réunions se tiennent chez Arboria. Comme celle qui a eu lieu à l'usine de Bolton, la réunion du comité de direction européen a commencé en retard et semble avoir manqué d'objectifs clairs, tout comme de résultats précis. Philip, qui travaillait auparavant dans une entreprise où la discipline était plus grande, attendait une réunion plus structurée, où Bruno aurait expliqué lui-même pourquoi ce diagnostic avait été mené et pourquoi il était intéressant pour l'équipe de l'examiner ensemble. Mais, comme pour la réunion dirigée par John à l'usine, cela n'a pas été le cas. Or, le comportement des dirigeants sert de modèle pour le reste de l'entreprise. Comme Bruno arrive toujours en retard aux réunions, personne n'estime devoir venir à l'heure.

D'autre part, même si Philip avait pu présenter ses idées sur l'état futur du système opérationnel, cela n'aurait représenté qu'un point de départ, car c'est à l'ensemble de l'équipe de direction de se mettre d'accord sur la définition à retenir. Cette dernière doit non seulement réfléchir au remodelage des processus de production pour créer des flux et éliminer les inefficacités, mais également examiner les implications de ces changements pour les fonctions connexes, telles que la conception de produits, la maintenance et l'ingénierie. Il lui faut, en outre, définir le système de management et la culture interne nécessaires pour promouvoir les changements.

Bruno et le Comex ont déjà pu voir à quoi ressemble le système futur au cours de leur visite à l'usine d'ATC. John et certains autres participants à la réunion de Bruxelles n'ont pas, en revanche, suivi cette visite ; le groupe en tant que tel ne possède donc pas encore de références communes.

Plus tard dans la journée, lorsque John roule vers l'aéroport, son téléphone portable sonne. C'est Philip.

« Ah, Phil ! Comment va ton fils ?

– Il a des contusions et va rester à la maison quelques jours, mais ça va. Cela lui apprendra à ne pas tomber des murs.

– Je suis content de savoir que ce n'est pas trop grave. La réunion a tourné à la veillée funèbre après ton départ !

– Je suis désolé de vous avoir abandonnés.

– On aurait tous fait la même chose. Encore heureux que ton fils ait attendu la fin de ta présentation pour tomber du mur.

Philip rit.

– Comment s'est terminée la réunion ?

– Eh bien, pour être tout à fait honnête, nous avons réalisé que nous ne savions pas vraiment où nous allions avec ce truc *lean*. Nous avons essayé de définir quelle était la vision d'ensemble, mais nous n'en avons pas vraiment une.

– Qu'avez-vous fait alors ?

– Nous avons envisagé différentes possibilités. En fait, les participants se sont montrés plutôt ouverts. Peut-être que l'accident de ton gamin a remis les choses en perspective. J'ai l'impression qu'ils se sont dit : bon sang, qu'est-ce que j'ai à perdre ? Autant dire vraiment ce que je pense.

– Cela semble avoir été productif. Qu'est-ce qu'il en ressort ?

– Eh bien, j'ai insisté sur le fait que, à mon avis, nous avions beaucoup trop de produits pour pouvoir gérer correctement nos activités. Nous avons donc abordé la question de l'ordonnancement actuel de la production et comment la consolidation des commandes en central amplifie les fluctuations de la demande. Nous avons également commencé à aborder la question du personnel.

– Sous quel aspect ? La formation ?

– Oui, mais également des questions plus larges, comme la structure de notre organisation, la manière dont nous recrutons et dont nous récompensons le mérite, le sens de l'urgence dans l'entreprise, ce genre de choses. Tu ne vas pas le croire, mais nous avons décidé que chacun des membres du Comex devait passer plus de temps dans les usines si nous voulions vraiment réussir cette transformation *lean*.

– Eh bien ! Je suis impressionné. Vous avez vraiment eu une bonne discussion.

– Je dirais même que cela a été une révélation. D'habitude, on n'aborde pas les vraies questions, en partie par manque de temps mais également à cause de Bruno. Il ne ménage pas les gens, c'est pourquoi nous avons tous appris à en dire le moins possible. Quoi qu'il en soit, nous avons fait un pas dans la bonne direction aujourd'hui.

– Il y a autre chose que je devrais savoir ?

– Aucune grande décision. Nous avons manqué de temps. Mais Bruno a dit qu'il travaillerait avec le Comex pour définir quels sont les objectifs globaux de l'entreprise en menant ce programme, puisque nous n'en avons pas pour le moment. Il va venir à Bolton, avec Dietmar, dans une quinzaine de jours, pour travailler avec nous à la définition du futur système. Il a promis que, d'ici là, les objectifs généraux seraient fixés.

– Fantastique ! Peut-être était-ce positif, après tout, que je sois obligé de partir ?

– Encore une chose. Bruno n'a pas arrêté de parler d'une usine qu'il a visitée avec le Comex. Tu es au courant ?

– Oui, ils ont fait cette visite il y a quelque temps, pour avoir une référence permettant de situer Arboria par rapport à une entreprise qui pratique le *lean* et mieux comprendre cette démarche.

– Très bien. Tu ne pourrais pas nous arranger quelque chose du même genre pour nous donner une meilleure idée de la cible que nous visons ? Je sens que nous tâtonnons encore dans l'obscurité.

– Pas de problème. Je dois pouvoir organiser une visite dans mon ancienne usine, sauf si tu penses à une autre possibilité.

– Ce serait formidable ! »

Dès qu'il raccroche avec John, Philip appelle son ancien patron. Ensemble, ils fixent la visite au vendredi suivant.

Développer un consensus au sein de l'équipe dirigeante

Créer la confiance représente, nous l'avons dit, l'une des conditions préalables pour pouvoir explorer les différentes opinions au sein d'une équipe et arriver à bâtir un consensus. Sans confiance, les membres du groupe ne consentiront pas à s'exprimer librement. Ils réserveront leur point de vue à tel ou tel collègue, dans une conversation de couloir comme il y en a tant dans les entreprises.

Lorsque le grand patron exerce une forte autorité, il faut s'attendre à ce que chacun soit d'autant plus sur la réserve, comme c'est le cas avec Bruno. Exprimer un avis divergent peut souvent, dans ce cas, être perçu comme déplacé, voire comme une sorte de suicide professionnel. La personnalité des leaders de ce type est telle qu'ils peuvent inconsciemment empêcher les questions importantes de faire surface. D'autres facteurs peuvent également représenter un frein, par exemple la position hiérarchique des participants et leur nombre – une douzaine au comité de direction européen d'Arboria. Plus la taille du groupe est importante, moins les participants sont enclins à se faire mutuellement confiance.

Quelles que soient les modalités, il faut que l'équipe dirigeante se mette d'accord sur l'action à entreprendre. Pour faciliter ce processus, on peut utiliser la méthode consistant à demander à un intervenant extérieur de mener des entretiens ouverts avec chacun des membres, puis d'organiser un séminaire de travail pour restituer les résultats à toute l'équipe, en protégeant la confidentialité des positions individuelles. Ces entretiens sont exploratoires et abordent les sujets de façon libre et informelle : plutôt que d'imposer une structure, l'interviewer cherche à savoir ce qui est important pour l'interviewé. Les entretiens durent souvent deux ou trois heures, soit suffisamment longtemps pour permettre d'établir une vraie relation et, après avoir « élagué » les questions superficielles, d'atteindre les préoccupations de fond qui parfois ne font surface qu'en fin d'entretien. Tous les thèmes communs apparus au cours des entretiens sont ensuite rassemblés pour former la trame d'un atelier de travail.

Dans une grande entreprise, plusieurs dirigeants avaient affirmé au cours des entretiens que les décisions de l'équipe de direction étaient rarement suivies d'effet. Au cours de l'atelier de travail, on demanda aux membres de l'équipe de dire s'ils étaient d'accord avec l'affirmation suivante : « En tant qu'équipe, nous apportons notre soutien collectif aux décisions prises en notre sein ». Après un sondage électronique anonyme, les résultats furent affichés sur un écran et chaque participant fut invité à donner son avis. Huit membres, sur quatorze, n'étaient pas d'accord avec cette affirmation. Il leur avait été plus facile de dire ce qu'ils pensaient puisqu'aucune réponse n'était nominative. Pour déboucher sur des résultats positifs et constructifs, de telles réunions doivent être conduites avec prudence. Comme animateur, il est préférable de recourir à une personne extérieure qui aidera l'équipe à poursuivre l'examen des questions soulevées lors des entretiens et à en explorer les raisons cachées.

L'équipe de direction d'Arboria a déjà commencé à discuter des questions essentielles qui doivent être traitées avant de pouvoir transformer les opérations. L'une de ces questions concerne le sentiment que les membres du Comex passent trop peu de temps dans les usines. En acceptant de venir à Bolton pour discuter et élaborer une vision de l'état futur de l'usine, Bruno et Dietmar veulent montrer qu'ils prennent en considération les opinions des responsables de l'usine et sont disposés à changer leurs propres habitudes de travail.

La visite dans l'ancienne entreprise de Philip, Autoplast, a ouvert les yeux du management de l'usine, dont une partie n'en avait jamais effectué dans une autre usine. Les participants estiment qu'ils ont désormais une bien meilleure idée de la direction à prendre.

La nouvelle de la réunion de travail avec Bruno et Dietmar s'est répandue. Pour plusieurs des cadres de l'usine, ce sera leur première rencontre avec Bruno. Lors de ses précédentes et rares visites, il ne s'est généralement pas rendu dans les ateliers, sauf pour accompagner quelques clients.

Pour se préparer, John demande à Philip de lui expliquer les idées qu'il a développées pour le futur système opérationnel. Ils conviennent que l'objet de la réunion n'est pas tellement de rentrer dans les détails de l'organisation de la production, mais plutôt de se placer à un niveau plus élevé pour arriver à s'entendre sur l'impact que le nouveau système va avoir sur l'activité. Si, par exemple, ce système exige une approche radicalement différente de l'ordonnancement de la production ou de l'organisation de la maintenance, les membres de l'équipe ont besoin de savoir à quoi vont ressembler les nouvelles méthodes de travail afin de comprendre ce que cela implique, pour eux-mêmes et leurs collaborateurs.

John consacre également du temps à Louise Bradley, la responsable des ressources humaines de l'usine, pour discuter des changements qui pourront être nécessaires dans l'organisation et d'autres questions auxquelles il a pensé. Ils examinent plusieurs possibilités pour améliorer les relations entre la production et la maintenance et répartir les responsabilités entre ces deux fonctions, en examinant si celles-ci doivent demeurer séparées. Rapidement, il apparaît que les chefs d'équipe de production constituent la clé de voûte des améliorations de performance opérationnelle. John et Louise ont la même analyse à propos des chefs d'équipe : ces derniers ont de bonnes qualifications techniques pour tenir leur rôle actuel, mais ils manquent de capacités de leadership pour entraîner et former efficacement leurs équipes.

Le jour du séminaire avec Bruno, après avoir fait les présentations, John prépare le terrain en affichant au tableau l'ordre du jour et les objectifs de la réunion (voir la figure 7.1).

Bruno examine la liste et se dit d'accord avec les objectifs proposés.

« D'autres commentaires ? demande John.

– Oui, peux-tu expliquer ce que tu veux dire par mise en œuvre d'un pilote ? demande Bill.

Philip propose de répondre.

– Comme nous avons conduit le diagnostic sur la ligne des cafetières, il semble préférable de continuer sur ces produits. De la sorte, nous pourrons démontrer que le nouveau système est opérationnel dans un secteur circonscrit de l'usine, sans perturber le reste des activités. Mener une action pilote nous permettra d'étudier et de peaufiner la

Objectifs de la réunion

Développer un consensus à propos de l'« état futur » nécessaire pour réaliser nos objectifs économiques, en matière de :
- système opérationnel (processus de production et ordonnancement)
- structure d'organisation (dimensionnement des équipes, reporting, etc.)
- ressources humaines (motivation, formation, etc.)

Nous entendre sur le périmètre de mise en œuvre du projet pilote

Déterminer ensemble les prochaines étapes en termes de :
- calendrier global
- équipe de mise en œuvre
- structure de reporting

arboria.

Figure 7.1 Objectifs de la réunion

conception du système futur, tout en détectant les domaines dans lesquels cela "coince" pour les renforcer ou les modifier avant de généraliser la démarche sur l'ensemble du site.

– Je vois. Merci.

– Très bien. Je pense que l'on peut y aller ? dit John. Bruno ? Dietmar ? C'est à vous. »

Bruno commence à parler de l'entreprise au plan général et des questions qu'il espère voir traitées à travers la transformation *lean*. Il retient l'intérêt des participants en évoquant de manière très directe les problèmes d'Arboria. De sorte que le séminaire prend un bon départ.

Dietmar présente ensuite une analyse qu'il a effectuée avec Jenny, la directrice financière, et qui montre l'augmentation des coûts d'Arboria et l'érosion de ses marges. Il utilise l'arbre du ROCE développé par Philip et son équipe pour indiquer l'amélioration opérationnelle nécessaire pour atteindre l'objectif de 16 % de ROCE. Il montre ensuite une page résumant les objectifs fixés par le Comex (voir la figure 7.2). Le silence se fait dans l'assemblée, juste troublé par un long soupir de John.

Objectifs du projet *lean*, 2005		
	T2 2003	**T4 2005**
Rentabilité des capitaux investis	8,7 %	16 %
Ventes annuelles par salarié	125 700 €	180 000 €
Délai de production (de la commande à l'expédition)	3-6 semaines	5 jours
Taux de qualité de service (% de livraisons complètes et dans les délais)*	93,6 %	99 %
Retours sous garantie	4 000 par million	< 300 par million
		arboria.

* Concept OTIF : *on time in full delivery.*

Figure 7.2 Objectifs du projet *lean*, 2005

« Oui, nous savons que ces objectifs sont ambitieux, dit Dietmar.

– Il faut qu'ils le soient, ajoute Bruno. Si nous ne visons pas haut, nous ne parviendrons pas à impulser un vrai changement.

– Qu'en penses-tu, Philip ? demande Dietmar.

– Eh bien, mis à part l'objectif de ROCE, qui je pense vient des États-Unis, il est certain que les cibles opérationnelles annoncées constituent un bond énorme. Mais c'est réalisable, si je me base sur mon expérience précédente. L'objectif de productivité de 18 000 euros par salarié me semble difficile, néanmoins. Il est pensable de faire 20 ou 30 % d'amélioration, mais ce qui est demandé là, c'est une augmentation de près de 50 % !

– Oui, mais une partie de cette somme proviendra de l'augmentation du chiffre d'affaires. Nous avons pris comme base de calcul que l'évolution prévue des commandes pourra être absorbée.

– Je vois. Dans ce cas, peut-être est-ce possible. Mais nous devrions sans doute séparer les deux composantes de ce chiffre, car l'usine ne peut pas faire grand-chose pour influer directement sur les ventes.

– C'est une bonne remarque. »

John continue le tour de table, en donnant à chaque membre de l'équipe l'occasion de s'exprimer. L'ensemble du groupe estime que les cibles sont très ambitieuses ; probablement même excessives.

« À quoi cela sert-il de fixer des cibles d'un irréalisme décourageant ? interroge Bill. Demande-t-on à quelqu'un qui n'arrive pas à courir pour attraper son bus de faire le marathon ? »

Dietmar, qui griffonnait sur un calepin, se lève pour dessiner au tableau (voir la figure 7.3).

« Je conviens que nous devons nous fixer un objectif qui prenne en compte à la fois ce que nous voudrions devenir dans l'idéal et nos capacités réelles. Mais nous devons également nous montrer ambitieux et accepter de faire des efforts. Voici comment je vois les choses sur ces deux dimensions : si nous visons très haut et n'atteignons pas la cible, nous obtenons une zone rectangulaire étroite et haute ; si nous définissons des objectifs faciles à atteindre, nous obtenons ce long rectangle plat et bas, qui ne profite à aucune des deux dimensions. Ce que nous devons viser c'est ceci. »

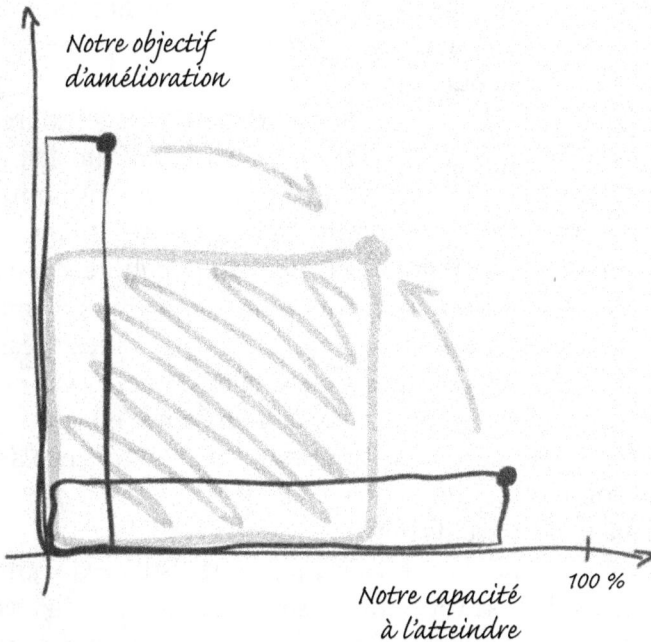

Figure 7.3 Variations possibles de l'impact

Avec un feutre de couleur différente, Dietmar dessine une zone plus carrée et plus grande que les deux autres. « Pour obtenir la zone où l'impact financier est le plus élevé, nous devons trouver le bon équilibre entre notre ambition et notre capacité à mettre en œuvre le changement.

– Je vois ce que vous voulez dire, intervient Brian, mais dans quelle mesure sommes-nous capables d'assurer la mise en œuvre ?

– C'est ce que nous sommes sur le point de découvrir », dit John.

Concilier les besoins de l'entreprise, son potentiel d'amélioration et sa capacité de changement

Dietmar a touché un point important. Trop de démarches de transformation opérationnelle font du potentiel d'amélioration théorique identifié au cours du diagnostic l'objectif assigné aux managers. C'est une erreur, au moins pour deux raisons.

D'abord, parce que le diagnostic recherche toutes les sources d'inefficacité dans la chaîne de valeur et s'efforce de définir un état de perfection où, en un sens, l'ampleur de l'amélioration est sans limite. Réaliser ce potentiel représente une aspiration à long terme, et non un objectif précis à atteindre dans l'immédiat. Dans une culture d'amélioration continue, les responsables fixent tous les ans des cibles d'amélioration tendant à combler graduellement l'écart avec la situation idéale.

En second lieu, parce qu'il faut aussi tenir compte de la capacité de l'entreprise à mener à bien le projet. Même s'il n'est pas possible de mesurer scientifiquement cette capacité, on peut se référer à des critères qualitatifs, comme la réussite des précédentes actions d'amélioration par rapport à leurs objectifs initiaux.

Une entreprise, par exemple, a utilisé une liste de dix affirmations simples pour évaluer sa capacité à assurer la pérennité du changement (voir figure 7.4). Cette liste a été soumise à un groupe de vingt personnes représentatives de tous les niveaux de l'entreprise ; celles-ci devaient indiquer leur accord ou désaccord avec chacune des affirmations. À peine plus d'un tiers ont estimé que l'entreprise avait eu une approche efficace pour gérer les programmes de changement ou que les initiatives précédentes avaient réussi. Et cette position concordait plus ou moins avec celle des dirigeants. De plus, pour la plupart des personnes interrogées, le programme de changement en cours avait peu de chance de réussir.

Présenter, de cette façon, un miroir à l'entreprise est un exercice utile. L'équipe de management peut avoir une réaction négative face aux résultats, mais elle est obligée de les accepter. Quelle que soit la noirceur du tableau qui apparaît, la capacité ou la non-capacité d'une entreprise à mettre en œuvre des changements n'est pas inscrite dans le marbre : si la direction fait preuve d'un engagement ferme, la donne peut radicalement changer.

Le croquis de Dietmar (figure 7.3) nous rappelle que pour effectuer une transformation *lean* une entreprise doit conjuguer deux éléments : un potentiel d'amélioration et l'aptitude à le concrétiser. Beaucoup de dirigeants focalisent leur attention sur le changement des systèmes et des structures d'organisation, mais ce n'est qu'une des facettes de la question. Les schémas en eux-mêmes n'ont aucune valeur s'ils ne sont pas mis en œuvre. Les aspects humains de la démarche de transformation, tels que la motivation et l'engagement des personnes impliquées, sont aussi importants que les aspects techniques.

Lorsque John a visité Autoplast, il a senti un enthousiasme et un engagement du personnel qui manquent à Arboria. Il a commencé à réfléchir à l'action à mener pour réussir à gagner les cœurs et les esprits, enjeu au moins aussi crucial que l'implantation de la ligne d'assemblage ou les systèmes de gestion de la performance.

L'équipe de direction démarre à présent une visite de l'usine de Bolton avec Bruno et Dietmar.

La discussion sur la capacité de changement d'Arboria a éveillé l'intérêt. Chacun cherche des indices. Dave explique que la visite va porter sur la production et sur la planification pour que le groupe ait une idée de l'ensemble de la chaîne de valeur.

À l'assemblage, Bruno demande à l'un des opérateurs, Mark Sherwell, de lui indiquer quel est le principal obstacle pour faire son travail correctement. Mark désigne le poste de collage.

« Ce vieux machin est toujours en panne. Un vrai cauchemar.

– À votre avis, que faudrait-il faire à ce sujet ? demande Bruno.

En général, chacun a les compétences requises
pour évoluer dans les nouvelles configurations
que les changements peuvent créer — **75 %**

L'équipe de direction est en phase avec les objectifs
et la portée globale du programme de changement — **75 %**

Le personnel de terrain comprend le rôle
qu'il peut avoir pour promouvoir les changements
et il est prêt à le jouer — **71 %**

Tout le monde connaît les raisons pour lesquelles
ce programme de changement est important
pour l'entreprise — **63 %**

Dans le passé, c'est en général l'encadrement moyen
qui a été chargé de piloter la mise en œuvre plutôt
qu'une équipe de projet — **57 %**

En tant qu'entreprise, nous avons une approche efficace
pour piloter des programmes importants de changement
de ce type — **38 %**

Les dirigeants savent donner l'exemple
au reste de l'entreprise — **38 %**

Dans le passé, les programmes ou les actions
de changement ont généralement atteint leurs objectifs — **38 %**

J'ai la conviction que nous pourrons améliorer
la performance grâce à ce programme de changement — **38 %**

La communication faite sur ce programme de changement
a été jusqu'à présent claire et cohérente — **25 %**

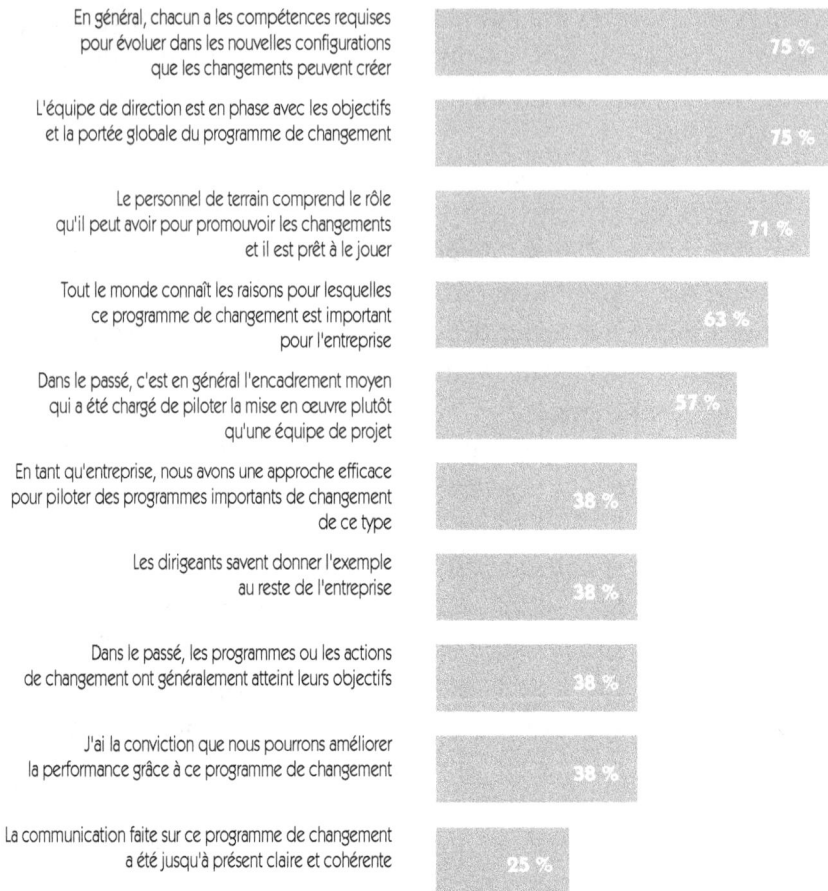

Figure 7.4 Évaluer la capacité de changement (sondage interne)

– Je ne sais pas, répond Mark, peut-être acheter une nouvelle machine qui soit plus fiable ? »

Bruno n'est pas satisfait. Pas seulement parce qu'il sait qu'Arboria ne peut pas compter sur des investissements supplémentaires pour s'en sortir. Mais surtout parce qu'il a devant lui un opérateur qui attend une solution technique toute faite et ne semble guère avoir les capacités, ni la volonté, de résoudre les problèmes par lui-même. Cette expression « est toujours en panne » en dit long, également, sur les relations entre

© Éditions d'Organisation

la production et la maintenance. Pourquoi un problème aussi récurrent n'a-t-il toujours pas trouvé de solution ? La maintenance n'a-t-elle pas les ressources ou les savoir-faire nécessaires pour le résoudre ?

Au planning, Christine explique comment ils ordonnancent la production. Avec les commandes consolidées de la base de données des ventes, ils entrent les informations manuellement dans un système d'ordonnancement séparé qui génère une liste hebdomadaire des besoins de production pour tous les services.

« Vous devez ressaisir toutes les informations ? demande Bruno qui n'en croit pas ses oreilles.

– Oui, nous savons que c'est un problème, intervient Bill. Mais le nouveau système informatique prévu pour l'année prochaine permettra de renseigner directement le système d'ordonnancement à partir du système des ventes.

– Et d'ici là ? s'inquiète Bruno. Attendre le nouveau système n'est pas une solution. D'ailleurs, nous envisageons de reporter cet investissement pour pouvoir nous concentrer sur la transformation *lean*, en particulier si la nouvelle approche nous permet de contrôler la production en faisant moins appel à l'informatique. »

Ils passent dans l'atelier d'injection. Dietmar prend, sur une des machines, le programme hebdomadaire. La feuille est griffonnée de nombreuses notes un peu partout.

« Qu'est-ce que c'est que ça ? demande-t-il à Dave.

– Ce sont les changements, répond Dave. Si le programme change pour une raison quelconque, quelqu'un du planning descend et le marque sur la feuille.

– Mais pourquoi le programme change-t-il aussi souvent ?

– À cause des clients, coupe Bill.

– Ce n'est pas possible que cela soit dû seulement aux clients si les commandes sont consolidées à l'avance et éditées chaque semaine ?

– Si, c'est possible. On voudrait bien que ne soit pas le cas, mais c'est la réalité.

– Je voudrais bien examiner ces changements plus en détail, si vous êtes d'accord », dit Bruno.

Dave demande à Guy Lanbridge, le contremaître de l'atelier d'injection, de venir. Celui-ci est plutôt nerveux, passant d'un pied sur l'autre comme un écolier devant son professeur principal. Dave explique qu'ils cherchent à comprendre comment se font les changements de programme en suivant un exemple tout au long du processus. Il remet à Guy le programme.

« Voyons voir… Ah oui ! prenons celui-ci par exemple, dit Guy. Nous avons dû arrêter la série de production au beau milieu pour installer le moule d'une pièce moulée de grille-pain, sinon la ligne d'assemblage aurait manqué de ces pièces pour la série en cours.

– Mais c'était à cause d'une rupture de pièces interne, pas d'un changement client ? demande Dietmar.

– C'est exact.

– Et où sont les pièces stockées ? interroge Dietmar.

– Dans l'entrepôt.

– Allons-y ! »

Guy leur montre l'endroit où les pièces moulées auraient dû être.

« Comment se fait-il que nous ne savions pas que nous étions en rupture ? » demande Dietmar.

Il y a un silence gêné. Guy regarde Dave.

« Pour être tout à fait honnête, dit Dave, nous ne pouvons pas nous fier aux données de stock. Les gens ne marquent pas toujours correctement les sorties lorsqu'ils sont "à la bourre", c'est pourquoi nous devons nous fier à notre appréciation personnelle.

– Et comment le faites-vous ? Vous gardez toutes les pièces d'une même famille de produits ensemble dans un même endroit ?

– Nous avons essayé, dit Dave, mais c'était simplement impossible. Cela a duré quelques semaines, et puis la discipline s'est relâchée…

– Nous l'avions vu en faisant le diagnostic, dit Philip. Vous vous souvenez sur le schéma MIFA ? Nous avons montré des emplacements de stock multiples pour un même code produit.

– Oui, je me rappelle, dit Bruno en secouant la tête. »

Discuter est une chose, mais voir la réalité sur le terrain en est une autre. Si ce qu'il est en train de voir n'était pas aussi inquiétant, il trouverait qu'il y a vraiment de quoi rire.

Pendant qu'ils retournent dans la salle de réunion pour déjeuner, Bruno réfléchit à ce qu'il doit faire. Il se demande s'il ne va pas carrément dire à l'équipe de direction que, s'ils ne veulent pas « se secouer », il va tous les remplacer ! Mais il faut être juste : ils connaissent déjà la plupart des problèmes grâce au diagnostic, comme l'a fait remarquer

© Éditions d'Organisation

Philip tout à l'heure. Se rappelant l'inquiétude de Guy face au grand patron, il sait quelle attitude adopter. L'équipe a accepté de mettre les problèmes sur la table devant lui, en toute franchise. Si, maintenant, il décidait de les écraser, le message implicite serait vraiment très mauvais !

La visite a permis de sensibiliser l'équipe à l'importance des visites sur le terrain pour se rendre compte de ce qui se passe réellement. Les rapports écrits ont tendance à atténuer la gravité des problèmes à résoudre. Bruno décide de revenir régulièrement, pour se rendre compte par lui-même de l'impact du projet pilote.

Restaurer le contact entre les dirigeants et le terrain

Bruno a découvert qu'expérimenter en direct les problèmes du terrain permet de beaucoup mieux les assimiler. Il sent bien à présent quel est le défi à relever pour améliorer la performance opérationnelle d'Arboria. La discussion avec Mark Sherwell lui a révélé que le personnel de terrain peut être conscient des problèmes, mais ne pas en faire une affaire personnelle. Lorsqu'un équipement relativement simple ne fonctionne pas de façon fiable, cela indique une insuffisance structurelle dans l'organisation elle-même, au niveau des compétences, de la responsabilité ou des systèmes, voire les trois à la fois. Ces questions sous-jacentes doivent être abordées avant de pouvoir espérer obtenir une quelconque amélioration permanente.

L'une des raisons pour lesquelles la visite de Bruno et Dietmar a été aussi productive tient aux questions exploratoires qu'ils ont su poser pour analyser les causes profondes. Bruno aurait même pu aller encore plus loin et profiter de ses rencontres dans l'atelier pour expliciter ses attentes en tant que dirigeant. Par exemple, lorsque Mark a suggéré d'acheter une nouvelle machine, le silence de Bruno a pu lui laisser penser que sa suggestion serait acceptée. Bruno aurait dû, au contraire, interroger Mark sur ce qu'il envisageait lui-même de faire pour résoudre le problème.

La visite a également été utile pour permettre à Bruno de réfléchir aux conséquences de son attitude sur les autres. S'il avait cédé à sa réaction spontanée de tancer l'équipe de direction, il aurait découragé tous leurs efforts pour continuer à mettre les problèmes sur la table. Avec ce genre de sortie, il risquait tout simplement de tuer le programme *lean,* car celui-ci repose sur une mise en lumière préalable et sans fard des difficultés et problèmes.

Penchons-nous un instant sur les changements de l'ordonnancement. L'un des moyens souvent utilisés pour qu'ils ne perturbent pas la production consiste à augmenter les niveaux de stock. On camoufle ainsi le problème, mais on ne le résout pas. Le système *lean* fait l'inverse ; il commence par réduire le niveau de stock, pour constater où cela fait mal en premier et pouvoir résoudre le problème.

Au lieu de laisser libre court à sa frustration, Bruno donne quatre mois à l'équipe de direction pour élaborer un plan d'amélioration. Et il s'engage à revenir à Bolton une fois par mois pour passer en revue les progrès.

La visite de l'usine terminée, l'équipe de direction se penche sur les questions d'organisation et de ressources humaines : comment gérer les performances au quotidien et sur le long terme ? De quelle façon la structure de l'entreprise doit-elle refléter les changements opérationnels ? Quelles formations sont-elles nécessaires pour les cadres et les personnes travaillant dans le secteur pilote ? Comment adapter les indicateurs de performance et les processus de contrôle des résultats de l'activité aux nouveaux flux et processus ? Prenons l'atelier d'injection : pour le moment, il se focalise sur le rendement de la production mais, comme bientôt il va également gérer le niveau de stocks en aval, il va être nécessaire d'adapter ses indicateurs de performance.

Louise insiste sur la nécessité de faire le lien entre les processus de développement des salariés et l'action globale d'amélioration. Elle tente, dit-elle, depuis un certain temps d'obtenir que les responsables prennent plus au sérieux la procédure d'évaluation, mais la plupart continuent à considérer que ce n'est qu'une simple formalité administrative, avec des cases à cocher. Elle désire donc que l'on saisisse l'occasion de se débarrasser d'un exercice d'évaluation trop formel pour le remplacer par un cycle quotidien de résolution des problèmes et de suivi des performances au sein des équipes.

Après le séminaire, John charge Philip de préparer les plans pour que la chaîne de valeur des cafetières puisse atteindre les objectifs d'amélioration. Quelques jours plus tard, Philip arrive dans le bureau de John pour lui présenter une proposition.

« Je pense que nous pouvons envisager de répartir les opérations en trois grands secteurs : l'amont, l'assemblage et l'organisation.

– Je vois. Continue.

– L'amont examinerait l'atelier d'injection, en concentrant d'abord ses efforts sur l'amélioration de la fiabilité, pour libérer de la capacité, puis sur la rapidité des changements d'outil, pour assurer la flexibilité. L'assemblage s'occuperait d'établir des standards, d'équilibrer la ligne selon le Takt en fonction des différents niveaux de la demande, et de modifier l'implantation afin d'améliorer les flux et la productivité. J'ai rassemblé tout le reste dans l'organisation : suivi des performances, détection et résolution des problèmes de production, structure des équipes, etc.

– D'accord, mais le planning ? J'ai l'impression qu'il va falloir faire de grands changements dans la façon dont nous ordonnançons la production.

– Absolument. Le point d'entrée de la commande client dans le processus de production sera l'assemblage, c'est pourquoi j'ai intégré le planning dans le flux des opérations d'assemblage. J'avais pensé le traiter séparément, mais nous risquions d'aboutir à une solution qui n'aurait pas été intégrée.

– Ta proposition semble bonne. Mais que fais-tu du planning de l'injection ? demanda John.

– Leurs besoins de production seront effectivement déterminés par le processus aval, c'est-à-dire l'assemblage. Mais nous aurons peut-être à faire une exception pour la période où nous devons fabriquer à l'avance en vue des fêtes de fin d'année. Nous déciderons à ce moment-là de ce qu'il y a lieu de faire.

– N'est-ce pas risqué ? Tu as un plan en tête ?

– Dans une certaine mesure, cela va dépendre de notre réussite en ce qui concerne l'atelier d'injection. Plus nous récupérerons de capacité en éliminant les inefficacités, moins nous aurons besoin de fabriquer d'avance.

– Bon, Phil, on peut imaginer quels effets importants tout cela va avoir pour l'entreprise. Mais, dit John en laissant transparaître son souci, pour ce qui concerne les ressources nécessaires, qui va faire tout ce travail ?

– Je crois que chaque flux d'opération doit être piloté par un membre de l'équipe de direction, afin qu'il dispose d'un poids suffisant. Pour l'assemblage, j'ai pensé à Dave. Pour l'amont, qui centre ses activités sur les équipements, Trevor Radcliffe, le responsable de la maintenance, me paraît le mieux placé.

– Et pour l'organisation ?

– Pourquoi pas toi ?

– Hum ! Je ne suis pas sûr », répond John, en se carrant au fond de son fauteuil et en se tournant vers la fenêtre. Il réfléchit un instant.

Puis, revenant vers Philip : « Je pourrais le faire, mais je me demande si ce ne serait pas mieux que tu assures la direction des opérations, Phil. Tu as un œil neuf, ainsi qu'une expérience spécifique, acquise dans d'autres entreprises. J'estime que tu es mieux placé que moi pour obtenir des avis objectifs sur les points qui demandent amélioration. Ce n'est pas le genre de question auquel les gens aiment répondre, surtout quand c'est le patron qui la leur pose ! »

La suggestion de John a pris Philip par surprise, mais sa remarque est judicieuse. Elle marque, de plus, la confiance que John lui fait.

« OK. Je serai heureux de pouvoir piloter ce travail. Mais je pense que j'aurai constamment besoin de toi à mes côtés.

– Tu peux compter sur moi, Phil. »

Au moment où Philip va prendre congé, John le rappelle.

« Il y a une chose qui me tracasse.

– Oui ?

– C'est Bill. Je me rends compte qu'il ne fait pas partie des leaders dans notre plan.

– C'est vrai. Tu penses que nous devrions… ?

– Non, non. Je l'ai observé au cours des dernières semaines. Pour être franc, je crois qu'il ne va pas pouvoir s'adapter au changement.

– Tu lui as parlé ?

– Pas encore. C'est compliqué… cela fait longtemps qu'on se connaît. Mais laisse-moi faire. Je vais le voir.

– Si cela peut te consoler, John, d'après mon expérience, il y a toujours quelques personnes qui sont incapables de changer leur façon de travailler. En fin de compte, il vaut mieux pour elles, comme pour l'entreprise, qu'elles partent faire autre chose. Peut-être vas-tu découvrir que Bill se pose lui aussi des questions et sera heureux d'en discuter avec toi.

– Tu as peut-être raison. Merci, Phil, en tout cas. Tu as fait du bon travail. »

Ayant obtenu un accord de principe de John sur sa proposition, Philip réunit « l'ours Dave » et Trevor Radcliffe pour les tenir au courant et discuter avec eux des implications qu'aura le projet pilote pour chacun d'eux. Il explique que les objectifs de la mise en œuvre seront alignés avec leurs responsabilités habituelles et que l'expérience qu'ils vont acquérir sera très utile pour tenir leurs rôles futurs.

Philip leur présente ensuite le plan prévu pour chaque flux opérationnel, sous la forme d'un diagramme de Gantt indiquant les activités principales sur les quatre prochains mois, leur déroulement, leurs objectifs et les personnes responsables. Un des objectifs consiste à ramener les temps de changement d'outil dans l'atelier d'injection à moins de 30 minutes à la fin des quatre mois du projet pilote.

Louise travaille maintenant avec Philip pour préparer le plan de communication, qui permettra de lancer le programme de changement et d'informer tout le monde des progrès réalisés. Ensemble, ils analysent les principaux intéressés, pour identifier leurs préoccupations probables et mieux cibler les actions de communication du point de vue de la forme et du contenu. Louise suggère qu'en raison de son bon contact humain et de sa crédibilité personnelle, Dave joue un rôle central dans la communication à destination des opérateurs de l'atelier.

Les choses se mettent donc en place. Alors que les managers ajustent leurs plans pour le projet pilote, dans l'usine les troupes commencent à se demander ce qui va se passer.

Élargir la communication à l'ensemble de l'entreprise

Pour préparer le plan de communication, Louise et Philip ont réalisé une analyse des différentes parties prenantes. Cette méthode permet d'identifier les acteurs clés impliqués dans un programme de changement et de les regrouper, selon leurs intérêts particuliers, en autant de cibles pour lesquelles on sélectionne le(s) bon(s) canaux et méthodes (bulletins d'information internes, briefings enregistrés en vidéo ou tête-à-tête avec les responsables) pour faire passer les messages. L'analyse des parties prenantes peut également servir à définir des rôles notoires, que l'on pourra faire jouer aux « leaders d'opinion », c'est-à-dire aux personnes occupant dans l'entreprise une position formelle qui leur confèrent du pouvoir, ou exerçant une influence de par leurs connaissances et leur réseau de relations.

L'analyse permet en outre d'envisager les actions à mener au sujet des personnes qui ne peuvent pas ou ne veulent pas accepter les changements à venir. Bill a montré à plusieurs reprises qu'il ne soutenait pas le projet. Au stade actuel, il possède un certain pouvoir dans l'entreprise ; mais il peut craindre d'être marginalisé par une méthode plus transparente d'ordonnancement de la production ou de voir le projet remettre en question ses compétences de responsable de service. Comme « ancien » dans l'usine, son influence peut s'avérer négative sur le programme de changement si son attitude d'opposition n'est pas canalisée. Il s'avère souvent nécessaire d'éloigner du projet les personnes comme lui.

Certains dirigeants répugnent à prendre ce genre de décisions, mais esquiver le problème ne profite à personne. Lorsqu'une multinationale du secteur de l'emballage a lancé un programme d'amélioration *lean*, ses résultats en Amérique du Nord ont largement dépassé ceux obtenus en Europe. L'une des raisons : le PDG de l'activité américaine avait remplacé la moitié de l'équipe de direction dès la première année, alors que les responsables européens s'étaient contentés de changements beaucoup moins drastiques. Pourtant, remplacer des dirigeants qui ne peuvent ou ne veulent pas soutenir l'action de changement indique clairement au reste de l'entreprise la volonté de la direction de tout mettre en œuvre pour que le programme réussisse.

Trop souvent, les cadres dirigeants ne voient dans la communication qu'un moyen de faire part de leur vision à leurs collaborateurs, selon un processus strictement à sens unique. Pour que la communication soit efficace, elle doit se faire dans les deux sens. Ce dialogue doit également se faire avec les mots et en fonction des centres d'intérêt des destinataires des messages. Si Bruno peut avoir extrêmement envie d'obtenir un ROCE de 16 %, les opérateurs de la ligne de cafetières, eux, désirent surtout savoir s'ils vont devoir travailler plus rapidement ou continuer à se débrouiller avec des machines peu fiables. L'enjeu de la communication consiste à répondre aux différentes interrogations, tout en faisant largement connaître les effets positifs apportés par le *lean*.

Une partie de la difficulté réside souvent dans l'attitude des personnes du terrain, qui sont trop habituées à entendre les mêmes discours à chaque nouveau programme de changement et à voir les mêmes promesses… ne pas se réaliser ! Pour percer leur carapace de scepticisme, la communication doit trouver des arguments déterminants et mobilisateurs. Un message considéré comme de l'intox sera rejeté ; en revanche, le personnel se montrera généralement réceptif à un bon scénario faisant appel à ses émotions, à sa participation et à sa curiosité quant à la suite des événements.

Lorsqu'ils préparent le plan de communication, les responsables doivent se demander : quelle est l'histoire de changement que nous voulons raconter ? Qu'est-ce qui va inciter le personnel à s'intéresser au projet ? Quels sont les points auxquels ils peuvent s'identifier ? Un bon scénario de changement s'appuie sur le passé et le présent pour brosser le futur de l'entreprise de façon stimulante et aisée à comprendre. Il doit expliquer pourquoi il n'est pas seulement nécessaire, mais urgent, d'évoluer – éventuellement en évoquant les conséquences prévisibles si l'entreprise ne fait rien pour répondre aux enjeux auxquels elle est confrontée. Pour Arboria UK, il s'agit, impérativement, d'inverser la tendance au déclin afin de garantir son avenir.

Une fois exposée la nécessité de changer, le scénario doit peindre une image attrayante du futur système et montrer de quelle manière l'entreprise peut franchir la distance qui l'en sépare. L'itinéraire sera décrit sous tous ses aspects, pas seulement son tracé mais aussi les comportements des voyageurs pendant le parcours et au sein du nouveau système. Pour susciter l'enthousiasme du personnel, l'histoire doit pouvoir être adoptée et adaptée par chacun dans l'entreprise, tout en restant l'œuvre de l'équipe de direction, qui garde la responsabilité de la développer – notamment le PDG et les dirigeants particulièrement chargés de mettre en œuvre le changement. Un scénario émanant du grand patron revêt en effet une valeur et une authenticité aux yeux du personnel. Et la meilleure voix pour raconter l'histoire est celle… de son auteur.

Mais comment renforcer l'impact du scénario ? Il existe une palette de moyens, que l'on peut conjuguer : une note ou un courriel du PDG à tous les collaborateurs de l'entreprise, une vidéo, une présentation itinérante sur chaque site, un livret explicatif. L'essentiel est de s'adapter aux différents auditoires et de leur donner la possibilité d'assimiler l'histoire et d'y réagir – au cours de séminaires, de conversations ou de discussions formelles menées en groupe ou individuellement.

Lorsqu'un scénario de changement est répété et réinterprété au fil du temps, il finit par constituer un cortège d'images et de représentations communes, qui irriguent l'ensemble de l'entreprise. Le PDG d'une chaîne de magasins pourra, par exemple, bâtir un scénario autour de sa rencontre avec un client qui lui a fait comprendre la nécessité de changer les choses. Les histoires qui marchent et acquièrent une dynamique propre sont vivantes, concrètes, fondées sur des anecdotes mettant en scène des individus ; elles évitent les descriptions conceptuelles ou impersonnelles.

Les actes en disant plus que les paroles, pour être vraiment convaincante une histoire doit s'appuyer sur des expériences concrètes et parlantes, montrant les conséquences positives des nouvelles méthodes de travail.

Le prochain chapitre va nous permettre de suivre l'équipe d'Arboria alors qu'elle lance la mise en œuvre de son plan de transformation.

Chapitre 8

Faire la démonstration du changement

- Le projet pilote doit démontrer les avantages du *lean*, non seulement pour l'entreprise, mais également pour l'ensemble du personnel.

- Ce pilote met généralement à jour des problèmes systémiques, que les dirigeants devront résoudre afin d'assurer la pérennité du changement.

- Ce sont les cadres opérationnels qui doivent piloter la mise en œuvre, pas une équipe de projet.

L'étape suivante de l'itinéraire d'Arboria vers le *lean* consiste à mener un projet pilote. La réussite de ce pilote va permettre, à la fois, d'atteindre les objectifs pour l'entreprise et de démontrer au personnel de terrain, au départ plutôt sceptique, que les nouvelles méthodes de travail présentent également de réels avantages pour lui. L'autre opportunité qu'offre le projet pilote est de pouvoir tester la nouvelle organisation et son système de management, afin d'identifier leurs points faibles et, en y remédiant, d'assurer que les progrès soient durables.

Même si la petite équipe que dirige Philip va apporter son soutien à la mise en œuvre du projet pilote, ce sont les cadres opérationnels qui vont devoir prendre les choses en main et piloter le changement. Quant aux dirigeants, ils seront impliqués dans les réunions d'avancement, les activités d'amélioration et les ateliers de travail. Pour comprendre les problèmes qui se posent et participer à leur résolution, ils vont devoir travailler auprès du personnel de terrain. Leur présence sur le terrain fera la démonstration qu'ils participent pleinement à l'effort entrepris et leur permettra de constater par eux-mêmes si les améliorations commencent à se concrétiser.

Nous rejoignons l'équipe d'Arboria à Bolton, au moment où elle commence sa campagne d'explication sur les raisons de la transformation *lean*.

Construire des fondations claires et solides

Au préalable, l'équipe de direction a débattu de la meilleure méthode pour lancer le projet pilote. John, au début, tenait à réunir tout le monde un vendredi matin au moment du changement d'équipe. Mais Dave a estimé qu'un lancement aussi solennel risquait d'alimenter le scepticisme du personnel, et suggéré à John d'organiser plutôt une réunion avec les chefs de service. Mis au courant du projet, chaque chef de service pourrait ensuite faire une présentation à ses collaborateurs directs, lesquels expliqueraient à leur tour le projet aux équipes terrain. Louise a donné son accord, car de cette façon, a-t-elle déclaré, chaque cadre opérationnel réalisera cet effort d'explication avec ses propres mots et pourra montrer aux membres de son équipe le lien entre les objectifs de la transformation *lean* et leurs activités propres, ce qui rendra le projet plus compréhensible.

En s'appuyant sur ce qu'elle a fait avec Philip après le séminaire de l'équipe de direction, Louise a travaillé avec John sur les stratégies de communication et ils les ont testées sur Dave. Très vite, celui-ci a soulevé la question des suppressions de postes.

« C'est dans toutes les têtes. Tous les projets précédents ont conduit à des licenciements.

– Nous ne pouvons pas parler de suppression de postes dès le lancement du programme, a répliqué John, cela va mettre les gens sur le recul avant même que l'on ait commencé.

– Mais si nous n'abordons pas ce sujet, ils vont penser qu'on leur cache quelque chose.

– Que suggères-tu ?

– De leur dire la vérité.

– La vérité, c'est que nous ne savons pas, à ce stade, s'il y aura des suppressions de postes ou pas. Tout dépendra de notre capacité à accroître les ventes assez rapidement pour absorber les améliorations de productivité.

– Alors, c'est ce qu'il faut leur dire. Après tout, ils ne sont pas idiots. Ils comprennent les réalités économiques de l'entreprise et ils apprécieront votre honnêteté. On ne peut pas demander à des chefs de service et à des responsables d'équipe de parler à leurs troupes et ne pas leur donner de réponses aux questions difficiles.

– Je crois que tu as raison. OK, nous allons rajouter cela. »

Ainsi Louise s'est-elle mise au travail avec Dave pour préparer les réponses nécessaires. Elle a également passé quelques heures à donner aux chefs de service une formation sur la façon de conduire les réunions pour permettre à la discussion de s'ouvrir. La semaine suivante, cette préparation a porté ses fruits et permis à la campagne de communication de se dérouler selon le programme prévu. L'engagement personnel de John a été palpable pendant la présentation qu'il a faite dans son style très direct. Et une partie de son enthousiasme s'est communiquée aux chefs de service, qui ont réussi à conduire leurs propres réunions de façon relativement efficace.

Ce vendredi, soit presque quinze jours après le séminaire avec Bruno, Philip réunit son équipe pour confirmer le programme de la semaine suivante. L'ours Dave et Trevor Radcliffe sont venus renforcer l'équipe de diagnostic initiale. Dave doit prendre en charge la question du flux opérationnel de l'assemblage, avec l'aide de Fiona Richardson, la responsable d'équipe, et de Steve Edwards, l'ingénieur de production. En amont, Trevor sera appuyé par une collègue de Steve, Lisa Hallum, et par Derek Hines, un ingénieur de maintenance. Guy Lanbridge, contremaître de l'atelier d'injection, va diriger la mise en application des changements et Christine McGuire venir en appui sur les questions liées à la planification de la production.

Philip explique qu'il prévoit de consacrer la majeure partie de son temps à aider individuellement les équipes en les coachant jusqu'à ce qu'elles puissent travailler seules. Il a également l'intention de développer avec Louise et Brian la structure d'organisation adaptée, ainsi que les systèmes de gestion de la performance indispensables pour étayer les nouvelles façons de travailler.

« Au fur et à mesure où nous avançons vers le système opérationnel désiré, gardons présentes à l'esprit les quatre phases à suivre : d'abord, stabiliser le processus ; puis, créer des flux continus partout où c'est possible (c'est essentiel dans le secteur de l'assemblage, mais cela s'applique également aux liaisons entre l'atelier d'injection et l'assemblage, ainsi qu'entre l'assemblage et le stock de produits finis) ; ensuite, équilibrer la ligne selon le *Takt* (afin de fabriquer les cafetières à la cadence requise pour répondre aux besoins de la clientèle) ; enfin, mettre en œuvre un système en flux tiré contrôlant la production en fonction de la demande client réelle.

– Qu'entendez-vous par stabiliser la production ? demande Steve.

– C'est comme construire les fondations avant de monter les murs de la maison. Dans le calendrier, nous avons prévu quelques semaines pour travailler sur divers sujets, comme la création de standards, l'évaluation des niveaux de compétence actuels, l'analyse des pannes de machine. Ce ne sont pas des sujets toujours très excitants, mais ils sont très utiles pour approfondir notre connaissance des processus et des personnes ; et nous devons faire ce travail avant de pouvoir passer à la mise en œuvre du nouveau système opérationnel. Par exemple, nous ne pourrons pas réduire notre stock de produits finis avant d'avoir un processus fiable en amont, sinon nous risquons d'être en rupture lorsqu'une machine tombe en panne.

– Et qu'est-ce que c'est la "mise en œuvre du système de suivi de la performance" ? demande Derek en montrant le plan fixé au mur de la salle de formation.

– C'est un moyen important pour stabiliser le système, répond Philip. Nous devons pouvoir suivre ce que produit le processus sur une base horaire dès la semaine 1 et utiliser cette information pour gérer la performance et comprendre le niveau de variabilité.

– Et la résolution de problèmes ? demande encore Derek, qui a continué à lire la liste des points.

– D'une certaine manière, c'est la deuxième moitié du suivi de la performance. Vous connaissez déjà la roue du PDCA, traduite par : Planifier, Faire, Vérifier, Agir (voir chapitre 3, page 87). Eh bien, le suivi des performances permet de vérifier la production par rapport au plan, mais nous avons également besoin d'un mécanisme pour résoudre tous les problèmes qui peuvent nous barrer la route. »

Il prend un stylo et dessine au tableau. « Fondamentalement, le système de résolution de problèmes est un simple document, affiché dans la zone de production, qui comporte trois colonnes : problème, cause et action corrective. À la fin de chaque équipe, les responsables notent dans la première colonne tous les problèmes intervenus. Si possible, ils complètent également les deux autres colonnes. Mais ils peuvent avoir besoin d'aide pour bien comprendre la cause profonde du problème et comment la traiter.

– Cela n'a pas l'air mal, dit Guy.

– Oui, mais dans la réalité c'est un peu moins simple, précise Philip. Tous ces systèmes ont tendance à partir aux oubliettes si on ne les utilise pas tous les jours. C'est pourquoi nous les lancerons uniquement dans le secteur pilote, au début, et pas dans tout le site. Nous ne mettrons aucun système en place tant que nous ne serons pas certains de pouvoir les faire vivre réellement, précise-t-il. On nous critiquerait très vite si nous faisions des promesses que nous ne pouvons pas tenir. »

Créer une « plate-forme » stable

La campagne de communication a créé des attentes fortes chez les salariés et l'équipe de direction d'Arboria risque de ne plus se préoccuper que d'obtenir des changements faciles et rapides. Philip met donc en garde les dirigeants : les premières semaines de mise en œuvre doivent essentiellement servir à créer des bases solides pour la suite du projet. L'itinéraire vers le *lean* est un marathon, pas un sprint. Il n'est pas question, bien sûr, de rejeter toutes les opportunités d'améliorations rapides, mais il est indispensable de suivre la ligne tracée et de s'en tenir au plan défini.

La stabilité est un préalable. Le nouveau système opérationnel sera impossible à mettre en œuvre si les matières, la performance des équipements, les compétences et méthodes de travail subissent des variations interdisant de créer un flux de produits fiable. Par exemple, si Arboria n'améliore pas la fiabilité de son poste d'encollage, elle ne va pas pouvoir créer un flux continu de pièces pour l'assemblage ; elle ne pourra pas non plus convaincre les personnes concernées que le *lean* peut réellement améliorer leurs conditions de travail.

Des standards opérationnels clairs vont être établis, afin d'assurer que les tâches soient réalisées de façon uniforme et sans danger. Ces normes devront inclure le temps de cycle standard nécessaire pour chaque tâche, lequel servira de base pour répartir efficacement le travail selon différents Takt et optimiser le processus afin de réduire le temps de cycle global.

Pour trouver la stabilité, le système opérationnel exige que le personnel fasse preuve de discipline, autant en ce qui concerne l'état d'esprit que les comportements. Si, par exemple, le responsable d'équipe ne mène pas systématiquement la réunion de cinq minutes à la fin de chaque changement (pour passer en revue les problèmes rencontrés et vérifier l'application des mesures prévues), la stabilité ne s'améliorera pas.

Au fur et à mesure que les équipes vont mettre en œuvre le contrôle de performance sur la ligne d'assemblage et dans l'atelier d'injection, nous verrons qu'un changement apparemment simple nécessite de la part des responsables d'équipe une attention et une implication personnelles.

© Éditions d'Organisation

Lundi. Huit heures du matin. Il est temps de donner des précisions aux équipes de production, de leur expliquer plus en détail les plans d'actions et de leur décrire les principales activités de la semaine qui commence.

Lisa a préparé une feuille de relevé pour que les opérateurs de l'atelier d'injection notent toutes les sources d'inefficacité dues aux pannes, changements d'outil, arrêts mineurs et pièces défectueuses. L'équipe de projet veut utiliser ces informations pour calculer le taux de rendement synthétique (TRS) de chaque machine et mieux cibler les activités d'amélioration. Après cela, Christine pourra examiner comment affecter les produits aux différentes machines en tenant compte de la capacité disponible. Lisa a demandé à Guy d'expliquer la feuille de relevé à l'équipe de l'atelier d'injection pendant sa réunion quotidienne dans l'atelier.

« Lisa a préparé cette feuille pour que vous la complétiez, annonce Guy en remettant à chacun une copie. Je pense que c'est tout simple à comprendre. Avez-vous des questions ?

– Oui, dit Howard Ashworth, un homme trapu, la cinquantaine, en agitant le document en direction de Lisa. Pourquoi faut-il remplir cette feuille, alors que nous avons déjà le rapport d'équipe ? Vous ne pouvez pas en extraire les informations dont vous avez besoin ? demande-t-il.

– Il a raison, intervient un collègue. Vous nous demandez de faire deux fois la même chose. Je croyais que le projet devait nous permettre de travailler de façon plus efficace !

– Tout à fait, répond Lisa. Mais les rapports d'équipe ne nous fournissent pas toutes les informations dont nous avons besoin, ajoute-t-elle en espérant que Guy va venir à son secours. Mais Guy se contente de l'interroger :

– Bon, alors, quel document devons-nous utiliser, Lisa ?

Elle hésite.

– Dites, on a des pièces à faire, nous, dit Howard en regardant sa montre. Alors, mettez-vous d'accord et on verra après. » Il rend la feuille de relevé à Lisa et s'éloigne. La réunion est terminée.

Les choses ne se sont pas passées comme Lisa l'aurait voulu. Elle a l'impression que Guy l'a laissée tomber. Lorsqu'il a accepté d'expliquer le nouveau mode opératoire à son équipe, elle a pensé qu'elle pouvait compter sur son soutien. Mais à cause de lui elle est passée pour naïve et ignorante. Elle décide de demander conseil à Trevor.

À l'assemblage, la réunion se déroule plutôt mieux. Fiona a présenté le tableau de suivi des performances préparé par Steve : une ligne pour chaque heure et des colonnes pour l'objectif de production, la production effective et la production cumulée par rapport à l'objectif. Il y a également une colonne pour noter tous les problèmes apparus pendant l'heure correspondante avec une estimation du temps perdu. Elle demande à l'opérateur chargé d'emballer les cafetières de remplir le tableau toutes les heures et de bien noter tous les problèmes, même mineurs.

Dave explique qu'ils utiliseront ces informations afin de dresser la liste des problèmes à résoudre pour aider l'équipe d'assemblage à être plus productive. Il précise que Steve va commencer à créer des standards visuels au cours de la semaine.

« Mais nous faisons le même travail depuis des années. Pourquoi faut-il maintenant que nous le mettions par écrit ? demande Eileen Mayoh, qui est opératrice.

– Nous avons besoin, après avoir convenu des meilleures méthodes de travail, de déterminer le temps nécessaire pour chaque étape. Cela nous permettra, ensuite, de revoir la répartition des charges de travail en fonction des différents niveaux de la demande.

– Tu ne vas pas encore ressortir ton chronomètre, Steve ? plaisante Eileen.

– J'ai bien peur que si, répond Dave. Mais, pendant le diagnostic, nous voulions déterminer approximativement la charge de travail sur chaque poste, alors que maintenant nous avons besoin de savoir combien de temps devrait prendre chaque opération si aucun problème n'intervient.

– Mais des problèmes, il y en a toujours ! C'est ce que tu ne sembles pas vouloir comprendre. Naturellement, le travail pourrait se faire nettement plus vite si nous n'en avions pas, mais ce n'est pas le cas.

– Eileen a raison, fait remarquer Fiona. Vous devriez passer une journée sur la ligne pour sentir un peu mieux ce qu'il s'y passe ! Qu'en pensez-vous, Steve ? Dave ?

– C'est une bonne idée, répond Dave. Cela te fera du bien de faire un vrai travail, pour une fois !, ajoute-t-il en regardant Steve.

– Je suis partant, dit Steve.

– Parfait. Eileen, tu peux t'occuper de Steve et l'aider à démarrer ?

– Ne t'inquiète pas, Fiona, dit Eileen en souriant, il sera bien traité avec nous. »

Steve travaille sur la ligne toute la journée. Les autres, tous opérateurs expérimentés, font le nécessaire pour lui faciliter les choses. Il s'en sort à peu près bien, jusqu'à ce qu'intervienne un problème et que le système se détraque. La machine d'encollage, en particulier, ne facilite pas le travail. Comment s'étonner que l'équipe remette constamment ce sujet sur le tapis ?

Mark Sherwell constate avec amertume : « Cela fait des années qu'on répète la même chose ; la machine d'encollage, par exemple : tout le monde a promis que le problème allait être résolu, mais c'est toujours la même chienlit. On serait mieux lotis avec un pot de colle et un pinceau ! »

La journée que Steve a passée sur la ligne lui a permis de mieux comprendre les préoccupations des ouvriers. Leur plus grande inquiétude concerne les suppressions de poste. Eileen, qui travaille dans l'entreprise depuis vingt ans, a vu beaucoup de ses amis partir. Elle craint qu'en participant à l'amélioration du processus, elle et ses collègues ne creusent leur propre tombe. Steve a bien essayé de la persuader que si l'activité de l'entreprise était mieux maîtrisée, tout le monde en profiterait au bout du compte. Il a vu qu'elle n'est pas convaincue.

Son travail avec l'équipe a également permis à Steve de préciser les bases sur lesquelles établir les standards de travail. Fiona a réalisé la plupart des chronométrages, ce qui a évité de répéter le malheureux incident intervenu au cours du diagnostic.

Même si l'équipe renâcle quelque peu pour remplir le tableau de suivi des performances toutes les heures, au motif que cela perturbe le travail, elle s'acquitte néanmoins de cette tâche. Afin de l'encourager, Philip et Dave mettent un point d'honneur à aller regarder le tableau à chacun de leur passage dans l'atelier. L'effet sur la production a été immédiat : l'équipe atteint et même dépasse désormais chaque objectif. L'amélioration par rapport aux performances passées est très nette.

Au cours de la deuxième semaine de mise en œuvre, Steve fait réaliser un outil simple pour faciliter une opération d'assemblage délicate qui lui a donné du fil à retordre lors de sa journée de travail dans l'atelier. Il refait ensuite le chronométrage du poste et met la norme à jour. Comme ce poste représentait un goulot d'étranglement, il augmente également les objectifs horaires sur le tableau de suivi de la performance afin de tenir compte de l'amélioration.

Le lendemain, l'équipe a pris du retard. Fiona examine et vérifie le tableau : aucun problème. Mais lorsqu'elle s'approche, les opérateurs commencent à l'accuser et, avec elle, l'équipe de projet, d'utiliser le tableau pour les forcer à travailler plus dur. Fiona se sent prise entre deux feux, les opérateurs d'un côté et Steve de l'autre, qui semble avoir des raisons valables d'augmenter la cadence. Elle réalise qu'elle doit avoir une discussion sérieuse avec son équipe sur l'écart de performance qui a été découvert ; mais elle ne sait pas comment le faire sans ouvrir un conflit. Elle a toujours obtenu de bons résultats en étant très proche de son équipe, aussi craint-elle de détériorer ces relations en prenant une position trop hiérarchique.

Instaurer une culture de la performance

La manière dont Fiona et Guy, les chefs d'équipe, gèrent les changements dans leur secteur nous fait découvrir leurs personnalités respectives.

Lorsque Lisa a présenté la nouvelle feuille de relevé à l'atelier d'injection, elle n'a pas reçu beaucoup de soutien de la part de Guy, le contremaître de la ligne. En remettant en cause le bien-fondé du document, Howard s'est opposé implicitement à l'autorité de la personne qui l'avait mis au point. Guy a éludé ses propres responsabilités en laissant Lisa seule face au problème, alors qu'elle n'avait ni le statut ni la crédibilité suffisante pour le surmonter.

Les premières phases de la mise en œuvre exigent souvent des responsables d'équipe qu'ils fassent preuve vis-à-vis de leur personnel d'une autorité qu'ils n'ont pas eu l'habitude d'exercer. Ils peuvent se sentir démunis face à ce défi ou peu enclins à assumer cette responsabilité. Entreprenant un projet de transformation *lean*, un groupe agroalimentaire a ainsi découvert que la plupart de ses chefs d'équipe préféraient partir en préretraite plutôt que de faire l'effort de s'investir dans un nouveau rôle où ils devraient gérer la performance.

Il est essentiel de faire participer les personnes concernées à la conception des nouvelles méthodes… les leur imposer ne serait pas efficace. Howard a travaillé toute sa vie sur les machines de moulage. Il est peu probable qu'il soit disposé à changer ses façons de travailler simplement parce qu'un jeune ingénieur vient lui proposer un document dont il ne voit pas l'intérêt. Lisa aurait dû impliquer Howard et ses collègues dans la réalisation de la feuille de relevé et les faire réfléchir à la façon de rationaliser les divers documents utilisés dans le service.

Lorsque Steve a amélioré un processus et en a profité pour relever la cadence de production, les opérateurs ont perçu cette action de manière négative. Même si l'on affirme que le *lean* conduit à travailler mieux, et non pas plus, force est de constater qu'éliminer les gaspillages dans les processus donne souvent l'impression aux opérateurs de travailler plus dur, notamment parce qu'ils ont moins de temps d'attente. Fiona craint que le soutien qu'elle apporte aux changements ne vienne ternir les bonnes relations qu'elle entretient avec ses collègues de travail. Mais, comme d'autres défis se profilent, il lui faut décider, maintenant, si elle est disposée à les affronter et de quelle façon s'y prendre pour que son équipe lui emboîte le pas. L'un des moyens les plus évidents consiste à faire la preuve que la transformation *lean* va permettre d'éliminer certains de leurs problèmes.

Comme on pouvait s'y attendre, le sujet qui domine le tableau de suivi des performances concerne la machine d'encollage. Elle est tombée en panne si souvent ces derniers jours que Jeff a simplement écrit en travers du tableau « RÉGLER LE PROBLÈME DE LA MACHINE D'ENCOLLAGE » et laissé le reste en l'état. C'est également le premier sujet que Fiona écrit sur la nouvelle feuille de résolution de problèmes ; et cela va avoir valeur de test pour démontrer la capacité de l'équipe de projet à traiter les causes d'inefficacité.

Après une courte discussion sur le choix de la personne qui doit prendre en charge ce problème, le nom de Steve est inscrit au tableau. Cela lui rappelle ce qu'il a appris il y a quelques mois au cours d'une formation : la première étape pour résoudre un problème consiste à le définir clairement et la deuxième à le décortiquer, tout en recueillant des données. Définir le problème était assez facile dans le cas présent : les cylindres à commande pneumatique de la machine s'immobilisaient souvent. Il a déjà relevé la fréquence des blocages et essayé d'étudier les causes possibles lorsqu'il a préparé les modes opératoires standard.

Au cours de la troisième étape on utilise des outils, comme le diagramme en arrête de poisson et les « 5 Pourquoi ? », pour former une hypothèse sur la cause probable du problème. La quatrième étape est celle où l'on effectue les changements nécessaires. Et les cinquième et sixième étapes servent à évaluer les résultats et à standardiser la solution.

Pour découvrir la cause du problème, Steve organise une réunion avec Eileen, de la ligne d'assemblage, et un technicien de maintenance très au fait des systèmes pneumatiques. À la suggestion du technicien, il demande également à un ingénieur de la société P. J. Tippins de se joindre à la réunion. Tippins est la société locale qui a installé la machine. La cause du problème se révèle étonnamment simple. Le technicien constate que l'un des arbres est rainuré et légèrement tordu, probablement parce que quelqu'un a tapé dessus avec un marteau. L'ingénieur de Tippins découvre, en outre, que le lubrifiant utilisé sur la machine attaque les joints, ce qui entraîne une chute de pression. La conjonction de ces deux facteurs, combinée aux éclaboussures de colle, trop généreusement appliquée sur les mécanismes, semble expliquer les blocages de la machine.

L'embarras que Steve a éprouvé devant la simplicité des causes détectées a disparu rapidement en voyant le problème s'éclaircir. Pour empêcher qu'il ne se reproduise, il demande à l'ingénieur de Tippins de rédiger un standard de maintenance simple à l'intention des opérateurs de la machine. Finalement, pense-t-il, c'est une démonstration concrète des avantages du *lean* pour les personnes travaillant sur cette ligne.

Et Eileen conclut : « On se plaint de cette machine depuis toujours. Cela aurait été nettement préférable de la réparer plus tôt, mais mieux vaut tard que jamais ! »

Ce rapide succès fait grimper la production de l'équipe d'assemblage mais aussi leur motivation. Maintenant que l'une des causes majeures d'instabilité est éliminée, Steve et Fiona vont pouvoir s'attaquer à l'amélioration du flux matières, c'est-à-dire rééquilibrer les charges de travail, supprimer les en-cours de production inutiles et modifier la configuration de la ligne.

Dans l'atelier d'injection, les progrès s'avèrent plus lents. Lisa estime que l'équipe a fait un pas en avant et deux en arrière avec le lancement de la nouvelle feuille de relevé ; mais, ensemble, ils ont convenu de faire tout ce qui est nécessaire pour remettre les choses en ordre.

« Si tu n'arrives pas à obtenir leur adhésion cette fois-ci, il n'y aura plus rien à faire pour les récupérer », la met en garde Dave. Il propose de les aider, Guy et elle, à travailler avec l'équipe pour trouver une solution qui mettrait tout le monde d'accord. Le lendemain, Lisa et Dave assistent à la réunion que Guy tient désormais au démarrage de chaque poste. Guy passe en revue les priorités pour chaque machine et les changements d'outil prévus, puis Dave enchaîne.

« Je sais que vous avez eu des mots à propos de la nouvelle feuille de relevé que Lisa a établie et je voudrais vous donner mon point de vue. D'après les chiffres, nous utilisons les machines à près de 100 % de leur capacité, parfois plus ; or nous savons tous que ce n'est pas le cas. Les machines tombent en panne, les changements d'outil prennent des heures et la qualité des pièces n'est pas toujours à la hauteur. Même sans outil très performant, je peux dire sans risque de me tromper que quelque chose ne tourne pas rond quelque part : on ne peut pas avoir 100 % de taux d'utilisation et en même temps toutes ces interruptions de production. Cela ne tient pas debout.

« C'est la raison pour laquelle nous devons trouver une meilleure méthode pour mesurer la performance des machines. Nous saurons, alors, où se situent les problèmes et ce que nous pouvons gagner en les éliminant. Je suis sûr que vous avez tous vu ce qui a été réalisé pour la machine d'encollage de l'assemblage. Une machine de moulage est sans doute plus complexe, mais il faut aborder le problème exactement de la même manière.

« Désormais, il n'y a donc aucune discussion possible sur la nécessité de changer nos mesures de performance ; en revanche, nous pouvons débattre sur la façon de le faire. J'ai demandé à Lisa de revoir avec vous la feuille de relevé, pour que vous vous mettiez d'accord sur un format qui convienne à tout le monde. S'il y a des problèmes, Guy et moi sommes là pour vous aider. Vous êtes tous d'accord avec ce processus ? »

Dave n'attend pas vraiment une réponse. Il a prévu de parler avec Howard en tête-à-tête après la réunion et de lui indiquer clairement que l'équipe ne peut pas choisir avec qui elle veut bien travailler ou pas ; quoi qu'il arrive, c'est Lisa qui terminera la mise au point de la feuille de relevé.

S'attaquer aux problèmes les plus profondément ancrés

Première amélioration technique visible pour les opérateurs, la réparation de la machine d'encollage a représenté une étape importante dans l'itinéraire d'Arboria vers le *lean*. Examinons de plus près tout ce qu'il a fallu faire pour supprimer une cause récurrente d'inefficacité qui bloquait depuis longtemps la chaîne de valeur.

D'abord, il a fallu que le problème remonte au niveau de la direction générale. Une fois Bruno au courant, il n'était plus possible de le camoufler ; il est donc devenu le problème des dirigeants et plus seulement de l'atelier. Ensuite, quelqu'un – en l'occurrence Steve – s'est vu confier la responsabilité de le résoudre. Puis une approche structurée a été adoptée pour découvrir les causes premières et les définir clairement. Enfin, on a rassemblé des personnes présentant les qualifications et les connaissances nécessaires afin qu'elles élaborent une solution.

L'absence de standards pour assurer la maintenance de la machine d'encollage indique que les détails ne faisaient pas l'objet d'une attention suffisante et qu'il n'existait pas de responsabilités claires pour les tâches de maintenance. Aussi les problèmes estimés mineurs échouaient-ils dans un *no man's land*, quelque part entre la maintenance, les méthodes et la production. Même si ce problème signale clairement l'existence d'un dysfonctionnement dans le système opérationnel, pour optimiser la performance de la machine et sa maintenance, il va également falloir adapter en conséquence le système de management ainsi que la culture interne.

Depuis que l'équipe a commencé la mise en œuvre du projet pilote, John s'astreint à un suivi hebdomadaire des progrès.

Chaque vendredi, à trois heures, Philip, Dave et Trevor rejoignent John pendant une heure pour faire le point et examiner ce qui a été réalisé pendant la semaine au regard du plan initial.

Avant la réunion, Philip prépare un rapport d'une page, avec les graphiques de quatre indicateurs de performance (taux de rendement synthétique (TRS), temps moyen de changement d'outils sur les machines de moulage, productivité sur la ligne d'assemblage et temps de production global), un résumé de ce qui a été réalisé (les standards visuels installés sur la ligne d'assemblage, par exemple, ou encore l'analyse des statistiques de pannes machine menée pour identifier les priorités) et les activités prévues pour la semaine suivante. La réunion permet également d'aborder la liste des questions pour lesquelles John doit donner son accord, comme l'autorisation des bons de commande.

Le rapport constitue la trame de la réunion. Afin de refléter le plus fidèlement possible le travail réalisé dans le projet pilote, plutôt que de préparer des documents spécifiquement pour la circonstance, Philip se sert de ceux qui sont mis au point pour le projet, tels que les standards visuels élaborées par Steve avec Fiona et son équipe. La réunion se tient dans la salle de formation, pas dans le bureau de John, et les participants font le tour de l'usine, juste avant ou après la réunion, pour constater les changements récemment introduits. C'est l'occasion pour John de parler du projet pilote avec les opérateurs de production, afin de se tenir informé de l'avancement et de montrer qu'il est toujours aussi déterminé à soutenir la transformation.

Au cours de la troisième de ces réunions hebdomadaires, le groupe a discuté du succès obtenu sur la machine d'encollage, que John est allé inspecter juste avant la réunion. Philip saisit cette occasion pour aborder la question de la maintenance de base.

« Il faut que nous arrivions à savoir pourquoi il nous a fallu autant de temps pour régler un problème aussi ancien. À mon avis, c'est le symptôme d'une difficulté de plus grande envergure, qui concerne notamment la coordination du travail entre la production et la maintenance.

– Plus précisément ? encourage John.

– Eh bien, la production a signalé le problème à maintes reprises, mais a fini par renoncer et a décidé d'y remédier elle-même ; ce qui pourrait expliquer comment l'arbre a été tordu.

– Comment cela est-il possible, Trevor ? Comment ce problème a-t-il pu être ignoré ?

– Ce n'est pas tellement qu'il a été ignoré, John, mais qu'il a été supplanté par des priorités plus urgentes. On est bien obligé de définir des priorités et, naturellement, les machines de moulage sont en tête de la liste.

– Ce qui est une bonne chose du point de vue de la rentabilité de l'activité, constate Philip.

– Mais c'est très mauvais pour le travail de l'assemblage ! s'inquiète John.

– Absolument ! acquiesce Philip.

– Et l'atelier d'injection ? demande John, la maintenance lui apporte-t-elle le service dont il a besoin ?

Dave intervient.

– Je dirais que non. Comme l'explique Trevor, s'il y a du retard, il faut temporiser. Je suis certain que Trevor conviendra que nous ne sommes pas en tête de sa liste.

– C'est parfaitement vrai. Nous avons un programme de maintenance préventive pour les machines de moulage, mais nous sommes constamment appelés pour résoudre des pannes. Alors, on repousse certaines des activités prévues et c'est rapidement le cercle vicieux.

– Que suggères-tu, Phil ? interroge John.

– Nous avons évoqué quelques solutions. C'est encore un peu tôt, mais de façon générale nous pourrions partager le service de maintenance en deux. Nous aurions ainsi, d'une part une maintenance destinée à soutenir la production au quotidien – placée sous l'autorité de la maîtrise de production et rattachée à Dave –, d'autre part une maintenance à la fois préventive et chargée du travail technique hautement qualifié. De cette façon une barrière protégerait la maintenance préventive et éviterait qu'elle ne soit sans cesse sollicitée pour résoudre les problèmes urgents ; quant à la production, elle disposerait d'un service dédié qu'elle gérerait selon ses propres priorités.

– Je comprends la logique. Qu'en penses-tu, Trevor ? Ton équipe acceptera-t-elle ce type d'organisation ?

– Cela ne sera pas facile. Je vois d'ici les discussions que je vais avoir à soutenir. Mais nous avons retourné la question dans tous les sens et je ne connais pas d'autre solution.

– OK. Alors mettons le sujet à l'ordre du jour de notre prochaine réunion de direction. Peux-tu formaliser une proposition d'ici là ?

– Bien sûr », répond Philip.

La semaine suivante, Bruno et Dietmar effectuent la première des visites mensuelles qu'ils ont prévues. Philip, qui a préparé une synthèse sur l'état d'avancement du projet, à partir du dernier rapport hebdomadaire, la présente aux participants en précisant que ce premier mois a essentiellement eu pour but d'établir les bases de la stabilité. Dave et Trevor décrivent en détail la création des systèmes permettant d'assurer le suivi de la performance et de résoudre les problèmes. Une demi-heure plus tard, le groupe se dirige vers les ateliers afin que Bruno et Dietmar puissent juger des progrès réalisés depuis leur dernier passage.

Premier arrêt, la ligne d'assemblage. Avant que Fiona ne puisse commenter les nouveaux standards développés pour chaque poste de travail, Bruno remarque la machine d'encollage.

« On dirait qu'il y a eu du progrès ici ! » remarque-t-il à la cantonade.

Steve pousse Eileen en avant pour qu'elle explique à Bruno comment ils ont résolu le problème. L'enthousiasme avec lequel elle le fait contraste singulièrement avec l'attitude négative de Mark Sherwell, il y a à peine un mois. Entre-temps, d'ailleurs, Mark lui-même a évolué. Bruno est enchanté et Philip doit pratiquement l'arracher des lieux pour continuer vers l'atelier d'injection.

Lisa a passé beaucoup de temps avec Guy et Howard pour mettre au point une feuille de relevé plus simple et préparer la visite. Guy présente Howard, qui se saisit de la planchette accrochée sur sa machine et montre la feuille qu'il remplit au fur et à mesure de la journée.

« Cette feuille de relevé, c'est un peu comme la "boîte noire", le chronotachygraphe, sur un camion : elle indique exactement ce qu'a fait la machine pendant la durée du poste. Nous notons le nombre de pièces réalisées et relevons le temps de cycle. Cela nous fournit toutes les informations nécessaires pour déterminer combien de pièces nous aurions dû produire à chaque poste. Ici, nous notons toutes les interruptions. Si c'est une panne, nous indiquons l'heure d'arrêt et l'heure de redémarrage après réparation. Si c'est un arrêt mineur, comme une pièce coincée dans le moule, il suffit de cocher l'une de ces catégories. Nous notons également tous les défauts de qualité, ceux qui sont détectés ici et ceux qui le sont au niveau de l'assemblage ; et nous les déduisons du total produit.

– Et en ce qui concerne les changements d'outil ? demande Dietmar.

– Ah oui ! Nous avons eu une discussion très vive pour savoir comment les indiquer, dit Howard, en esquissant un sourire à l'adresse de Lisa. Mais Lisa m'a convaincu qu'il fallait compter le temps entre la dernière bonne pièce produite avec l'ancien outil et la première bonne pièce produite avec le nouveau.

– Si on ne le faisait pas, explique Lisa, on n'améliorerait qu'une petite partie des problèmes et on laisserait de côté des choses importantes, comme les changements de matière ou la préparation d'un nouvel outil.

– Cela semble du beau travail, dit Dietmar. Pouvez-vous me donner un exemplaire de la feuille de relevé ? »

Assurer l'implication de l'équipe de direction

Pendant la mise en œuvre du projet pilote, le rôle des dirigeants consiste habituellement à vérifier les résultats par rapport au plan et à s'assurer que le pilote apporte la preuve des avantages du fonctionnement recherché. Mais ce n'est pas suffisant. Il leur faut également s'impliquer directement dans la mise en œuvre. Ainsi, le projet pilote pourra-t-il atteindre son deuxième grand objectif : mettre en lumière les questions systémiques qu'il est indispensable de résoudre pour que le changement soit durable à long terme.

Si John participe à une réunion hebdomadaire d'avancement, Bruno et Dietmar restent en contact grâce à leur visite mensuelle. Pour tous les trois, la priorité est de pouvoir se rendre compte, par eux-mêmes, des actions menées, plutôt que de se contenter de résumés écrits ou de présentations formalistes. Cette expérience concrète leur sera indispensable pour diffuser les enseignements du projet pilote lorsque le *lean* sera mis en place dans le reste de l'entreprise.

Lorsqu'il passe une heure dans les ateliers, Bruno n'a plus le même comportement qu'à sa première visite. Il semble plus à l'aise, probablement parce qu'il a maintenant ses propres repères et ses contacts. Arrivant à la ligne d'assemblage, il n'a plus besoin d'examiner le fonctionnement de la machine d'encollage par personne interposée : il

© Éditions d'Organisation

apprécie cette possibilité de se passer d'intermédiaires et de rapports pour plonger directement dans la réalité de l'usine et se faire son propre jugement sur l'impact du *lean*. Les dirigeants sont nourris de statistiques et de fiches de résultats détaillées, mais beaucoup adorent les vraies histoires et les anecdotes, que d'ailleurs ils utilisent avec maestria pour motiver leurs troupes.

Bruno va devoir partager son expérience avec le Comex et les directeurs des autres usines pour créer l'élan et le soutien nécessaires à la transformation *lean* de toute l'entreprise. À Bolton même, l'équipe du projet pilote a réalisé un travail de fond pour que la stabilité, indispensable à l'amélioration du flux matériel au sein de la chaîne de valeur, soit au rendez-vous sans compromettre pour autant la qualité apportée au client. Mais le reste de l'usine continue de souffrir d'instabilité et de changements de priorités.

John repose son téléphone et se lève pour ouvrir la fenêtre. Il a tout à coup l'impression de manquer d'air. L'appel venait d'Homestar, l'un des trois principaux clients d'Arboria, pour savoir où se trouvait sa commande. Comme c'est la seconde livraison en retard ce mois-ci, le directeur des achats lui-même appelait John. Homestar est un gros distributeur paneuropéen qu'Arboria ne peut se permettre de servir avec négligence. John a donné toutes les assurances qu'il allait vérifier où en est la livraison et promis de rappeler dans l'après-midi. Il compose le numéro de Dave.

Ces dernières semaines, Philip s'est mis un peu en retrait, guidant et conseillant l'équipe dans son travail pour faire avancer les plans du projet pilote. Il pense maintenant à la mise en place du *lean* sur tout le site. Et il vient de passer sa matinée à élaborer un projet de calendrier, avec les étapes et les ressources nécessaires. Après le déjeuner, il décide de faire un tour dans l'usine.

Passant près de la ligne d'assemblage, il est surpris de voir que le tableau de suivi des performances n'a pas été rempli pour la matinée et que les opérateurs en sont encore au conditionnement, alors que le poste se termine dans vingt minutes. Philip s'adresse à Mark.

« Bonjour. Est-ce que Fiona est là ?

– Je ne l'ai pas vue depuis un moment. La dernière fois, elle partait vers l'atelier d'injection pour faire la chasse aux pièces moulées.

– On n'est quand même pas en rupture ?

– J'ai bien peur que si, mais pas depuis plus de deux heures. Nous avons pu produire jusqu'à midi environ, mais il y a un problème de matière première ou quelque chose comme ça.

– De matière première ? C'est bizarre. Je vais vérifier. »

Avant de quitter l'atelier, Philip pointe le doigt vers le tableau de suivi des performances et demande : « Pourquoi n'est-il pas rempli aujourd'hui ?

– Désolé, Philip, nous avons été noyés. Avec toutes ces choses à faire, on n'a pas pu. Mais je vous promets que tout rentrera dans l'ordre demain.

– À part les pièces moulées, tout est OK ?

– Ouais, répond Mark en marquant une hésitation. Rien de bien important, n'est-ce pas, Eileen ?

– Non… Seulement des petites choses.

– Lesquelles, par exemple ? demande Philip.

– Oh ! La machine d'encollage a recommencé à faire des siennes. Pas aussi grave qu'avant, mais elle s'est détraquée à plusieurs reprises pour une raison inconnue.

– Et qu'avez-vous fait ? demanda Philip.

– Nous l'avons réglée.

– Et cela a résolu le problème ?

– Pas vraiment, mais cela nous a permis de continuer.

Eileen lève les mains au ciel.

– Je sais ce que vous allez dire. Nous devrions rechercher la cause profonde pour la traiter, mais la journée a été très difficile.

– Je comprends, Eileen, mais dites-vous que des jours comme aujourd'hui, nous en aurons de temps en temps. Et si nous n'en tirons pas les conséquences, les problèmes recommenceront de plus belle, jusqu'à ce que nous soyons revenus à notre point de départ. Si nous ne tenons pas à jour le tableau de suivi des performances et n'enregistrons pas tous les problèmes, ils ne seront pas détectés sur notre écran radar. Prenez la machine d'encollage : pensez à toute l'énergie que nous avons dû dépenser rien que pour réussir à mettre cette question à l'ordre du jour !

– Vous avez raison, soupire Mark, c'est si facile d'oublier les consignes !

– Je sais, mais c'est vous, en tant qu'équipe, qui devez jouer le jeu. Tout ce qu'il faut, c'est respecter les règles de base. Si vous arrêtez de signaler les problèmes, tous ceux dont le soutien vous est indispensable, les chefs de service, la maintenance, etc., penseront que tout va bien et s'occuperont d'autre chose. »

Conscient que leur poste touche à sa fin, et qu'il a suffisamment souligné son message, Philip les laisse partir et revient vers la machine d'encollage. Il ouvre le dossier de maintenance créé par Steve. D'après les feuilles de relevé (si, du moins, on peut s'y fier), les vérifications quotidiennes n'ont pas été réalisées au cours des derniers jours ; pas plus que la première maintenance préventive mensuelle qui était prévue. Cela confirme les soupçons de Philip que les procédures de base ne sont plus respectées.

Au lieu de se rendre dans l'atelier d'injection pour vérifier par lui-même le problème d'approvisionnement matières, Philip décide de s'informer auprès de Dave. Il lance un appel et quelques secondes plus tard, le téléphone sonne.

« Bonjour, Dave, c'est Philip. Merci de me rappeler. Je voudrais juste te voir un petit moment. Où es-tu ?

– Dans l'entrepôt ; et je suis vraiment coincé.

– Qu'est-ce qui se passe ?

– John a piqué une crise à cause d'un nouveau retard de livraison pour Homestar ; et la moitié de l'atelier d'injection est arrêtée parce qu'on nous a livré de la merde.

– Comment cela ?

– Un type génial à Bruxelles s'est mis dans l'idée de centraliser tous nos contrats d'achat de matières premières pour réduire les coûts. Nous avons donc changé de fournisseurs. La spécification des matières est censée être identique, mais apparemment les machines ne sont pas d'accord.

– Ce n'est évidemment pas un bon moment pour parler. Je te laisse, Dave, on se verra demain. »

Le lendemain, Philip va faire part à John de ses inquiétudes concernant le projet pilote. Il lui décrit ce qu'il a vu et entendu sur la ligne d'assemblage et propose que l'équipe de management se réunisse pour discuter de la situation.

« J'entends bien, Phil, mais il est impossible que nous dégagions du temps en ce moment.

– Nous ne pouvons pas laisser la situation se détériorer sans réagir, sinon chaque petit incident va nous déstabiliser de plus en plus. Si nous voulons vraiment devenir *lean*, nous devons monter au créneau et nous battre.

– Bon, alors discutons-en vendredi, à la prochaine réunion de suivi.

– Il nous faut plus de temps, John. On ne peut pas discuter de ce problème en cinq minutes.

– Alors, faisons-le juste après la réunion ? John vérifie son agenda. Impossible ! Je suis à Bruxelles vendredi. Dietmar m'a appelé ce matin pour que j'aille discuter avec lui du plan de montée en charge des nouveaux produits. Vous devrez vous passer de moi.

– Il n'en est pas question, John, réplique Philip. Ou on discute sérieusement, ou on ne le fait pas du tout. »

Un silence gêné s'installe.

« D'accord, dit John finalement, j'appellerai Dietmar pour voir si nous pouvons travailler au téléphone. Sinon, il ne restera qu'à trouver un moment, la semaine prochaine, pour nous réunir tous ensemble. »

Finalement, comme John a réussi à repousser sa réunion avec Dietmar à la semaine suivante, l'équipe de direction se réunit le vendredi après-midi. Philip fait part de son inquiétude concernant la participation insuffisante de l'équipe de direction, qui se décharge peu à peu complètement sur l'équipe de mise en œuvre du projet pilote.

Dave admet qu'il a passé moins de temps sur le projet pilote qu'il n'aurait souhaité ; le problème des matières premières l'en a empêché. Trevor promet de rechercher pourquoi la maintenance préventive n'a pas fonctionné pour la machine d'encollage ; mais il explique qu'il est en sous-effectif, car l'un de ses meilleurs techniciens vient de partir dans une autre société.

À ce moment-là, le mobile de John sonne et il quitte la salle pour répondre. Fidèle à lui-même, Bill saisit cette occasion pour réitérer ses doutes sur la nouvelle approche. Un quart d'heure plus tard, lorsque John revient, la discussion est toujours en cours.

« Alors, vous vous en êtes sortis ? », demande John.

Un silence embarrassé tombe, que Philip interrompt en disant : « Il faut que nous essayions de savoir si ces problèmes ne représentent qu'un incident de parcours ou si c'est plus sérieux. »

John suggère de réaliser un tour de table, pour que chacun puisse faire part des problèmes qui l'empêchent d'apporter un soutien total au projet pilote. Trevor admet qu'il pourrait y parvenir à condition d'obtenir des ressources supplémentaires et propose de prendre l'un des apprentis de l'atelier d'outillage pendant quelques semaines pour aider à résorber les travaux de maintenance en attente. Dave explique qu'il lui faut l'appui de John pour résoudre le problème de matières premières. Tenter de résoudre à distance cette question qui relève de Bruxelles lui prend beaucoup de temps.

La réunion touche à sa fin et chacun reconnaît qu'il doit s'y prendre autrement afin de remettre le train sur les rails. Au moment de se séparer, Philip s'adresse à John.

« Merci, John. Ton intervention a permis de faire remonter les vraies questions à la surface.

– Je t'en prie, Phil. C'est toi qui as eu raison de nous obliger à nous regarder dans un miroir et de nous rappeler nos engagements. »

Surmonter les inévitables revers

Bien que la mise en œuvre du projet pilote ait bien démarré, il était quasi inévitable que les problèmes quotidiens de l'activité ne viennent s'interposer à un moment ou à un autre dans le projet. Paradoxalement, le risque est plus important lorsque le projet pilote se déroule de façon satisfaisante, car dans ce cas les managers estiment qu'il n'a pas besoin de soutien et qu'ils peuvent vaquer à des affaires plus urgentes.

Lorsque Philip a perçu des signes révélant que les choses n'étaient pas comme elles devraient, il les a considérés comme le symptôme d'un problème plus profond, courant dans ce type de projet : le personnel n'a pas encore réalisé que certaines activités sont tout simplement impératives. Il est, bien sûr, inévitable que des chefs de service, comme Dave, aient besoin de se détourner momentanément du projet pilote pour résoudre telle ou telle crise ; mais c'est la façon dont l'équipe répond à ces aléas qui va décider de l'issue de l'effort de transformation. C'est pourquoi Philip a insisté aussi fortement pour que John organise une réunion avec toute l'équipe de direction pour débattre de la question.

À cette réunion, les participants sont arrivés peu disposés à exposer devant les autres les problèmes qu'ils rencontrent. Ce sont en effet des managers habitués à travailler de façon indépendante et il se peut qu'ils n'aient pas suffisamment confiance les uns dans les autres pour évoquer librement des sujets délicats. Le fait que John lui-même ait pris l'initiative a néanmoins rendu les choses plus faciles ; mais il a dû pousser chacun dans ses retranchements, puis insister pour que les membres de l'équipe demandent l'aide dont ils ont besoin.

Les obstacles dans la mise en œuvre d'un projet de changement peuvent avoir des causes profondes et refléter notamment un manque de confiance dans le grand patron ou un décalage entre les objectifs individuels et ceux de l'entreprise. Il peut alors être utile de faire venir un intervenant extérieur, qui permettra à chacun d'exprimer les problèmes sous-jacents et aidera le groupe à trouver des solutions.

Grâce à l'engagement renouvelé de la direction de l'usine, l'équipe de projet poursuit, au cours des deux mois suivants, la mise en place des différents éléments du futur système opérationnel. Sur la ligne d'assemblage, Steve et Fiona procèdent au rééquilibrage de la charge de travail sur la base du *Takt*. Le processus n'a plus besoin que de trois personnes au lieu de quatre pour fonctionner. Avec l'accord de John, la quatrième opératrice, Eileen, va rester affectée à l'équipe de projet jusqu'à ce que le pilote aboutisse, pour affiner et documenter les améliorations de la ligne d'assemblage. Il est prévu de l'affecter, ensuite, comme chef d'équipe sur une autre ligne.

Utilisant une matrice de compétences pour déterminer les besoins de formation du personnel, Eileen prépare avec Fiona un programme de formation sur leur poste pour les membres de l'équipe d'assemblage. Fiona travaille également avec Louise et Philip, pour redéfinir le rôle et les responsabilités des chefs d'équipe et pour renforcer les points faibles qu'a révélés le projet pilote dans les domaines de la gestion de performance, de la résolution de problèmes et de l'amélioration des processus.

Pour l'atelier d'injection, les feuilles de relevé ont permis de connaître avec précision les sources d'inefficacité. Derek crée un cahier de consignes pour chaque machine, où sont notés les réglages standard pour chaque pièce, la date et la nature des pannes et les interventions de maintenance préventive. Certaines machines subissent des arrêts mineurs facilement évitables ; d'autres présentent des problèmes plus complexes que seuls les ingénieurs électriciens de l'usine peuvent résoudre.

Alors que cela fait trois mois que la mise en œuvre du projet pilote a commencé, les changements d'outil ont pu être systématiquement réalisés en moins de 40 minutes sur les trois machines de moulage dédiées aux cafetières. Il est désormais temps de basculer vers un système de gestion de la production en flux tiré. En guise de préparation, la capacité supplémentaire qui a été libérée par les améliorations est venue abonder un stock de sécurité, afin d'assurer les livraisons au cours de la phase de transition (précaution essentielle si l'on en croit les récents problèmes pour fournir Homestar).

En attendant, Christine, Dave et Trevor, épaulés par Philip, ont mis au point la définition des niveaux de « stocks contrôlés » nécessaires aux deux points où le flux sera interrompu, c'est-à-dire juste avant et juste après la ligne d'assemblage. Après simulation, pour vérifier les quantités nécessaires, l'équipe organise une réunion avec Bill afin de décider avec lui du fonctionnement du système en flux tiré.

« L'idéal serait d'avoir le stock atelier juste après les machines de moulage, mais cela impliquerait de modifier complètement l'implantation de la ligne ; nous commencerons donc en le gardant dans le magasin. Christine et Lisa ont délimité la zone. »

Philip explique que, chaque jour, la demande client pour les cafetières (fixée initialement à un cinquième de la demande hebdomadaire) sera affichée sur un séquenceur dans l'entrepôt des cartes *kanban*.

« Le séquenceur de production se présente comme un ensemble de casiers. Chaque colonne représente une heure et chaque ligne une variante de produit. Toutes les heures, dans le magasin, Gaz Morgan prendra les *kanbans* correspondant à l'heure suivante et chargera les produits pour les emporter dans la zone de répartition pour la prochaine tournée de livraison.

– Comment ? Même s'il n'y a pas de livraison prévue ? demande Bill.

– Oui. Le séquenceur cadence et tire toute la production de l'usine. Il est donc important de le relever toutes les heures. À long terme, cela va nous permettre d'acquérir la discipline nécessaire pour devenir beaucoup plus flexibles.

– C'est ridicule ! marmonne Bill. Philip l'a entendu, et il est certain de ne pas être le seul. Le comportement de Bill dépasse largement le stade de la plaisanterie.

– Une autre carte *kanban* sera fixée sur chaque palette par Mark dès qu'il place celle-ci sur la ligne d'assemblage. Lorsque Gaz de son côté déplace la palette de produits finis, il doit retirer le *kanban* et le placer dans une boîte aux lettres spéciale pour lui permettre de retourner vers la ligne d'assemblage, où il servira de signal pour déclencher un nouveau cycle de production du produit concerné.

– Cela fait une sorte de boucle, dit Fiona.

– C'est le terme exact. Le système de production en flux tiré est fondamentalement composé d'une série de boucles, qui relient les différentes étapes de la chaîne de valeur. Il démarre au point qui chez nous est le plus proche du client, pour remonter vers l'atelier d'injection et aller jusqu'à nos fournisseurs.

– Que se passe-t-il lorsque le *kanban* nous revient à la ligne d'assemblage ? Nous changeons immédiatement de production ?

– Idéalement, oui. Mais au début nous ne serons pas encore assez bons sur les changements pour le faire sans tomber dans le chaos. Au départ, nous rassemblerons les *kanbans* jusqu'à ce que nous ayons, par exemple, quatre boîtes pour la même variante de produit, soit la moitié de la production d'une équipe. À ce moment-là, nous effectuerons le changement. Lorsque nous nous serons améliorés, nous pourrons diminuer ce nombre, et aussi réduire notre stock de produits finis.

– Mais que faites-vous des économies d'échelle ? demande Bill. Nous avons toujours traité de grandes quantités parce que cela coûtait moins cher. La taille des lots tenait compte du coût des changements d'outil.

– Bien sûr, répond Philip. Mais ce calcul ne tenait pas compte du coût de constitution et de gestion du stock, ni du risque d'obsolescence, ni de l'allongement des délais de production, etc. Et, lorsque nous arrivons à diminuer le temps de changement d'outil, comme nous l'avons fait dans l'atelier d'injection, le coût baisse également. »

Bill ne dit rien.

Le groupe passe donc en revue le processus que Philip a décrit, et décide où vont être installés le séquenceur et les points de collecte des *kanbans*. Philippe souligne combien il est important d'imposer la nouvelle discipline de travail dès les premières semaines.

« Il risque d'y avoir quelques problèmes au démarrage ; il y en a toujours. Par exemple quelqu'un oubliera d'enlever les *kanbans* de la palette et les cartes partiront chez le client. Mais il y a un vrai danger : si nous ne gérons pas tout ceci au mieux, les gens diront que le fonctionnement en flux tiré ne marche pas, avant même d'en voir les résultats. Il nous appartient donc de faire appliquer la discipline de travail et de nous assurer que les *kanbans* sont respectés. Quand les équipes vont voir les stocks baisser, elles seront tentées d'effectuer les changements avant l'arrivée du *kanban*. Nous devons nous assurer que tout le monde garde son sang-froid et attend le signal de déclenchement. »

Après la réunion, Philip, furieux, se rend directement dans le bureau de John. Il lui décrit comment Bill a descendu en flèche la nouvelle méthode de travail devant tout le monde. « John, crois-moi, nous avons tout essayé pour le faire participer dès que c'était possible, mais cela n'a eu absolument aucun effet.

– Je sais, je l'ai bien remarqué, dit John, d'un air abattu. Je pense qu'il ne peut pas s'adapter après tant d'années à travailler selon les anciennes méthodes.

– As-tu l'intention de lui parler ?

– Oui, je le ferai. J'ai promis », répond John en le regardant droit dans les yeux.

En rentrant chez lui, tout en conduisant, John envisage les différentes façons d'aborder la question avec Bill et les écarte les unes après les autres...

Mettre en œuvre un fonctionnement en flux tiré

Ayant établi les bases de la stabilité et installé un niveau de flexibilité adéquat, l'équipe est désormais prête à passer à un système de production en flux tiré. Mais, alors que Philip perçoit cela comme l'ultime phase de construction d'un nouveau système, Bill y voit le démantèlement final d'une méthode de travail éprouvée qu'il a appliquée toute sa vie. Rien d'étonnant à ce que les deux hommes présentent des positions aussi divergentes, car la gestion de la production en flux poussé et la gestion en flux tiré sont deux méthodes diamétralement opposées.

Dans sa définition la plus simple, un système en flux tiré permet de synchroniser les activités de production par rapport à la demande client réelle, de telle sorte que seul ce qui est nécessaire pour répondre à la demande passe d'une étape du processus à la suivante. En décomposant les commandes client hebdomadaires en demande horaire, pour chaque variante de produit, l'équipe d'Arboria a pu réduire la « granularité » de la demande client. Au lieu de produire une grande série pour chaque produit, une fois par semaine voire toutes les deux semaines, chaque produit va désormais être fabriqué avec une fréquence de quelques jours et, peut-être, une fréquence quotidienne finalement. Bien que cette demande horaire soit en un sens artificielle, elle fixe la cadence pour la chaîne de valeur tout entière et fournit le moyen d'adapter le système opérationnel aux variations de la demande client.

Dans l'absolu, le système en flux tiré ressemble à un fil invisible reliant tous les éléments du processus. Lorsqu'un client achète une cafetière Arboria, le fil se tend et « tire » un produit identique tout le long de la chaîne de valeur pour venir le remplacer en fin de chaîne. Mais, dans la pratique, on continue à fabriquer les produits par lots, car la flexibilité du processus est limitée.

Pourquoi un système en flux poussé ne peut-il jamais atteindre la même flexibilité et la même réactivité qu'un système en flux tiré ? Parce qu'il repose sur un ensemble d'hypothèses sur les processus (comme le taux de défaut et les niveaux de stocks) qui ne se vérifient pas toujours, en raison des variations de la demande client et du procédé lui-même. La solution, pour éviter qu'un système traditionnel piloté en central ne s'effondre, est de mettre à jour les données de façon manuelle et aussi souvent que possible ; mais cela mobilise des ressources précieuses, notamment pour tenir les stocks. L'avantage du système en flux tiré est que les boucles de rétroaction sont intégrées au système de production et lui permettent de réagir lui-même face aux événements.

Le système en flux tiré, autre différence notable, donne davantage de responsabilité aux équipes terrain. Si, par exemple, Gaz oublie d'enlever le *kanban* de la palette et de le renvoyer au processus en amont, les

© Éditions d'Organisation

pièces ne seront pas fabriquées. Comme des actions ou omissions, apparemment bénignes, peuvent avoir d'énormes conséquences, il est indispensable que le nouveau système opérationnel soit soutenu par une nouvelle culture, c'est-à-dire que le personnel change sa façon de se comporter.

La pérennité d'un système en flux tiré dépend au moins autant du fait que les salariés comprennent pourquoi ce système est indispensable et quel rôle ils ont à jouer, que d'une définition adéquate de la taille des lots, des niveaux de stocks et des points de déclenchement de la production. On voit bien que les personnes qui ont besoin de changer leurs méthodes de travail au cours du projet pilote pour permettre au système en flux tiré de fonctionner, comme Guy et Fiona, font ensuite preuve d'une meilleure compréhension du système que ceux qui n'en ont pas encore fait l'expérience concrète.

La seizième et dernière semaine du projet pilote approchant, Philip se demande comment l'équipe va pouvoir utiliser au mieux l'ultime visite de Bruno à l'usine. Ils ont tellement de choses à dire. Les objectifs principaux sont atteints, et même dépassés dans certains cas, notamment pour la productivité du travail. La plupart des personnes impliquées ont perdu leur scepticisme initial et certaines sont devenues des défenseurs acharnés du projet.

Tout n'est pas rose pour autant. Quelques cyniques prétendent que les choses vont « revenir à la normale » dès que l'équipe aura quitté les lieux. Dave a décrit à Philip un certain nombre d'actions précédentes, qui se sont perdues dans les sables une fois que la direction s'est intéressée à d'autres questions. Cherchant à lire entre les lignes, Philip se demande si la raison ne tient pas à l'incapacité d'Arboria à reconnaître l'importance de la contribution des personnels de terrain et de la maîtrise. Il sait qu'une telle reconnaissance est fondamentale dans la réussite d'une transformation.

Philip est terriblement conscient de la fragilité des résultats du projet pilote ; il sait qu'Arboria peut très facilement retomber dans sa situation initiale. On voit souvent la courbe de performance réagir comme un élastique : tirée vers le haut par un effort spécifique, elle reprend rapidement sa forme initiale. Créer un îlot d'excellence est une chose, transformer une entreprise tout entière et assurer la pérennité du changement en est une autre, incroyablement plus difficile.

Les habitudes ont la vie dure. Et le souvenir de tentatives avortées peut générer en interne une forte résistance au changement. En revanche, le succès de la démarche peut décupler la capacité de l'entreprise à relever les défis à venir.

La transformation opérationnelle d'Arboria passe par un changement de sa culture d'entreprise.

Enraciner
la transformation

- Une approche « copier-coller » pour transformer le projet pilote en un projet global ne peut pas marcher.

- Pour que le changement des comportements soit durable, les dirigeants doivent travailler sur quatre axes.

- Développer une culture de l'amélioration continue implique de savoir gérer l'impact des améliorations de productivité sur l'emploi.

Conduire un projet pilote est à la portée de nombreuses entreprises. Le véritable défi consiste à généraliser ce succès à l'ensemble des activités. Bien qu'Arboria ait réussi son projet pilote à Bolton, son usine du Royaume-Uni, l'itinéraire de l'entreprise vers le *lean* ne fait que commencer. Le plus difficile reste à venir, car il lui faut enraciner le changement et faire du *lean* non pas une action ponctuelle mais un « mode de vie ».

Les mots trahissent nos pensées. On parle, par exemple, de généraliser un programme de changement. Comme si le gros du travail était accompli une fois le projet pilote réalisé et comme s'il suffisait de « copier-coller » la formule que le pilote a permis de trouver dans le reste de l'entreprise. Si c'était le cas, le changement serait aisé à mener.

Dans la vie réelle, une action de transformation *lean* implique des changements trop fondamentaux et profonds pour pouvoir les transférer d'un simple clic. Cela tient à la fois au fait que l'excellence opérationnelle nécessite de revoir simultanément le système opérationnel, le système de management et la culture de l'entreprise, et au fait que jamais deux groupes d'individus ne réagissent de la même façon, chaque département, chaque unité opérationnelle – usine, agence, succursale… – devant faire face à des enjeux qui lui sont propres.

Tirer toutes les leçons du projet pilote

On arrive, et c'est une bonne nouvelle, à transférer assez facilement les changements structurels et techniques (ou de processus) d'un site sur un autre, en transmettant la documentation et en formant le personnel, entre autres. Pour ce qui concerne l'état d'esprit et les comportements, c'est plus compliqué : les différents acteurs ont généralement besoin de faire l'expérience concrète et personnelle des nouvelles exigences. Pour que le changement s'enracine dans l'entreprise, ils doivent comprendre la nécessité d'adopter des méthodes de travail différentes et être déterminés à les faire vivre.

L'une des conditions essentielles pour garantir ce processus est d'instaurer la confiance entre le personnel et les dirigeants. Dans beaucoup d'entreprises, et Arboria ne fait pas exception, c'est plutôt la méfiance qui est de règle. L'expérience de toutes les promesses non tenues façonne ce type d'attitude. Pour que la transformation *lean* ne devienne pas un projet de plus, mais s'inscrive comme une nouvelle façon de vivre et de travailler ensemble, toute méfiance doit être éliminée, ce qui n'est pas le moindre défi.

En lançant une action de transformation *lean*, Bruno cherche à faire faire à Arboria un saut de performance et à créer les conditions pour que l'entreprise continue ensuite à s'améliorer. Bien que Dave comprenne le raisonnement qui sous-tend cette stratégie, il y voit des conséquences pratiques, pour lui et pour ses collègues, qui ne sont guère réjouissantes : ils vont devoir travailler toujours plus dur pour améliorer la performance jusqu'à ce qu'ils… perdent leur emploi devenu inutile ! Ce type de perception apparaît inévitablement lorsque des dirigeants tentent de convaincre leur personnel de soutenir des améliorations de productivité.

Une fois les progrès obtenus, les dirigeants restent face à un choix : supprimer des emplois, au risque de mettre en péril le soutien interne au processus de changement, ou développer l'activité pour absorber l'excédent de main-d'œuvre, mais avec le risque de retarder les gains potentiels ? À cet égard, Toyota offre des enseignements utiles. Le constructeur considère son personnel, non pas comme une simple « matière première » utilisable ou jetable à sa guise, mais comme un élément essentiel et unique de sa stratégie d'entreprise en fonction duquel son système opérationnel est conçu. Cette éthique est fort éloignée des principes régissant la production en grande série, pour qui les décisions d'investissement se font indépendamment des considérations liées à la main-d'œuvre.

Le système Toyota met l'accent sur l'investissement dans les ressources humaines, notamment en améliorant les niveaux de compétences et en donnant plus de responsabilités. Ce n'est qu'en dernier recours qu'il se résigne à des licenciements. La plupart des entreprises qui s'embarquent dans une transformation *lean* n'ont pas encore atteint ce stade de réflexion. Elles voient dans le *lean* une bonne méthode pour réduire les coûts. Lorsque les améliorations permettent d'utiliser moins de main-d'œuvre, elles procèdent à des réductions d'effectifs, souvent sans prendre d'engagement explicite pour l'avenir des personnels appelés à rester dans l'entreprise.

Bruno va être confronté à un vrai défi s'il veut enraciner la nouvelle façon de travailler dans la vie quotidienne d'Arboria. En effectuant le passage du modèle d'activité traditionnel à un modèle opérationnel *lean*, il doit prévoir quel sort réserver aux collaborateurs dont l'emploi va être rendu inutile par les gains de productivité. Leur proposer un départ volontaire, une préretraite, une nouvelle affectation dans un secteur en croissance de l'entreprise ? Seul un plan concerté lui permettra d'établir un véritable partenariat entre le management et le personnel d'Arboria, basé sur la confiance mutuelle et des intérêts communs.

Pour célébrer la réussite du projet pilote, John a réservé une loge sur un champ de course de lévriers le soir de la quatrième et dernière visite de Bruno et Dietmar à l'usine. Après de longues discussions pour savoir qui devait être invité, il a été convenu que cette soirée devait marquer la reconnaissance de l'entreprise envers ceux qui avaient fait le travail, c'est-à-dire les équipes du moulage et de l'assemblage, l'équipe projet et l'équipe de direction de l'usine.

La plupart des invités sont ravis, car ils n'ont jamais eu l'occasion d'assister à une course de lévriers. La surprise de la soirée ? La victoire du chien sur lequel Bruno a misé dans la dernière course. Essayant de se faire entendre par-dessus les plaisanteries à propos de trucage, Bruno offre alors une tournée générale. Et dans le bar, grimpé sur une chaise, il finit par faire un petit discours où pointe une certaine émotion.

« Vous n'allez pas me croire, mais je ne sais pas du tout comment j'ai pu choisir le gagnant ; en fait, je ne connais rien aux courses de lévriers. Pourquoi les chiens courent-ils après ce leurre électrique ? Je ne sais pas. Mais, pour parler plus sérieusement, cette victoire est pour moi le symbole de ce que nous avons réalisé avec le *lean*. J'estime que nous, ou plutôt vous, avez parcouru un long chemin et j'en suis très fier. Mais ce n'est que le commencement.

– Nous y voilà, murmure John à l'oreille de Dave.

– Comme le lévrier, nous avons gagné une course, mais maintenant nous voulons que toute l'entreprise devienne une championne. C'est à vous de le faire ici, à Bolton, et à Dietmar et moi-même ainsi qu'au reste du Comex de réaliser la même chose dans les autres usines. Vous pouvez être certains que c'est désormais ma priorité mais, également, que je vais continuer à vous apporter mon soutien. Mais rappelez-vous bien. Ce n'est que le démarrage. »

À la réunion suivante du Comex, quelques semaines plus tard, Dietmar présente un résumé des grandes leçons du projet pilote (voir la figure 9.1).

Facteurs clés pour le succès d'un projet pilote

- ✔ Les cadres opérationnels jouent un rôle actif, et le Comex participe concrètement
- ✔ Des experts du *lean* sont présents dans l'entreprise (avec une expérience des outils et techniques ainsi que de la mise en œuvre)
- ✔ Une équipe de soutien, à plein temps, assure la mise en œuvre
- ✔ La planification est détaillée, les réunions d'avancement sont efficaces
- ✔ Des succès rapides permettent de motiver les opérateurs
- ✔ Il existe une volonté de remettre en cause des principes « bien établis » (exemple : la planification de la production)

arboria.

Figure 9.1 Facteurs clés pour le succès d'un projet pilote

« Ce projet nous a montré combien il est important de nommer les bonnes personnes aux bonnes fonctions. Nous avons eu une équipe *lean* à temps plein pour faire avancer le projet et porter assistance à l'encadrement opérationnel pendant le processus de changement. Car le *lean* exige, nous le savons maintenant, un engagement sérieux de la part de ces derniers, qui doivent être capables de diriger par l'exemple. En haut de la hiérarchie, le même type d'engagement est nécessaire. J'ose croire que Bruno et moi avons contribué à la réussite du projet pilote, en venant une fois par mois à Bolton. Pas seulement par nos actions mais aussi par les contacts que nous avons noués et tout ce que nous avons appris. Quant au rôle joué par Philip dans la conduite du projet, il a été crucial. Nous n'aurions pas pu réussir sans son expérience et sa compétence.

– Mais n'est-ce pas précisément un problème ? demande Arnaud Lefèvre, le directeur du marketing et des ventes. Aurons-nous un Philip dans chacune des autres usines ?

– C'est une bonne question, répond Bruno. J'y ai déjà beaucoup pensé. Nous n'avons personne qui ait la compétence de Philip. Nous devons donc décider s'il faut trouver quelqu'un comme lui pour chaque usine, ce qui veut dire embaucher, ou bien si nous mettons Philip à un niveau plus européen, pour faire profiter les autres sites de son expérience.

Jenny Plant, la directrice financière intervient :

– Pourquoi pas une troisième option consistant à demander à Philip de constituer une base documentaire sur l'action menée à Bolton et d'assurer la formation des personnes les plus compétentes dans les autres usines, sur les processus à mettre en place ?

– D'après ce que nous avons pu voir au cours du projet pilote, je ne pense pas que cela marcherait, estime Dietmar.

– Mais c'est de cette façon que nous avons introduit les nouvelles pratiques de comptabilité dans les usines après le rachat d'Arboria. On nous a fourni des exemplaires des manuels et quelqu'un est venu des États-Unis pour former tous les comptables. Cela a donné de bons résultats.

– Le problème, c'est que le *lean* n'est pas aussi précis et clairement défini que le sont les procédures comptables, répond Dietmar. Le projet pilote nous a bien montré que certains changements ne vont pas de soi pour le personnel et qu'ils remettent en cause la façon dont il a toujours travaillé.

– Mais s'il faut recruter de nouvelles personnes pour chaque usine, nous retournons à la case départ et, en plus, nous ne disposons pas du temps suffisant. Et, même si nous avions le temps, rappelons-nous que c'est un investissement qui doit se rentabiliser.

Bruno intervient :

– Ton argument est valable, Jenny, et j'aurais été probablement d'accord avec toi il y a six mois. Mais j'ai appris grâce au projet pilote que le *lean* représente beaucoup plus qu'une série de changements de processus. Il nous impose de transformer notre façon de travailler. Si nous y parvenons, nous aurons un outil étonnamment puissant, mais également terriblement fragile. Et si nous échouons, nous n'aurons pas le droit à une seconde chance. Nous devons être prêts à surinvestir, si nécessaire.

– Mais, alors, cela ne veut-il pas dire que nous refaisons éternellement des projets pilotes, les uns après les autres ? continue Jenny.

– Non, pas nécessairement. Je suis certain qu'il existe une position médiane, entre le type de lancement que vous avez fait à la comptabilité et la mise en œuvre du projet pilote que nous venons juste de terminer. Mais, simplement, je ne sais pas encore à quoi cette position ressemble, dit Bruno. Si je repense maintenant à ce qui m'a le plus impressionné professionnellement ces derniers mois, c'est indéniablement l'expérience de la mise en œuvre du *lean* sur le terrain. Cela a démarré lorsque nous avons visité l'usine d'ATC, vous vous rappelez ? »

Les participants acquiescent.

« J'ai vite remarqué qu'ils faisaient les choses de façon totalement différente de nous. Je me souviens avoir parlé à quelques personnes dans l'atelier. Vous souvenez-vous de Jérôme ? Il savait exactement ce qu'il faisait et pouvait vous expliquer exactement comment les pièces du puzzle tenaient ensemble. Même nos directeurs d'usine ont du mal à le faire et, pourtant, ce type n'est que chef d'équipe. Je dois admettre que cela m'a fait peur de constater l'avance qu'avait pu prendre la concurrence, mais également que cela m'a stimulé. Maintenant, l'une de nos usines a parcouru le même chemin. L'expérience est irremplaçable et il nous faut trouver le moyen de l'utiliser et de la répliquer. »

Tuer le mythe du pilote « qu'il n'y a qu'à généraliser »

En faisant référence à la visite du Comex chez ATC, Bruno a exprimé combien il en a été marqué personnellement. Jenny, qui n'avait pu faire cette visite, garde une vision plus simple, sinon simpliste, des choses. Elle pense qu'il suffit que les responsables définissent ce qu'il faut faire, procurent au personnel la formation nécessaire et s'assurent que le plan est correctement mis en œuvre.

Dietmar a bien marqué la différence entre l'expérience qu'a faite Jenny en mettant en œuvre de nouvelles procédures comptables et les conditions de réalisation d'une transformation *lean*. Le *lean* force à repenser les convictions individuelles sur le travail. On le déploie dans l'entreprise par une série de boucles servant à sensibiliser les acteurs à un problème, les poussant à rechercher une meilleure méthode de travail, démontrant les avantages de cette nouvelle méthode et, enfin, créant les conditions pour enraciner les changements dans l'entreprise. En un sens, la tâche des dirigeants consiste moins à piloter un unique programme qu'à orchestrer toute une série de démarches de mini-transformation.

Pour y arriver, il est indispensable que le personnel soit mobilisé. Ceux qui vont devoir supporter les conséquences du changement doivent en effet se sentir responsables des résultats et prendre part à des activités déterminantes pour introduire ce changement. Les nouvelles méthodes ont plus de chance de susciter l'adhésion et l'enthousiasme si elles résultent d'un effort partagé de la base, plutôt que de décisions prises d'en haut. Lorsque les personnes impliquées se mettent à dire *notre* programme plutôt que *leur* programme, de nouvelles sources d'ingéniosité et de compétences peuvent être mobilisées, car ces personnes sont prêtes à saisir cette chance d'améliorer la qualité de leur travail et de mettre fin à des frustrations récurrentes.

Quand la direction marche en tête

Il est essentiel que l'équipe de direction, le Comex dans le cas d'Arboria, prenne la tête de la phase de généralisation de la démarche. Cette phase ne saurait être déléguée à une équipe de projet ou à un consultant extérieur, pour deux raisons.

Première raison : le personnel confronté aux changements va se tourner tout naturellement vers sa hiérarchie pour déterminer quel est le niveau d'engagement demandé à chacun. Ce que les managers diront ou ne diront pas et, plus important encore, ce qu'ils feront ou ne feront pas, aura une influence sur la façon dont le reste de l'organisation réagira. Le DG d'une banque nationale avait envoyé un courriel à chaque collaborateur de l'établissement pour annoncer une nouvelle action destinée à améliorer les activités des agences. Mais, simultanément, il consacrait la majeure partie de son temps à superviser lui-même la mise en œuvre d'un nouveau système informatique. Le personnel des agences avait donc rapidement compris que la priorité de la direction concernait davantage l'informatique que l'amélioration des agences.

Deuxième raison : la direction est seule à pouvoir prendre des décisions à propos des questions concernant les systèmes, qui vont se poser au début du projet. Si, à l'instar de Bruno et Dietmar, ils ont une expérience personnelle des problèmes opérationnels, les dirigeants pourront s'assurer que les problèmes reçoivent des réponses adaptées lors de la conception du programme *lean*. Plus important encore, eux seuls disposent de l'autorité suffisante pour prendre des décisions de fond.

Le rôle de l'encadrement

Comme pour le projet pilote, le changement dans l'ensemble de l'activité doit être mis en œuvre par les cadres opérationnels, pas par une équipe projet. Ces cadres, en effet, connaissent le mieux le personnel de terrain et les équipements utilisés ; et ce sont eux qui exercent l'autorité sur les ateliers. Ils ont également l'habitude d'appliquer les décisions prises ailleurs dans l'entreprise, ce qui se révélera utile lorsqu'ils travailleront à l'installation du nouveau système opérationnel déjà partiellement défini au cours du projet pilote.

Chez Arboria, John et Dave, les cadres les plus efficaces et les mieux informés sur le programme de changement sont déjà surchargés de travail. C'est un problème fréquent : ceux qui possèdent les connaissances les plus utiles au projet ne disposent pas toujours de temps pour les partager. La solution consiste à concevoir un processus de mise en œuvre logique et précis, qui intègre les leçons du projet pilote ; de la sorte, les cadres opérationnels utiliseront ce que d'autres ont déjà réalisé et n'essaieront pas de « réinventer la roue ». Par exemple, Philip pourrait animer une petite équipe pour préparer des supports de formation qui expliqueront ce qu'est un système à flux tiré et comment il a été utilisé pour la ligne des cafetières. Cela aidera les responsables à appliquer le système dans leur propre secteur. Il sera bon, également, de donner l'occasion aux cadres opérationnels de secteurs connexes de partager leurs premières expériences du *lean,* afin de leur permettre d'établir entre eux des relations de confiance, tout en favorisant la diffusion des nouvelles idées.

Un groupe pétrolier a eu l'idée d'utiliser un jeu pour lancer chacune des phases de la mise en œuvre de sa transformation. Ce jeu utilisait des petites pièces de métal pour simuler une intervention de maintenance dans laquelle un composant important devait être remplacé par un autre, de taille différente. Des équipes, comprenant des cadres ainsi que des techniciens de production et de maintenance, furent formées pour chercher comment réduire le temps nécessaire pour assembler les pièces, sans mettre la sécurité en danger. Le jeu permit aux participants de découvrir par eux-mêmes l'énorme potentiel d'amélioration existant ; et de constater qu'il était bien plus important qu'estimé au départ, sans nécessiter pour autant de lourds investissements. Il apporta une seconde leçon : les améliorations apportées, en éliminant les activités inutiles, pouvaient avoir un effet bénéfique sur la sécurité. Au cours des mois qui suivirent, les participants indiquèrent que le jeu avait joué un rôle de catalyseur : il les avait poussés à remettre en question l'idée généralement admise selon laquelle seuls des investissements supplémentaires permettaient d'améliorer la performance de la production.

Dans le domaine du système de management, il est évident que les cadres opérationnels devraient, avant et pendant la mise en œuvre, travailler à la définition de nouvelles cibles de performance adaptées aux changements apportés au système opérationnel. Le projet pilote aura, de son côté, permis d'identifier les facteurs clés de performance de l'entreprise – chez Arboria, le TRS des machines de moulage, par exemple. En utilisant un arbre de valeur générique ou un modèle de coûts, les managers d'autres secteurs pourront déterminer quelles cibles opérationnelles ils doivent se fixer pour pouvoir atteindre les objectifs de l'activité.

Il est recommandé de confier aux managers une partie de l'analyse des données, afin qu'en l'effectuant eux-mêmes, ils comprennent bien les principes sous-jacents et les pièges potentiels. Chez Arboria, le patron de l'usine allemande pourrait refuser un objectif d'amélioration de 30 à 40 %, parce que c'est le score réalisé par l'usine britannique en partant d'une performance nettement inférieure à celle de sa propre usine. Mais, en prenant part au recueil et à l'analyse des données, il sera mieux à même de juger de la validité d'un tel objectif.

Mobiliser le personnel de terrain

Les managers doivent réfléchir à la façon de motiver leurs collaborateurs pour qu'ils soutiennent le projet de transformation *lean*. Une méthode consiste à faire remplir un questionnaire anonyme au personnel de l'atelier et à organiser ensuite une discussion sur les résultats obtenus. Cela permet de révéler certains problèmes sous-jacents, qui devront être traités, et d'initier un dialogue entre le management et le personnel au sujet du *lean*. Il faut en revanche éviter que cet exercice ne se solde par aucune action concrète.

Dans le cadre d'un programme d'amélioration opérationnel, un groupe de la grande distribution demanda à ses directeurs régionaux d'évaluer si, dans les magasins de leur ressort, le personnel était ouvert au changement. Sur la base des résultats obtenus par une enquête annuelle auprès des collaborateurs et à partir de leur propre connaissance de la situation, les directeurs segmentèrent les magasins en fonction d'une matrice croisant le désir de changement avec la capacité à l'appliquer (voir figure 9.2). De cette façon, le groupe put décider quel niveau et quel type de soutien donner à chaque magasin pendant la mise en œuvre du programme : soutien limité pour un magasin jugé déjà prêt à se transformer ou plus intensif pour telle direction régionale dont les magasins apparaissaient peu disposés à s'engager.

Forcés à pousser leur réflexion au-delà des processus de changement basiques, les directeurs régionaux ont pu être sensibilisés à l'importance de leur propre rôle pour assurer la pérennité du changement.

Les managers sont souvent préoccupés d'obtenir le plus rapidement possible des résultats, d'autant que la durée de mise en œuvre d'un programme représente l'un des facteurs majeurs de sa rentabilité financière. Jenny, la directrice financière d'Arboria, a plaidé pour un déploiement rapide, dont Bruno a souligné les risques sur la durée. Une mise en œuvre centrée sur les processus (ils peuvent être changés rapidement) ne peut pas rallier le personnel, car elle oublie de transformer la culture (elle ne peut évoluer que lentement). Il faut du temps pour que les salariés répondent aux nouvelles exigences, particulièrement lorsque cela implique de nouvelles manières de penser et de nouveaux comportements.

Les managers capables de mener des programmes de changement savent entraîner leurs équipes derrière eux et veiller à ce que personne ne reste à la traîne. Même si cela peut se révéler frustrant, ils n'essaient pas de faire avancer l'entreprise plus vite que ne peut l'accepter le personnel, car ils savent que ce sera contre-productif. Bruno lui-même est en train d'en faire l'expérience dans son itinéraire vers le *lean*. Il a demandé à l'usine anglaise d'achever la mise en œuvre complète du *lean* dans l'usine dans un délai de neuf mois et il se demande à présent si ce délai est réaliste.

Peu après la soirée au cynodrome, John et Philip se sont retrouvés pour préparer le plan de généralisation sur Bolton et le caler sur le délai fixé par Bruno. Bien qu'il soit souhaitable d'associer un maximum de personnes à cet exercice, ils craignent qu'il faille beaucoup de temps pour obtenir un consensus et que cela se traduise par un retard de plusieurs semaines.

L'usine anglaise comporte cinq secteurs de production : les cafetières électriques, les bouilloires, les grille-pain, les mixers et les « autres produits ». Cette dernière catégorie recouvre une variété d'articles faiblement demandés : nouveaux modèles en phase de lancement, produits plus anciens… Il y a des chances pour que certains des produits de la cinquième catégorie soient prochainement abandonnés à la suite de l'examen de la gamme prévu par Dietmar. John a un plan à proposer.

« Pourquoi ne commencerions-nous pas par les mixers ? C'est un vrai cauchemar, au moins on en aurait pour notre argent.

– En tout cas, il va falloir se dépêcher si on veut arriver à tenir les délais fixés par Bruno.

– Parlons de cela avec Dave. Ce serait bien de parvenir à faire le gros du travail avant Noël. »

Philip trouve Dave dans l'entrepôt, en train de fumer une cigarette et de discuter avec Gaz, qui charge des palettes de cafetières sur un camion. « Salut, tout va bien ? demande Philip.

– Ouais, répond Gaz. Les cafetières, en tout cas. Ce nouveau système, c'est du gâteau. On ne peut pas en dire autant des autres produits, malheureusement.

– Ah oui, c'est sûr, ajoute Dave. Le fonctionnement en flux tiré marche très bien, mais il souligne dans quel état se trouvent les autres

© Éditions d'Organisation

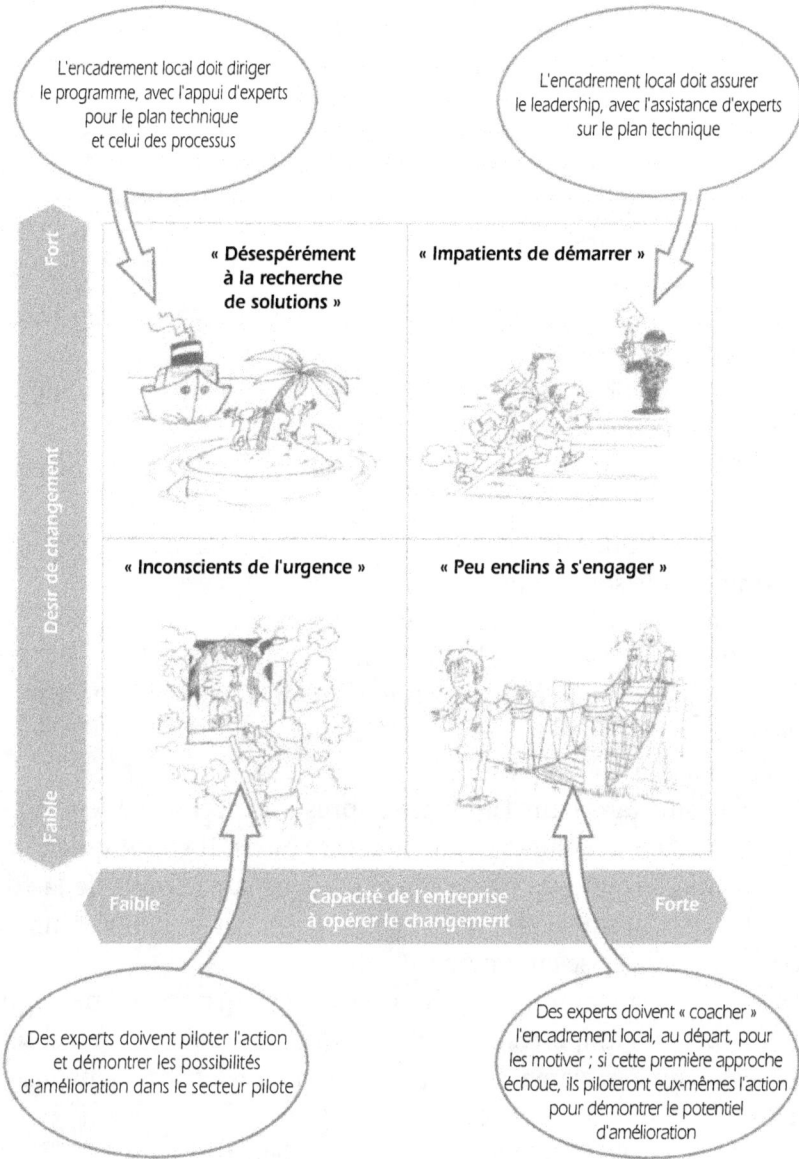

Figure 9.2 Évaluation de l'ouverture au changement des équipes terrain

activités. Nous n'avions pas de point de comparaison avant, maintenant on peut se rendre compte du désastre.

– C'est justement pour cela que je venais te voir, Dave. Tu as une minute ?

– Sûr.

– Je viens de parler avec John et nous avons décidé de passer aux mixers après les cafetières. Il faut que nous avancions si nous voulons tenir le délai de mise en œuvre complète du *lean* sur le site pour juin prochain. C'est pourquoi je me demandais si…

– Juin prochain ! s'exclame Dave.

– Oui, tu ne savais pas ? Bruno veut que tout le site soit au niveau de la ligne de cafetières d'ici là.

– Oh ! Bon Dieu ! Mais qu'est-ce qu'il croit, qu'on est tous des lévriers maintenant ou quoi ?

– Je sais que cela va être serré, mais nous n'avons pas vraiment le choix.

– Pourquoi donc ? Bruno nous a dit l'autre soir au bar qu'il nous donnerait tout le soutien nécessaire…

– Oui, mais tu sais. Ce que l'on dit dans les discours…

– Alors on est revenu aux beaux jours, comme avant ?

– Écoute, je sais que ce n'est pas idéal, mais il faut trouver le moyen d'y arriver.

– S'il y en a un ! », répond Dave.

Un peu plus tard dans la journée, après avoir retourné le problème dans sa tête, Dave explique clairement ses soucis. Il craint qu'en précipitant la mise en œuvre, on ne laisse les gens sur le bord de la route. Philip l'écoute jusqu'au bout et ils commencent à élaborer un plan d'actions pour la mise en œuvre.

La semaine suivante, Philip, Lisa et Steve organisent une réunion avec les chefs d'équipe responsables des mixers. Dave a dû s'absenter pour régler un problème de matières premières et il revient juste au moment où la réunion s'achève.

« Comment cela s'est-il passé ? demande-t-il.

– Bien, je pense, dit Philip, un peu hésitant. Ils n'ont pas dit grand-chose, mais ils avaient l'air contents. »

Philip et l'équipe se mettent à préparer la réunion de lancement pour le personnel du secteur des mixers, fixée au lundi suivant.

Mais le lundi, l'équipe des mixers est sous pression pour tenir les délais de production de la journée. La réunion se limite donc à une

© Éditions d'Organisation

demi-heure, dans la cantine, au moment du changement d'équipe. Après avoir écourté sa présentation, Philip demande s'il y a des questions. Il n'y en a pas. C'est mauvais signe. Mais Philip sait que l'équipe doit retourner dans l'atelier et il met fin à la réunion.

Dave s'approche : « Ils sont bien calmes. Cela ne leur ressemble pas. On saura demain ce qu'ils en pensent vraiment. »

Le lendemain, c'est presque une bombe qui explose ! Le tableau de suivi des performances a fait déborder le vase. Steve était en train d'en discuter avec Malcolm Jones, le chef d'équipe de la ligne d'assemblage des mixers. La discussion s'est animée, plusieurs autres personnes se sont mêlées à la discussion et un opérateur a dit qu'il en avait assez d'être traité comme un pantin au gré des lubies du management.

Philip arrive. L'équipe de production fait cercle autour de lui, et ils crient tous en même temps. Il est rarement désarçonné, mais cette fois-ci il ne sait pas quoi faire. Dave, qui est sur la ligne des cafetières, s'aperçoit qu'il y a un problème et revient vers le groupe.

« Que se passe-t-il ? demande-t-il d'une voix douce.

Une cacophonie lui répond.

– Calmez-vous ! Si tout le monde crie en même temps, on ne va pas s'en sortir. Je demande à chacun de reprendre son poste, et je vais discuter calmement avec Malcolm et Philip. Nous reviendrons vous voir tout de suite après avoir tiré les choses au clair, d'accord ? »

Pendant que les opérateurs retournent l'un après l'autre à leur poste, Dave demande à Malcolm ce qui ne va pas.

Malcolm secoue la tête. « Je ne comprends plus ce qui se passe dans cette entreprise. Pourquoi nous saute-t-on toujours dessus ? D'abord les nouveaux objectifs, ensuite la réunion d'hier et maintenant ce tableau qu'on nous balance à l'improviste, sans nous consulter, sans nous prévenir, rien.

– Que faut-il faire à ton avis ? demande Philip.

Dave réfléchit un moment.

– Il n'y a rien à faire, simplement laisser tout le monde se calmer un peu. Ensuite, il faudra comprendre ce qu'ils ont à dire. On va les prévenir que, si la production de la journée est atteinte à 7 heures, on fera une réunion d'une heure dans la salle de formation pour clarifier les choses.

Malcolm approuve d'un signe.

– D'accord », dit Philip.

Malcolm repart sur la ligne et informe chaque opérateur à tour de rôle. Après quoi il revient vers Dave et Philip pour leur dire que l'équipe est d'accord pour la réunion. Dave propose qu'ils discutent avec Steve de la façon de conduire la réunion.

Une fois dans la salle de réunion, Dave prend à nouveau l'initiative.

« Que voulons-nous obtenir pour la ligne des mixers ? Voyons si nous pouvons proposer une liste. Par exemple, rendre les équipements plus fiables, explique-t-il en écrivant au tableau.

– Avoir les bons outils ! ajoute Malcolm d'un ton appuyé.

– Des changements d'outil plus rapides ? propose Philip.

Dave hésite, son crayon immobilisé en l'air au-dessus du diagramme.

– C'est ce que nous voulons ; mais comment pouvons-nous le traduire dans le langage des opérateurs ? demande-t-il.

– Des plus petits lots, propose Steve.

– Des plus petits lots, cela veut dire plus de changements d'outil, dit Malcolm. Je pensais qu'on essayait plutôt de calmer les choses !

– Que diriez-vous de "diminuer les changements d'outil inutiles et avoir une meilleure planification" ? propose Dave.

– C'est ça ! admet Malcolm.

Ils continuent jusqu'à ce que la page soit pleine.

– Voici ce que je suggère, dit Dave. À 7 heures, quand ils rentreront dans la salle, nous cacherons cette page et nous leur poserons la question à laquelle nous venons de répondre.

– Tu veux dire, leur demander de présenter les objectifs de la transformation *lean* ? demande Philip, dubitatif.

– Oui, c'est plus ou moins ça, mais il faudra l'exprimer différemment pour prendre en compte leurs frustrations. Peut-être quelque chose comme : Quels sont les problèmes que vous voudriez voir résolus ?

– Tu veux dire résolus par le *lean* ? demande Steve.

– Oui, c'est ce que je veux dire, mais je ne pense pas qu'il faut utiliser ce mot. Si nous ne sommes pas sûrs que le *lean* peut répondre à leurs problèmes, on serait dans une impasse, non ? (Personne ne le contredit.) Selon la façon dont la réunion évoluera, nous pourrons retourner la page à la fin pour les convaincre que nous recherchons tous les mêmes choses. »

Il faut un moment pour que la suggestion de Dave fasse son chemin. Steve s'exprime le premier.

« Tu n'as pas peur de passer pour un petit malin. Un peu comme si tu venais en disant : Vous voyez, cela correspond exactement à ce que nous avions envisagé avant vous.

– Pas forcément : tout dépend de la façon dont c'est fait, commente Malcolm en regardant Dave. Je pense que cela peut marcher si c'est Dave qui le fait. »

7 heures. L'équipe est réunie dans la salle de formation. Dave mène la réunion en suivant le plan qu'il a proposé. Il demande à chacun d'exprimer à tour de rôle ses préoccupations, qu'il discute et note sur le tableau au fur et à mesure.

Quand le tour de table est terminé, Dave résume. « Je comprends vos préoccupations et je partage la plupart d'entre elles. Il va nous falloir résoudre un tas de problèmes si nous voulons améliorer cette usine. Mais il y a quand même une chose positive dans tout cela, c'est que nous sommes tous à peu près d'accord sur les problèmes à résoudre. Et je vais vous en donner la preuve. » Dave retourne la première feuille : « Au cas où vous ne me croiriez pas, voici la liste que nous avions préparée juste avant cette réunion, pour déterminer les problèmes à résoudre grâce au *lean*. » Le groupe reste silencieux, examinant la liste. « Vous pouvez voir qu'elle ressemble beaucoup à la vôtre.

– Tu as raison, dit l'une des opératrices. Mais c'est quand même malheureux que personne ne nous en ait parlé avant.

– Nous aurions pu nous y prendre mieux, reconnaît Dave. Mais c'est le passé. J'espère qu'au cours des prochaines semaines, vous vous souviendrez de cette réunion qui a montré que nous avons beaucoup de préoccupations communes. Pour notre part, nous nous engageons à vous écouter davantage. Je vous demande seulement de faire de votre mieux pour assurer le succès de la nouvelle approche. Nous savons tous que nous devons nous améliorer pour rester compétitifs et aucun d'entre nous ne souhaite que les choses restent en l'état où elles sont maintenant. En tout cas, pas moi.

– Merci, Dave, dit Philip en se levant. Je n'ai rien à ajouter, mais je voudrais juste m'excuser pour les problèmes de communication que nous avons eus précédemment. Parfois, on ne voit ce qu'il faut faire que lorsqu'il est trop tard. C'est ce qui m'est arrivé aujourd'hui, en tout cas. »

Le personnel d'Arboria a rarement l'occasion d'entendre un directeur lui présenter ses excuses. Pour Philip, c'est également une nouvelle expérience.

Après le départ de l'équipe, Philip tape sur l'épaule de Dave. « Beau travail, Dave. Tu m'as beaucoup appris aujourd'hui. Je me rends compte maintenant que tu avais essayé de m'avertir, mais je n'avais pas écouté. Si cela se reproduit, je saurai le faire !

– Pas de problème, dit Dave, embarrassé. Ce sont de braves gens, tu sais. Il faut simplement savoir les prendre. Ils y viendront. Il n'y a pas de casse ! »

Créer les conditions d'un changement durable

Afin de capter les avantages du *lean* aussi rapidement que possible, Bruno a fixé un délai très ambitieux à l'équipe de management anglaise. C'est beaucoup leur demander que de changer les processus et l'organisation en neuf mois, sans parler de l'état d'esprit et des comportements du personnel. Pendant que Bruno et le Comex sont aux prises avec le problème du transfert de la démarche dans les autres usines d'Arboria, John et Philip ont donc déjà tenté de prendre des raccourcis. Mais ils en découvrent les risques.

On n'obtient des changements de comportement durables que si quatre conditions étroitement corrélées sont en place : le personnel comprend le projet et veut sa réussite, la hiérarchie donne l'exemple, les compétences nécessaires sont développées, les systèmes et structures sont en cohérence les uns avec les autres (voir la figure 9.3).

Il peut être utile de vérifier cette liste de conditions tout au long du déroulement du projet. Par exemple, si Philip avait mieux pris en compte la première (compréhension et motivation du personnel), il aurait pu se demander s'il pouvait vraiment imaginer Malcolm en train de dire : « Je sais ce qu'il faut changer et je suis déterminé à le faire ». En

« Je changerai mon comportement si… »

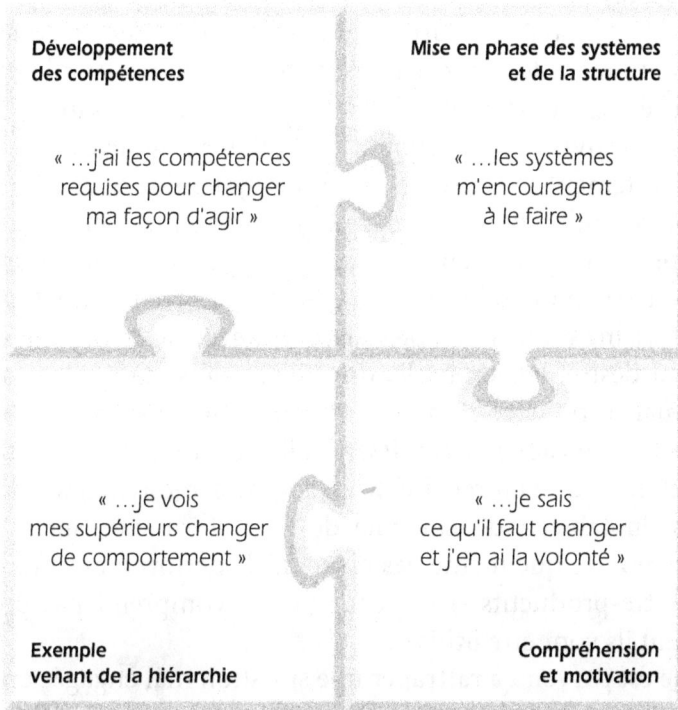

Développement des compétences

« …j'ai les compétences requises pour changer ma façon d'agir »

Mise en phase des systèmes et de la structure

« …les systèmes m'encouragent à le faire »

« …je vois mes supérieurs changer de comportement »

« …je sais ce qu'il faut changer et j'en ai la volonté »

Exemple venant de la hiérarchie

Compréhension et motivation

Figure 9.3 Conditions d'un changement durable des comportements

réalisant que Malcom ne pouvait pas dire cela, il aurait compris que ni lui ni le reste de l'équipe de généralisation du *lean* n'avaient passé suffisamment de temps à expliquer à Malcolm les raisons du changement et les avantages que lui-même pourrait en retirer.

À la différence de Guy, de Fiona et de leurs équipes, qui ont eu l'occasion, au cours du diagnostic précédant le projet pilote, de se faire leur propre idée du potentiel d'amélioration existant, l'équipe des mixers s'est vue dicter ce qu'elle devait faire, sans être impliquée au préalable. Comme Dave avait dû quitter la réunion de lancement, les opérateurs ont pu interpréter son absence comme un manque d'intérêt. Or, le respectant et le considérant comme un exemple, ils ont l'habitude de calquer sur lui leur comportement. De son côté, Malcolm est devenu pour le reste de l'équipe un modèle à suivre.

Développer les compétences du personnel est une nécessité que les responsables ont généralement plus de facilité à comprendre. Quoiqu'ils s'imaginent parfois suffisant d'organiser quelques sessions de formation académique. La mise en œuvre du projet pilote d'Arboria a soulevé des doutes sur les capacités des responsables d'équipe à mettre en œuvre le changement et à piloter le nouveau système *lean*. C'est exactement le genre de questions systémiques que les dirigeants doivent résoudre pour éviter que les problèmes rencontrés dans le projet pilote ne se répètent à chaque vague successive de mise en œuvre.

La quatrième condition pour assurer un changement durable est d'offrir les incitations capables de promouvoir le changement comportemental désiré. Par exemple, on utilisera le système de gestion de la performance pour concentrer l'attention des salariés sur les actions/comportements adéquats et tisser un lien clair entre les objectifs individuels et ceux de l'entreprise. Mais le problème rencontré à Bolton, à propos du tableau de contrôle de la performance sur la ligne des mixers, montre que même des objectifs de performance précis peuvent être contre-productifs si le personnel ne comprend pas pourquoi et comment ils vont être utilisés.

Dave est parvenu à rattraper une situation mal engagée en comblant le fossé entre ce que les dirigeants voulaient obtenir et ce que les opérateurs pouvaient comprendre et apporter à l'action de changement. Même s'il était conscient de l'écart existant, Philip n'avait pas réalisé le danger que ce dernier pouvait représenter pour le projet.

Dave a apporté quelques changements importants dans sa manière de présenter le programme *lean* à l'équipe de production. D'abord, il a positionné le *lean* comme une réponse à leurs problèmes, et non comme une source de problèmes supplémentaires, et il a laissé les opérateurs s'exprimer plutôt que d'essayer de deviner leurs préoccupations. En second lieu, il a pris soin d'utiliser un langage reflétant le point de vue de l'équipe de production afin de rendre la communication plus efficace.

L'expérience de Dave sur la ligne des cafetières lui a montré que le *lean* élimine les sources d'inefficacité et sert tout autant les intérêts du personnel que ceux du management. Le gaspillage (temps, compétences mal utilisées…) est au moins aussi frustrant pour un opérateur qui assemble des mixers toute la journée qu'il peut l'être pour Philip, John ou Bruno. Dave pense également que les ouvriers de fabrication sont les mieux placés pour identifier les problèmes, car ils y sont confrontés tous les jours.

Philip estime que Dave lui a sauvé la mise. Mais il reste à démontrer que son intervention a suffi pour remettre l'équipe sur la bonne voie après un détour dangereux.

Le jour suivant, Philip décrit à John ce qui s'est produit.

« Je ne peux pas dire que cela me surprend, dit John. L'équipe des mixers est une bande de cyniques.

– Peut-être, mais ils ont leurs raisons.

– Comment cela ?

– Leur plus gros grief, et ce n'est pas seulement celui des opérateurs de l'équipe, mais aussi de Malcolm et Dave, c'est que le management ne les écoute pas suffisamment. Soyons honnêtes, John, nous essayons d'avancer à marche forcée. La journée d'hier démontre que nous essayons de prendre des raccourcis. Moi en tout cas.

– Quels raccourcis ?

– Par exemple, on a réduit la réunion de lancement pour les mixers à une demi-heure…

– Oui, mais parce que la production était en retard.

– Attends, laisse-moi finir. En réduisant cette réunion, nous avons dû sauter toute la partie des questions et la discussion. Et nous n'avions pas associé Malcolm à la préparation de la réunion. Pour gagner du temps, nous avons également décidé de ne pas faire participer l'équipe d'encadrement dans son ensemble à la planification de la mise en œuvre. Enfin, nous avons choisi de prendre le secteur le plus difficile de l'usine au moment le moins favorable de l'année. Nous…

– OK, Phil, j'ai compris le message.

– J'ai encore quelque chose à ajouter. J'ai réalisé que Dave avait essayé de m'avertir qu'on faisait fausse route et que je ne l'avais pas écouté. Cette expérience d'hier, que je ne voudrais jamais voir renouveler, me suggère que Dave est un peu notre avion AWACS.

– Pourquoi ?

– Comme ces avions radars sans pilote, qui détectent les problèmes, Dave sent les mauvaises vibrations et nous envoie des signaux ; mais nous sommes tellement absorbés dans nos plans que nous ne les voyons pas.

– Tu forces un peu le trait, Phil. Je vois bien ce que tu v dire, mais je n'avais jamais considéré Dave de cette façon. » John se renverse dans son fauteuil, qui émet un grincement, et regarde le plafond.

Philip laisse John réfléchir un moment.

« J'ai repensé au projet pilote, dit John finalement, et il est vrai que, après nous être impliqués de très près, nous avons pris nos distances, Bruno et moi. Du point de vue des opérateurs, ce retrait a pu être inter- prété comme la fin des réjouissances et une sorte de retour à la nor- male. Peut-être devrions-nous ralentir un peu à ce stade. Qu'en dis-tu ?

– Peut-être devrions-nous prendre le temps de réaliser une mini ver- sion du diagnostic mené pour les cafetières, propose Philip. Cela avait permis de faire apparaître les questions sous-jacentes et de rassembler le personnel autour du projet. Naturellement, dans ce cas, il faudra repousser le délai fixé.

John approuve.

– Mais si nous revenons vers Bruno sans une proposition précise, il va nous manger tout crus. Peux-tu rédiger une note que nous discute- rons à tête reposée ?

– Pas de problème. »

Pendant les deux jours suivants, Philip travaille avec Dave et quel- ques autres pour préparer un plan précisant le calendrier et le déroule- ment de la mise en œuvre du *lean* dans toute l'usine, secteur par secteur. Cet exercice valide leurs hypothèses. La mise en œuvre complète prendra entre dix-huit mois et deux ans. Ils jugent tous que c'est plus réaliste que les neuf mois initialement prévus. Ils pensent éga- lement que la majorité des améliorations pouvant avoir un impact financier peuvent être réalisées dès la première année, d'autant que la ligne des mixers – un domaine à fort potentiel – est la première sur la liste.

Alors que Philip est occupé à préparer la proposition, John vaque à ses propres activités et décide de faire ce qu'il a repoussé depuis un long moment, à savoir déjeuner avec Bill. En chemin, il embraye sur le sujet qui l'embarrasse depuis plusieurs mois.

« Bill, il faut qu'on discute de quelque chose.

– Oui, je sais à quoi tu penses, répond Bill.

– Bon. C'est juste que…, enfin, je pense que nous sommes conscients tous les deux que cette histoire de *lean* est un grand changement pour l'entreprise et…

Bill lui vient en aide :

– Ce n'est pas simplement un grand changement, John, c'est une façon de travailler entièrement nouvelle. Et qui ne me convient pas du tout.

– Ah bon ?, répond John, pris de court. Tu y as réfléchi, alors ?

– Naturellement que j'y ai réfléchi ! Pendant un moment, je ne pensais qu'à ça. Au début, j'étais assez fâché. Voir Philip arriver, avec ses grandes idées et tout le reste. Mais finalement, et cela va te sembler étrange, je pense maintenant que cela peut marcher.

John en croit à peine ses oreilles.

Et il n'y a pas que cela. Je pense même que c'est la route à suivre pour l'entreprise si elle veut survivre et se développer.

– Alors là, tu me stupéfies !

– J'ai donc décidé qu'il est temps de passer à autre chose. C'est la bonne route pour Arboria, mais pas pour moi. »

Ils arrivent au restaurant et entrent. Pendant que Bill cherche une table, John va au bar commander deux chopes de bière. Il ne peut s'empêcher de penser au côté comique de la situation. Alors qu'il a hésité pendant des semaines à parler avec Bill, voilà que le temps d'aller jusqu'au restaurant, ils ont déjà réussi à faire le tour complet du problème. Il s'assied à la table.

« À ta santé !

– À la tienne.

– Il y a quelque chose que je voudrais te demander, dit John.

– Oui ?

– Qu'est-ce qui te fait dire que le *lean* est bon pour Arboria, mais pas pour toi ?

– C'est comme ça, dit Bill. J'ai réalisé que je n'étais plus utile.

– Mais on pourrait toujours te trouver une autre fonction.

– Je sais, mais je n'ai pas besoin d'une autre fonction et je n'en veux pas. Écoute, John, je suis directeur du planning, j'ai fait cela toute ma vie, et si une entreprise aussi compliquée peut fonctionner sans responsable planning, c'est sans doute mieux comme cela. Par conséquent, il est temps que je laisse la place. Ce n'est pas aux vieux singes qu'on apprend à faire des grimaces, pas à moi en tout cas.

Bill sourit comme pour rassurer son ami et lui indiquer qu'il est heureux de partir.

– Maintenant, à moi de te poser une question.

– Vas-y !

– Si une entreprise peut fonctionner sans directeur du planning, quel est l'avenir du directeur général ? »

Développer une culture de l'amélioration continue

Instituer l'amélioration continue dans l'entreprise est le but ultime de l'itinéraire vers le *lean*. Même s'il faut continuer à aborder les trois dimensions du changement de façon intégrée, l'importance relative de chacune de ces dimensions doit subir une évolution à ce stade. Le système opérationnel doit continuer, bien sûr, à être modifié pour répondre à l'évolution des exigences de la clientèle et s'adapter aux nouveaux produits et aux nouvelles technologies. Mais, pour développer une culture de l'amélioration continue, ce sont davantage le système de management et la culture interne qui comptent. La capacité à faire progresser les performances, année après année, dépend moins de l'application des outils et techniques du *lean* que de l'instauration d'un cycle complet et solide d'amélioration, permettant de fixer les objectifs puis de suivre leur réalisation sous la houlette des dirigeants de l'entreprise.

Le plan de mise en œuvre global à Bolton, préparé par Philip et Dave comme base pour discuter avec Bruno, est caractéristique du genre d'activité qui doit maintenant être intégré dans l'élaboration annuelle du budget et du plan de l'entreprise. Préparer un plan détaillé et fixer des objectifs clairs, activités qui ont largement contribué à la réussite du projet pilote, doivent devenir la norme pour Arboria. Des points de suivi réguliers, adaptés aux différents niveaux hiérarchiques, vont être nécessaires pour gérer la performance et des mécanismes doivent être mis en place pour signaler les problèmes exigeant une action de la part des dirigeants.

De tels processus peuvent avoir un retentissement considérable. Chez un fabricant de produits chimiques de spécialité, après deux années d'itinéraire *lean*, les dirigeants ont estimé que l'introduction d'un processus capable de suivre de façon efficace la performance avait représenté le facteur majeur pour atteindre des gains de productivité du capital qui dépassaient les 10 %.

Arboria doit renforcer ses capacités en constituant un *pool* de spécialistes qui prêteront main-forte aux cadres opérationnels pour la mise en œuvre du *lean* dans leur secteur. Lorsque les activités seront devenues plus stables, les cadres opérationnels auront en effet besoin qu'on les aide individuellement à évoluer, du rôle de « pompier de service » qu'ils avaient auparavant, vers des comportements plus adaptés à la nouvelle situation. Ils devront acquérir de nouvelles compétences pour savoir identifier et éliminer les sources d'inefficacité dans la chaîne de valeur ; ils devront également renforcer leurs capacités de leadership pour inculquer à leurs collaborateurs les nouveaux comportements que le *lean* exige.

Finalement, le développement d'une culture de l'amélioration continue remettra en cause les rôles et les perceptions de chacun dans l'entreprise. Bill était parfaitement en droit de s'interroger sur le rôle même du directeur général dans le nouveau fonctionnement. Le voyage vers le *lean* va modifier toutes les fonctions chez Arboria.

Comme nous l'avons vu, le *lean* n'est ni un projet, ni une action, ni un programme, encore moins une approche de réduction des coûts. C'est une manière totalement nouvelle de mener une entreprise, qui repose sur la mise en cohérence de l'ensemble de l'organisation autour d'une vision claire et attrayante de son fonctionnement à venir. Le *lean* adopte de prime abord la perspective du client, pour ensuite faire le maximum pour apporter la valeur à ce dernier de la façon la plus efficace et la moins onéreuse possible. Il nécessite, de la part des collaborateurs de première ligne, de travailler de façon plus productive, sur la base d'une plus grande confiance réciproque entre eux et leurs managers et chefs d'équipe. Quant à ces derniers, confiant aux personnels de terrain davantage de responsabilité et d'autonomie, ils doivent s'efforcer de développer l'activité afin d'absorber les effets négatifs sur l'emploi des gains de productivité.

En tant qu'itinéraire, le *lean* n'est pas assimilable à une promenade dans un parc ou à une excursion en forêt ; c'est une véritable expédition vers de nouveaux territoires.

Lorsque l'équipe de direction d'Arboria a démarré son périple vers le *lean*, ses membres ne savaient pas vraiment ce qui les attendait. De mois en mois, ils ont su profiter des avantages que leur apportait leur expérience : amélioration de la productivité, nouvelles méthodes de travail, nouvelles façons de voir les choses. À chaque étape, le point de vue qu'ils ont découvert leur a donné une meilleure appréciation du chemin à parcourir et les a encouragés à persévérer en dépit des difficultés rencontrées. Ils ont relevé les défis du voyage, tout en développant leurs capacités à fonctionner en équipe, stimulés par l'objectif qu'ils poursuivaient. L'excellence est source d'inspiration : on ne l'atteint jamais vraiment mais, comme un aiguillon, elle nous incite à nous dépasser sans cesse.

Liste des personnages

Tous les personnages cités ci-dessous travaillent à l'usine de Bolton d'Arboria, sauf indication contraire.

Howard Ashworth, opérateur, ligne d'assemblage des cafetières

Luc Bézier, responsable de production, ATC, Rouen

Louise Bradley, chef du personnel

Jérôme Chevalier, chef d'équipe, ATC, Rouen

Philippe de Lasset, DG, Maison de Lasset, Orléans (distributeur d'Arboria)

Steve Edwards, ingénieur de production

Bruno Fontana, PDG (siège, Bruxelles)

Lisa Hallum, ingénieur de production

Philip Hargreaves, directeur de la mise en œuvre du *lean*

Derek Hines, ingénieur en chef de maintenance

Brian Johnson, directeur financier

Malcolm Jones, chef d'équipe, ligne d'assemblage des mixers

Guy Lanbridge, contremaître, atelier d'injection

Arnaud Lefèvre, directeur Marketing et Ventes internationales (siège, Bruxelles)

Eileen Mayoh, opératrice, ligne d'assemblage des cafetières

Christine McGuire, planning de production

Bill Moran, directeur du planning

Gaz Morgan, opérateur entrepôt

Jenny Plant, directrice financière (siège, Bruxelles)

Trevor Radcliffe, responsable maintenance

Fiona Richardson, chef d'équipe, ligne d'assemblage des cafetières

Dietmar Schaeffer, directeur Supply chain (siège, Bruxelles)

Mark Sherwell, opérateur, ligne d'assemblage des cafetières

Dave Smith (l'Ours Dave), chef de la production

John Wexford, directeur de l'usine

Postface

Au cours de la lecture d'*Objectif Lean*, vous avez eu tout loisir de réfléchir à ce qu'implique ce périple, de mesurer les obstacles et les pièges habituels. C'est à partir de notre expérience vécue que nous nous sommes efforcés de décrire cette aventure de façon réaliste. En dépit des énormes avantages que les entreprises peuvent tirer de cette transformation, plusieurs passages comportent des écueils difficiles à franchir. Certains espoirs initiaux peuvent être déçus.

Faire progresser une entreprise vers l'idéal *lean* exige du courage et de l'énergie. Cela demande un engagement total, non seulement du management, mais également de toute l'organisation, en dépit des incertitudes de départ sur la destination elle-même. Malgré tout, un certain nombre d'entreprises ont réussi leur transformation *lean,* nous pouvons en témoigner.

Avant de refermer ce livre, nous vous suggérons de vous poser une question : pourquoi voudrais-je entreprendre un périple vers le *lean* ? Pour envisager ce type de transformation, une entreprise doit être motivée, soit par la volonté de transformer son système de production, soit par le désir d'opérer un changement culturel.

Les entreprises du premier groupe perçoivent le *lean* comme un moyen de hisser leurs activités à un niveau supérieur, en suivant une courbe en S. Si elles adoptent et adaptent les méthodes opérationnelles de certaines des entreprises de référence mondiale, c'est pour profiter des nouvelles opportunités du marché en fournissant à leurs clients des produits ou des services de meilleure qualité dans des délais plus courts.

Quant aux entreprises qui cherchent à mobiliser leur organisation en lui donnant un but et des méthodes de travail partagés, le *lean* représente pour elles une source d'inspiration et d'énergie. Capable de motiver les salariés et de leur faire franchir de nouveaux paliers de performance, comme le démontre l'histoire d'Arboria, la démarche représente un extraordinaire levier de transformation globale entre les mains de la direction générale.

Nous espérons que ce livre vous aidera dans votre propre démarche et nous vous souhaitons bonne chance pour votre voyage.

Annexe – Types de sources d'inefficacité, symptômes, causes possibles, outils et techniques principaux

Type d'inefficacité	Symptômes	Causes possibles	Principaux outils et techniques
Surproduction Production plus tôt, plus vite ou en plus grande quantité que nécessaire pour le client	Trop de pièces produites Pièces produites trop tôt Pièces s'accumulant dans des stocks non maîtrisés Longs délais de production Mauvaise performance de la livraison	Changements d'outil longs impliquant des grands lots Utilisation d'un algorithme de calcul pour déterminer la taille des lots Ordonnancement peu efficace Confusion dans les priorités d'ordonnancement Flux matières non équilibrés Taux d'utilisation machine employé comme indicateur de performance	Juste-à-temps (flux continu, Takt, flux tiré, production lissée) Réduction des temps de changement d'outil ou SMED (les changements d'outil déterminant la taille des lots)
Attente Temps d'attente (pour les personnes ou les machines) au cours desquels aucune valeur n'est créée	Les opérateurs attendent souvent les matières ou les informations Les opérateurs attendent et regardent les machines tourner Les opérateurs attendent que les machines soient disponibles Délais d'en-cours longs Productivité faible Longs délais de production	Lots de grande taille entraînant des ruptures matières en amont Faible performance des fournisseurs (livraison ou qualité des produits) Mauvais état des machines (TRS faible) Ordonnancement peu efficace Mauvaise utilisation de la main-d'œuvre Manque de polyvalence du personnel	Systèmes d'affectation dynamique des ressources (y compris méthodes standard) Juste-à-temps (flux continu, Takt, flux tiré, production lissée) Maintenance stratégique Développement des compétences des fournisseurs

Transports inutiles Déplacements inutiles de matières	Multiples manipulations ou mouvements de pièces Manipulations excessives entraînant des dommages Longues distances de déplacement des pièces entre les processus Longs délais de production Coûts indirects élevés (surfaces de stockage et équipements de manutention)	Processus séquentiels physiquement séparés Mauvaise implantation des équipements Stocks élevés (une même pièce souvent stockée en plusieurs endroits)	Processus en flux continu et flux tiré Réorganisation des lieux de travail
Traitement excessif Action non exigée par le client et n'ajoutant aucune valeur	Exécution de processus non exigés par le client Approbations réalisées plusieurs fois Coûts directs plus élevés que ceux des concurrents	Processus trop poussés sur le plan des études Conception produits inadaptée Spécifications client peu claires Essais trop nombreux Politiques ou procédures inadaptées	Préparation de la production dès la conception Méthodes standard

Annexe – Types de sources d'inefficacité, symptômes, causes possibles, outils et techniques principaux

Type	Symptômes	Causes possibles	Outils et techniques principaux
Sur-stockage Toutes pièces ou matières superflues par rapport au niveau minimum requis pour livrer aux clients ce qu'ils ont demandé dans les délais exigés	Stocks obsolètes Problèmes de trésorerie Manque d'espace Longs délais de production Faible performance de la livraison Reprises importantes nécessaires en cas de problèmes de qualité	Surproduction Prévisions ou ordonnancement peu efficaces Niveaux élevés de stock de sécurité en raison des problèmes fréquents de processus ou de qualité Politique achats peu efficace Fournisseurs peu fiables Lots de grande taille	Juste-à-temps (processus en flux continu, Takt, flux tiré, production lissée) Méthodes standard Développement des compétences des fournisseurs Maintenance stratégique (si problèmes de processus déterminés par des questions d'équipement) Maîtrise statistique du procédé (si problèmes déterminés par qualité insuffisante)
Déplacements inutiles Mouvements inutiles des personnes ou des matières au sein d'un processus	Recherche d'outils ou de pièces Déplacements excessifs des opérateurs Double manipulation de pièces Productivité faible	Mauvaise implantation des postes de travail, des outils et des matières Manque de contrôles visuels Mauvaise conception des processus	Réorganisation des lieux de travail Traitement en flux continu Kaizen pour réduire les mouvements Méthodes standard Gestion visuelle
Reprises Répétition ou correction d'un processus	Processus de reprise spécifiques Taux de défauts élevé Coûts matériels élevés en raison des niveaux de détérioration Productivité faible Service de qualité/inspection pléthorique	Mauvaise qualité des matières Mauvais état des machines Procédés instables ou « incapables »[8] Faibles niveaux de compétences Spécifications client peu claires	Maîtrise statistique des procédés « Autonomation » Maintenance stratégique Développement des compétences des fournisseurs Méthodes standard

Variabilité Tout écart par rapport à la condition standard ou nominale	Niveau élevé de rebuts ou de reprises Service qualité/inspection pléthorique Problèmes récurrents résolus dans l'urgence avec des « rustines » Niveau inacceptable de variation de la production (exemple : qualité)	Procédés instables ou imprévisibles Procédés « incapables » Matières ou pièces fournies de faible qualité Faibles niveaux de compétences	Maîtrise statistique des procédés « Autonomation » Développement des compétences des fournisseurs Méthodes standard
Manque de flexibilité Réaction face aux variations de la demande Questions émergeant en raison de la variation de la demande client	Incapacité à réagir rapidement aux changements de la demande client Nombreuses heures supplémentaires Périodes de sous-utilisation	Stocks élevés Temps de changement d'outil longs Travail mal équilibré Faibles niveaux de compétences Équipements trop compliqués (nombreuses étapes couvertes)	Juste-à-temps (processus en flux continu, Takt, systèmes en flux tiré, production lissée) Systèmes d'affectation dynamique des ressources Réduction des temps de changement d'outil ou SMED
Pratiques de travail Pratiques de travail habituelles entravant la flexibilité du système opérationnel	Incapacité à changer les méthodes de travail de manière significative Travail souvent en retard lorsque les personnes prévues ne sont pas disponibles	Modalités et conditions non configurées pour faciliter le changement Opérateurs très spécialisés ; souvent une seule personne est capable de réaliser un travail donné	Méthodes standard Systèmes d'affectation dynamique des ressources

Notes

Avant-propos

1 *Management Resource Planning* = Planification de la production.
2 Voir l'article de Cynthia Karen Swank, "The lean service machine", *Harvard Business Review*, octobre 2003.
3 Voir *Le système qui a changé le monde*, par James P Womack, Daniel T. Jones et Daniel Roos. éditions Dunod, 1992.

Chapitre 1

4 Mettre l'accent sur l'adaptation aux évolutions des exigences de la clientèle est l'une des spécificités de l'approche *lean* par rapport aux autres approches d'amélioration.

Chapitre 2

5 SMED : *Single Minute Exchange of Dies* = changement d'outil rapide.

Chapitre 4

6 James Womack et Daniel Jones ont forgé l'expression « lean thinking » dans leur ouvrage *Lean Thinking : Banish Waste and Create Wealth in your Corporation*, Simon & Schuster, 1996, traduit en français : *Penser l'entreprise au plus juste*, Éditions Village Mondial, 1996.

Chapitre 5

7 Le Takt est le temps de production disponible divisé par la demande client. Voir sa définition au chapitre 2, page 55.

Annexes

8 Processus stables et prévisibles, mais incapables de fournir les pièces selon les spécifications.

Remerciements

Ce livre a vu le jour grâce à un véritable travail d'équipe. Nous désirons remercier tout particulièrement les personnes suivantes pour leur précieuse contribution :

Nos familles, pour leur soutien et leur patience.
Nos nombreux collègues, qui ont lu des versions préliminaires et nous ont fait part de leurs commentaires éclairés.
Annie Stogdale, qui nous a aidés aux premiers stades de la rédaction.
Jill Willder, qui a relu et corrigé l'ouvrage avec rigueur et souci du détail.
Fred Chevalier, pour les illustrations.
Pom Somkabcharti et Martin Liu de Cyan Communications.

Et, pour l'édition française, nous remercions l'équipe qui a révisé le texte : Alexandra Caroli, Catherine Leroy-Jay Fredet et Valérie Moyses.

Les auteurs

John Drew est consultant expert au sein du pôle Efficacité opérationnelle de McKinsey & Company. Il conçoit avec les entreprises des systèmes de production *lean* et aide celles-ci à les mettre en œuvre. Ce faisant, il se consacre plus particulièrement aux questions touchant à la gestion des changements. Depuis qu'il a suivi la formation du Production System Design Centre de McKinsey, en Grande-Bretagne, il travaille auprès d'entreprises de divers secteurs d'activité, notamment l'automobile, l'électronique, l'aérospatiale, la chimie, le secteur financier et la grande distribution. Avant de rejoindre McKinsey, il a travaillé chez CarnaudMetalbox et chez Land Rover. Il est titulaire d'une maîtrise en ingénierie, économie et management de l'université d'Oxford.

Blair McCallum est un directeur-associé de McKinsey & Company, dont il a créé au Royaume-Uni le Production System Design Centre, qui offre à des consultants du cabinet une formation pratique et théorique dans le domaine du *lean*. Il prodigue ses conseils aux entreprises pour transformer leurs activités par le *lean*, dans une variété de secteurs industriels, tels que l'industrie pétrolière et gazière, l'automobile, l'aérospatiale, le meuble, la défense et le BTP. Il a travaillé auparavant chez Toyota, où il avait pour mission d'établir la base des fournisseurs de l'entreprise en Europe en les convertissant au système de production Toyota. Entré ensuite chez Rover, il avait la responsabilité de la base fournisseurs et des cinq usines principales du groupe et introduisit les principes *lean* pour la fabrication des nouveaux produits, notamment la Rover 75.

Stefan Roggenhofer est un directeur-associé de McKinsey & Company et l'un des leaders du pôle Efficacité opérationnelle en Europe. Basé à Paris, il conduit des projets d'amélioration de la performance opérationnelle dans divers secteurs, notamment les produits de luxe, l'aérospatiale, l'électronique grand public et la sidérurgie. Il s'intéresse plus particulièrement aux aspects de changement comportemental au cours des programmes de transformation des entreprises. Avant de rejoindre McKinsey, il était responsable du marketing et des ventes des systèmes d'assemblage de Prodel SA. Il a également été ingénieur à l'Aérospatiale.

Les auteurs ont reçu l'appui de David Birch, qui a notamment rédigé l'essentiel du chapitre 3 et d'Ivan Hutnik.

David Birch pilote le pôle Production industrielle de McKinsey & Company au Royaume-Uni. Il est l'un des principaux spécialistes du cabinet de conseil dans le domaine de l'amélioration de la performance opérationnelle. À ce titre, il conseille des entreprises appartenant à de nombreux secteurs, y compris l'aérospatiale, la chimie et les transports. Il a travaillé chez Mars Alimentaire avant de rejoindre McKinsey, assurant différentes fonctions de management, notamment à la production et au développement produit.

Ivan Hutnik est spécialiste en communication et en gestion du savoir dans le contexte des actions de changement organisationnel. Psychothérapeute de formation, il s'intéresse aux effets de la conception de l'organisation sur le comportement humain. Il a travaillé comme *coach* de cadres dirigeants pour développer leurs capacités de leadership. Il intervient auprès de nombreux secteurs industriels, notamment l'automobile, les biens de consommation, les services financiers, la pharmacie, le papier et la sidérurgie.

Index

3E, 182
5 POURQUOI ?, 216

A

ACCEPTATION, 144, 260
AÉRONAUTIQUE, 20, 41, 64, 104
AGENTS DE CHANGEMENT, 139
AIRBUS, 41, 64
ALERTE, 59
AMÉLIORATION CONTINUE, 41, 56, 89, 109, 192, 235, 258
 • étapes, 92
ANDON, 83
APPROPRIATION
 • actions, 84
 • des changements, 183
 • problèmes, 111
 • systèmes, 133
ARBORIA, 167, 239
ARBRE DE VALEUR, 148
AUTONOMATION, 51, 59
AVANTAGE CONCURRENTIEL, 25, 124, 140, 145, 158

B

BENCHMARKING, 43, 44, 45, 108
BOTTOM UP, 46

C

CAPITAUX, 23
CENTRE D'APPEL, 109
CHANGEMENT
 • agent, 91
 • capacité, 192
 • conditions requises, 252
 • étapes, 125, 165, 236
 • facilitation, 182, 192, 239
 • irréversibilité, 254
 • management, 92, 192, 202
 • opérations, 152
 • ouverture, 245
 • plate-forme, 37, 48
 • rapidité, 210, 245, 246, 252, 256
 • refus, 202
 • résistance, 231, 233
 • résistance ou refus, 258
 • réversibilité, 77, 193
 • support, 245
CHANGEMENT D'OUTILS
 • comptage, 229
 • nombre, 230, 250
 • temps, 23, 58, 70, 131, 143, 162, 172, 181, 201, 222, 230, 264, 267
  voir aussi SMED
CHEF D'ÉQUIPE, 80, 82, 95, 145
CLARIFICATION DES RESPONSABILITÉS, 218
CLIENT
 • besoin, 69, 124, 155, 171, 195
 • date de livraison, 157
  voir aussi délai de production
 • demande, 25
 • force motrice, 25, 36, 67, 166
COACHING, 42, 89, 95, 208
COMMERCE DE DÉTAIL, 114
COMMUNICATION, 128, 138, 144, 252
 • 2 sens, 43, 110, 138, 203, 245, 255
 • choix de l'approche, 173, 180, 203
 • coaching, 161
 • consultation, 211
 • flux, 208
 • plan, 203
COMPÉTENCES, 89, 94
 • développement, 95

- encadrement, 42, 95
- grilles, 94

COMPORTEMENT, 101, 233
- état d'esprit, 236

CONCEPTION
- processus, 266
- produit, 140, 249, 265
- produits, 123
- support aux opérations, 95
- système, 86, 95

CONSULTANT
- externe, 92, 182
- interne, 91, 92

CONSULTATION, 161, 182, 249
- voir aussi communication

COOPÉRATION IMPORTANTE, 113

CÔTÉ DROIT DU CERVEAU, 63

COÛT
- indirect, 265
- réduction, 173
- réduction par le lean, 244
- suivi, 99, 159

CULTURE
- dénégation, 106
        voir aussi état d'esprit

CULTURE D'ENTREPRISE, 13, 16, 42, 101, 127, 234, 263

D

DÉFAUTS, 55, 59, 69, 85, 99, 144, 159

DÉLAI DE PRODUCTION, 36, 51, 57, 65, 70, 157, 166, 263

DÉLÉGATION, 18, 232

DELL COMPUTING, 20, 168

DEMANDE
- client, 53, 56, 163, 170, 232
- niveaux, 60
- niveaux de variation, 171
- pics et creux, 40
- prévision, 71, 266

DIAGRAMME
- de Gantt, 201
- en arrête de poisson, 216

DIRIGEANT
- modèle, 43, 112

DISTRIBUTION, 47, 105, 114

E

ÉCONOMIE
- d'échelle, 24, 52, 104
- mondialisée, 25

EFFICACITÉ DU PROCESSUS, 66

EMPLOI, 28
- garantie, 13, 28
- voir aussi suppression

ÉQUIPE, 80

ÉQUIPE DIRIGEANTE, 175, 239
- capacité, 27, 43, 134
- changement, 132, 206

ÉQUIPEMENT, 65, 250
- âge, 108
- dédiés aux chaînes de valeur, 65
- fiabilité, 65, 163, 209, 213, 250
- panne, 142, 162, 215, 220
- utilisation, 162, 172, 264, 267
- voir aussi feuille de relevé, maintenance

ÉTAT D'ESPRIT, 39-40, 42-43, 89, 102-117, 133, 138, 143
- lean, 104, 105

ÉTAT FINAL, 187
- voir aussi objectifs

ÉVALUATION DES OPTIONS, 125

EXCELLENCE, 17

EXPÉRIENCE DE PREMIÈRE MAIN, 16, 31, 138, 176, 185, 213, 222, 241

F

FABRICATION, 24, 38, 60, 64, 67, 68, 71, 81-84, 112-114, 122-135, 138-174, 188, 202, 209-211, 260

FABRICATION ÉQUIPEMENT
- utilisation, 78

FACILITATEUR, 153, 187

FEUILLE DE RELEVÉ, 211-212, 217-218

FLEXIBILITÉ, 36, 60, 67, 71, 104, 108, 146, 158, 167, 230, 232, 264
- organisation du travail, 164

FLUX, 160
- chaîne de valeur, 66
- de matière, 54, 65, 146-147, 155, 222, 264, 265
- de valeur, 64
- tirer le flux, 66
- types de, 65

FORMATION, 23

FOURNISSEURS, 26

G

GAINS RAPIDES, 210

GASPILLAGE
- amélioration, 40, 173
- sources, 35, 143-144, 147-148, 157, 165, 211, 229-230, 265-268

GESTION DES APPROVISIONNEMENTS, 114

GOULOTS D'ÉTRANGLEMENT, 75, 113, 214

I

INDICATEUR CLÉ, 47
- voir aussi cible

INDUSTRIE AUTOMOBILE, 22, 51, 89

INFORMATION
- du client à la chaîne de valeurs, 69
- flux, 65, 74, 155

INITIATIVE, 169

INVESTISSEMENT, 20, 75, 244
- dans le lean, 240

J

JAPON, 13, 23

JEFFERSON PILOT, 43, 64

JEFFERSON PILOT FINANCIAL (JPF), 20

JOUER LES POMPIERS, 144

JUSTE-À-TEMPS, 51, 55

K

KAIZEN, 43, 93, 266
- voir aussi amélioration continue

KANBAN, 45, 58, 68, 71, 79, 112, 130, 231

KPI (KEY PERFORMANCE INDICATORS), 86
- voir aussi cible

L

LEADERS D'OPINION, 139

LEADERSHIP
- changement, 242

LEAN
- approche globale, 37, 46
- comportements, 107-110
- concept, 13, 26, 259
- déroulement, 30, 210, 245, 248, 256
- état d'esprit, 104-107, 239-242
- experts, 239
- feu de paille, 15, 17, 49, 77, 234
- grande promesse, 19
- grands principes, 63, 125
- ingrédients, 43
- nouvelle façon de penser, 242
- objectifs, 263
- ordre et rangement, 129
- origine japonaise, 13
- phases, 30
- savoir-faire, 26
- voyage, 28, 41, 242, 263

LISSAGE DE LA PRODUCTION, 53

M

MAIN-D'ŒUVRE
- affectation dynamique des ressources, 60
- coût, 21
- voir aussi personnel, emploi

MAINTENANCE, 22, 58, 66, 215, 219
- fiabilité (RCM), 58

• préventive, 41, 96, 220-221, 225, 226, 229
• productive totale (TPM), 58
• réactive, 96
• stratégique, 266
• suivi, 224
MAINTENANCE, 97-99, 193-195, 219
MAÎTRISE DES PROCESSUS, 52
MANAGEMENT
• composantes, 80, 93
• opérationnel, 206
• orientation vers le terrain, 109, 132, 185, 197, 245, 256
• réunions, 126, 150, 183
• rôle des cadres, 243-244
• soutien au changement, 131-132, 145, 152-153, 175, 208, 221-222, 242
• système, 38-48, 77-99, 148-149, 167, 183, 258
• visuel, 62
MARS/MASTERFOODS, 80
MCDONALD'S, 168
MESURE DE PERFORMANCE, 165
MÉTHODE DE SUIVI, 85
MIFA, 146, 150, 153, 155
• étapes de création, 156
MOTIVATION, 51, 84, 101, 115, 148, 182, 193

N
NORMES, 64

O
OBJECTIFS, 116, 146, 165, 263
• réalistes, 86
• SMART, 88
OBSTACLE À L'ENTRÉE, 25
ORDONNANCEMENT, 18, 142, 144
OUTIL INFORMATIQUE, 86, 99, 164, 195

P
PDCA
• cycle, 209
PÉRIMÈTRE, 158
PERSONNEL
• associé au processus de changement, 47
• flexibilité, 25, 61, 267
• intérêt, 105, 238
• investissement, 23
• mobilisation, 242, 245, 252
• pratiques de travail, 267
• recrutement, 135
• venant d'autres entreprises, 29, 44
• voir aussi état d'esprit, main-d'œuvre, population, suppression
PERSONNES
• flux, 66
• rôle dans l'amélioration, 89-114
PLAN D'AMÉLIORATION, 87, 88, 192
POKA-YOKE, 59
POMPIER DE SERVICE, 94, 106, 259
POSTE DE TRAVAIL, 74
• 5S, 50
PRIX, 123
PROBLÈMES
• identification, 104
• reproches, 106
• traitement, 106
PROCESSUS TECHNIQUE, 81
PRODUCTION
• lissée, 52
• sur commande, 164
PRODUCTIVITÉ, 14, 22
PRODUITS
• disponibilité, 114
• nouveaux, 122
• variété, 163
PROJET PILOTE, 78, 206, 238, 239, 241

Q

QUALITÉ, 14, 111, 123
QUESTIONNAIRE, 102

R

RÉDUCTION TEMPS CHANGEMENT, 74
• voir aussi SMED
RÉÉQUILIBRAGE DE LA CHARGE DE
    TRAVAIL, 228
REPRISES, 266
REPROCHES, 198
RESPONSABILITÉS, 78, 80, 82, 84
RESTAURATION RAPIDE, 57, 85
ROCE, 176

S

SERVICES, 81
SERVICES FINANCIERS, 21, 159
SMED – SINGLE MINUTE EXCHANGE OF
    DIE, 50
SOCIÉTÉS D'INFORMATIQUE, 20
SOURCES D'INEFFICACITÉ, 44
SOUS-TRAITANCE, 127, 140, 164
SPÉCIFICATIONS, 269
STANDARDISATION, 62, 63
STOCK, 25, 156
• contrôle, 79, 115, 157, 196
• emplacement, 46, 75, 129, 143,
    157, 196, 229, 265
• impact sur le temps à valeur
    ajoutée, 167
• juste à temps, 52
• obsolescence, 51, 266
• régulation, 70, 141, 143, 229
• stock magasin, 230
• tendance à accumuler, 28, 129
STRUCTURE ORGANISATIONNELLE, 80
• niveaux, 84
• soutien fonctionnel, 96

STYLE DE MANAGEMENT, 152, 178, 186,
    215
SUIVI DES PERFORMANCES, 89, 198
SUPPRESSION DE POSTE, 207
SURPRODUCTION, 36, 56, 70
SYSTÈME
• centralisé, 95
• de management, 84
• de motivation, 88, 117, 185
• de suivi, 218
• logistique, 46
• opérationnel, 40, 157, 168
    évolution, 50
    lean, 49

T

TAKT, 52, 55, 166
TOYOTA, 22-29, 51, 55, 60, 89
TQM, TOTAL QUALITY
    MANAGEMENT, 46
TRAITEMENT
• à flux continu, 52, 54, 264
TRS (TAUX DE RENDEMENT
    SYNTHÉTIQUE), 78, 163, 211

U

UTILISATION DES ÉQUIPEMENTS, 164

V

VALEO, 90
VALEUR, 105
• arbre de valeur, 147
• flux, 39, 63
VARIABILITÉ, 36, 69, 163
VARIATIONS
• pics & creux, 69

W

W. EDWARDS DEMING, 87

9 7 8 2 7 0 8 1 3 1 4 4 6